신격호는 어떻게 거인 롯데가 되었나

신격호는 어떻게
거인 롯데가 되었나

2014. 12. 15. 1판 1쇄 인쇄
2014. 12. 30. 1판 1쇄 발행

지은이 | 김태훈
펴낸이 | 이종춘
펴낸곳 | **BM** 성안북스

주소 | 121-838 서울시 마포구 양화로 127 첨단빌딩 5층(출판기획 R&D 센터)
　　　413-120 경기도 파주시 문발로 112(제작 및 물류)
전화 | 02)3142-0036
　　　031)950-6300
팩스 | 031)955-0510
등록 | 1973.2.1 제13-12호
출판사 홈페이지 | www.cyber.co.kr
ISBN | 978-89-315-7824-9 (03320)
정가 | **14,000원**

이 책을 만든 사람들

책임 | 최옥현
진행 | 이병일
본문 | 상컴퍼니
표지 | 윤대한
홍보 | 전지혜
마케팅 | 구본철, 차정욱, 나진호, 이동후, 강호묵
제작 | 김유석

신격호는
어떻게
거인 롯데가
되었나

김태훈 지음

BM 성안북스

껌으로 시작해서 재계 순위 5위로! 그리고 세계로!

"야! 껌 좀 씹어봤냐?"

예전 영화나 소설에서 불량배들이 싸울 때 상대방의 기를 죽이기 위해 자주 쓰던 말이다.

그만큼 흔하고 널린 것이 껌이다. 껌 한 통에 얼마인가? 지금은 껌 한 통에 천 원 정도한다. 오래 전에는 몇 백 원, 몇 십 원도 안했다. 싼 게 비지떡이 아니다. 비지떡보다 더 싼 껌이다. 우리가 생각보다 별로 비싸지 않은 물건을 보고 '껌 값'이라고 하지 않는가?

이렇게 저렴한 껌으로 일본 열도를 통째로 정복했다. 다시 한국에서도 5대 기업으로 성장하고 있는 기업이 롯데그룹이다. 멈추지 않고 성장을 지속하는 롯데그룹에 대해 사람들은 궁금증을 가지고 있다. 이런 롯데그룹이 지닌 힘의 근원은 어디에 있을까?

우리나라에서 가장 비싼 주식은? '당연히 삼성전자 주식이지!'라고 생각했는가? 그럴 수 있다. 나도 그런 줄 알았다. 그런데 국내에서 가장 비싼 주식이 과자 만드는 회사의 주식이라면 믿을 수 있겠는가? 2014년 9월 30일자로 국내에서 가장 비싼 주식은 롯데제과 주식이다(주당 192만2천원). '아 삼성전자 주식은 두 번째구나!'라고 생각했다면, 역시 아니다. 두 번째는 롯데칠성 주식이다(주당 169만 7천 원, 삼성전자 주식은 주당 110만 4천 원, 최근에 아모레퍼시픽의 주식이 급등하여 롯데제과의 주식은 2위, 롯데칠성의 주식은 3위가 되었다.). 주식이 비싸다고 회사가 무조건 크고 좋은 것은 아니다. 그래도 비싼 주식은 이유가 있다.

어쩌면 당신은 이렇게 생각할지도 모르겠다.

'롯데 하면 짠돌이로 소문났는데? 껌·과자, 햄버거나 팔고 백화점, 마트나 가지고 있는 회사 아니야? 호텔, 영화관하고 카드도 있네. 에이 그래봐야 뭐… 별 볼일 없는 회사 아냐?'

그런데 자세히 보니 재계 순위 5위에 계열사 수도 70개가 넘는다(자산총액 91조 원, 2014년 4월 1일 공정거래위원회 발표자료). 업계 1위인 것만 해도 백화점, SSM(기업형 슈퍼마켓-롯데슈퍼), 호텔, 면세점, 제과업, 음료업, 패스트 푸드업, 전자양판업(롯데하이마트) 등 예상 외로 상당히 많다.

계열사도 많지만 나머지 자회사도 업계에서 꾸준한 수익을 내고 있다. 별 볼일 없는 회사인 줄 알았는데 의외로 단순한 회사가 아니라는 말이다.

이렇게 절대로 만만하지 않은 롯데그룹 창업주가 신격호 총괄회장이다. 그가 바로 롯데가 자랑하는 자신감의 원천이고 시작이다. 그는 삼성의 이병철, 현대의 정주영과 같은 창업 1세대다. 창업 1세대가 거의 없는 경영현장에서 아직도 그룹의 중심을 지키고 있다. 90세가 넘은 나이에도 명예 회장직이 아닌 그룹 총괄회장으로 현역에서 활동한다.

신격호는 일제강점기 시절, 시골 촌동네에서 태어났다. 그가 가진 것이라고는 맨주먹과 가난뿐이었다. 불투명한 미래가 전부였다. 그럼에도 그는 한국과 일본 양국에 롯데그룹을 만들고 성공적으로 성장시켰다. 아직도 앞으로 나아가고 있는 중이다. 당신이 생각하기에 쉬운 일로 느껴지는가?

일본에서 성공한 한국인 기업가들은 많다. 일본에서 먼저 창업한 코오롱그룹 회장 '이원만', 한국에서도 유명한 소프트뱅크 '손정의' 회장, 일본 최고의 택시회사 MK택시의 '유봉식' 회장, 일본 신발 유통업계의 대부로 불리는 ABC마트 창업자 '강정호(미키 마사히로)', 일본 파친코 업체 마루한 대표회장 '한창우' 등 뛰어난 경영자들이 많이 있다. 모두 역경을 이겨낸 대단한 경영인이며 존경할 만한 인물들이다.

그러나 오직 신격호만이 일본과 한국 모두에서 크게 성공을 거뒀다.

뿐만 아니라 신격호의 롯데는 세계 여러 나라로 진출하고 있다. 중국, 러시아, 베트남에서도 롯데 열풍을 서서히 일으키고 있다. 어디에도 이런 경영자는 없다. 기업경영의 측면에서 보자면 매우 신기할 정도이다. 또한 잘 나가는 대기업 창업주들과 2,3세들이 자주 구설수에 오르내리는 동안 신격호 회장은 구설수에 휘말린 적이 단 한 번도 없다.

나는 이런 놀라운 성공신화의 주인공 신격호가 가진 성공 DNA가 무엇인지 궁금했다. 그 궁금증은 사라지지 않고 갈수록 커져갔다. 도대체 어떻게 이런 성공이 가능한 것인지, 무엇이 신격호를 성공으로 이끌었는지 알고 싶었다. 그의 성공 정신을 배우고 싶었다. 그리고 이 시대의 많은 분들과 그의 성공 이야기를 나누고 싶었다.

신격호의 시작은 평범했다. 부자 집안에서 태어난 것도 아니고 그렇다고 좋은 시대를 타고난 것도 아니다. 그래도 성공했다. 열악한 환경을 극복하고 커다란 부를 일구었다. 그리고 70여 년을 한결같이 기업을 성공적으로 이끌어오고 있다. 나는 그것이 알고 싶었고 그것을 독자들과 공유하고 싶었다.

롯데는 삼성 같은 기업처럼 언론의 관심을 받는 유명한 스타 임원이 있는 것도 아니다. 그러나 신격호와 롯데의 임직원들은 조용하게 지속적인 성장을 일궈왔다. 이런 성향 때문인지 롯데는 회사 규모에 비해 알려지지 않은 부분이 굉장히 많은 그룹이다.

내가 롯데그룹 신격호 회장을 다룬 책을 쓰겠다고 하니까 주위에서 반대가 많았다. 무슨 배울 점이 있겠느냐고 말이다. 하지만 신격호 회장의 성공 비결은 널리 알리고 배울만한 가치가 있다고 생각한다.

이 사실을 기억하자. 어느 경영자가 70년이 넘게 경영현장을 지키고 있다. 사람들이 우습게 보는 껌을 바탕으로 세운 기업이 아주 큰 성장을 계속 이뤄냈다. 그것도 서로 다른 나라에서 말이다. 게다가 기업의 창업주는 아무것도 가진 게 없던 사람이다. 어찌 보면 불가사의한 일이다. 아무리 생각해도 가능한 일이 아니라는 생각이 들었다. 그런데 그가 세운 기업은 계속 성장하고 있고 이제는 세계로도 활발하게 진출하고 있다.

나는 이 책에서 신격호와 롯데의 좋은 점만을 부각시킬 생각은 없다. 두 눈을 뜨고 정확하게 있는 그대로만 보려고 애를 썼다. 이 알 수 없는, 많은 부분이 베일에 가려져 있는 롯데 창업주인 신격호라는 사람을 가능한 한 많은 자료를 통해서 그의 본 모습을 보고자 노력했다.

이 책은 신격호에 대한 책이기 때문에 롯데라는 기업을 다루지 않을 수 없었지만 되도록 신격호 한 사람에게 집중하고자 했다. 또한 자기경영의 측면에서만 그를 바라보았다. 복잡하고 지루할 수 있는 경영사는 가급적 제외했다. 평범한 사람들에게 도움이 되고 관심을 가질 만한 부분을 뽑아내어 쉽게 정리하려고 했다. 그리고 독자들이 읽기 편하게 쓰려고 했다.

"성공한 사람의 장점을 철저하게 배우자. 그리고 그것을 내 것으로 만들어 활용하자"

내가 오래전부터 가졌던 생각이다. 그런 점에서 신격호는 충분히 매력적인 인물이다. 그가 지나온 인생역정과 성공 경영 이야기 속에는 우리 같은 성공을 원하는 평범한 사람들이 따라 배울 만한 점들이 많이 있다고 생각한다.

독자에게 조금이라도 도움을 주는 책이 된다면 나는 그걸로 충분히 만족한다. 모든 선택은 독자 여러분에게 달려있다. 만약 당신이 가진 게 없는 사람이라고 생각한다면 이 책을 꼭 읽어주었으면 좋겠다. 신격호의 성공 이야기를 읽어가면서 당신은 많은 영감을 얻을 수 있을 것이다.

그럼 지금부터 신격호를 만나보도록 하자.

2014년 12월
김 태 훈

차 례

CHAPTER 03. 단순하게 도전하고 끈질기게 시도하라

CHAPTER

01

가진 게 없다면
신격호에게
배워라

진정으로 위대한 사람은 거의 전부가
가난의 역경 속에서 태어났다. 그들은 주어진 환경의 어려움을
굳세게 극복하고, 자신의 운명을 개척한 사람들이다.
가난하고 평범한 가정에서 태어난 사람이라면
남보다 더 많이 노력하고 움직여야 한다.

신격호도
가진 게 없었다

"가난하게 태어난 것은 나의 죄가 아니다.
가난하게 살아가면서 늙는 건 나의 죄이다."
- 빌 게이츠 -

▌가진 게 없어도
▌성공할 수 있다

　　　　　　　　"아프니까 청춘이다"라는 말이 유행
했었다. 지금은 가진 게 없어서 아픈 청춘이다. "아플 수도 없는" 중년이
아니라 가진 게 없어서 더 아픈 중년이다. 청년이나 중년이나 가진 게 없
으면 힘들고 아프다. 이렇게 물질적 어려움과 정신적 빈곤상태를 겪게
되면, 사람은 점점 지치게 되고 자신감도 사라진다. 큰 꿈을 꾸던 마음
도 보이지 않을 정도로 작아진다.

가진 게 없으면 성공할 수 없는 것일까? 거기에 대한 해답을 나는 신격호에게서 찾아보려 한다. 신격호는 가진 게 없었다. 그럼에도 성공했기에 이에 대한 답을 알고 있는 사람이라고 생각한다.

신격호는 한·일 양국에 기업을 세웠고, 재계에서 인정받는 입지를 구축했다. 본 궤도에 오른 후에는 어려움을 겪은 적 없이 순조롭게 회사를 경영 중이다. 그는 70년 이상 회사를 경영하면서 구속되거나 물의를 일으킨 적도 거의 없다.

이정도면 충분히 시간의 검증을 받은 경영자로 인정해도 된다. 국내에서 구속수감 되거나 집행유예를 받은 기업 총수가 얼마나 많은지를 생각해보면 신격호는 이미 검증을 끝마친 경영자라고 할 수 있다. 나는 신격호가 자본주의 시스템의 승자라고 생각한다. 아무것도 가진 것 없이 그는 맨주먹으로 모든 것을 이루었다. 그는 무에서 유를 만들었다. 가난한 집안에서 태어나서 자기 힘으로 진짜 부자가 된 사람이다. 가진 게 없는 사람이라면 이런 사람을 목표로 삼고 배워볼 만하지 않은가. 사람은 대부분 비슷하다. 어떤 사람이 성공했다면 나도 성공할 가능성이 있는 것이다. 신격호는 이렇게 말했다.

"인간의 능력은 극단적인 차이가 있는 게 아니다. 정열과 의욕을 가지면 상황도 유리해지고 올바른 해결책도 나오게 마련이다." [1]

물론 세상에는 금수저를 입에 물고 태어난 사람들도 있다. 그들은 태어났을 때 주어진 환경이 훌륭하고, 다른 사람보다 많이 가졌기에 경쟁에서 훨씬 유리하다. 그러나 그들이 경쟁에서 언제나 이기는 것은 아니다. 하지만 그들의 준비된 환경이 경쟁에서 유리한 것은 당연하다.

예를 들어, 마이크로소프트MicroSoft의 창업자 빌 게이츠Bill Gates는 아버지가 성공한 변호사였고, 어머니는 대기업의 임원이었다. 외할아버지는 은행 임원이었다. 세계 최고 투자가 워렌 버핏Warren Buffet의 아버지는 주식 중개업을 하다가 미국 하원의원을 지냈다. 삼성의 이건희는 아버지가 국내 최고 기업이라고 불리는 삼성의 창업주 이병철이다. 이병철은 경남 지방의 유명한 대지주 집안 출신이다. 모두 남들이 좋은 집안이라고 이야기하는 곳에서 태어난 사람들이다.

빨리 깨달아라, 인생은 공평하지 않다

가진 게 별로 없는 사람들도 태어날 때부터 이미 많은 것을 갖춘 사람들과 치열하게 경쟁해야 한다. 세상이 그렇다.

"말도 안 돼. 공평하지 못하잖아! 게임 자체가 안 되는데. 가진 게 없는 사람들은 어쩌라는 거야. 이길 수 없는 게임이잖아!"

그렇다. 이기기 어려운 게임을 해야 한다. 아무리 불평해도 어쩔 수 없다. 세상은 원래 불공평하다. 때로는 이길 수 없는 게임이라고 생각되어도 경쟁을 해야 한다. 경쟁해서 이겨야 산다. 불공평한 세상을 원망하고 남에게 불만을 늘어놓을 시간에 더욱 실력을 쌓아야 한다. 불공평한 세상이라고 불평하는 건 쉬운 일이다. 물론 불평한다고 달라질 것도 없다. 좋은 운이 오기만을 기다릴 수도 없다.

나는 당신이 성공하길 바란다. 그래서 가진 것 없는 사람들도 올바른 방법으로 노력하면 충분히 성공하는 세상을 만들어가길 원한다.

신격호는 태어났을 때 가진 게 별로 없었다. 아버지가 논밭을 좀 가지고 있었을 뿐 그 외에는 아무것도 없었다. 그렇다면 신격호는 어떻게 현재와 같은 성공을 이루어냈는가? 상식적인 방법을 버리고 완전히 생각지도 못한 방법을 통해서였다. 비상식적인 성공을 거두기 위해서는 비상식적인 방법을 써야 한다. 그래야만 성공을 이룰 수 있다.

가진 것 없이 태어나 맨손으로 성공을 움켜쥔 사람들이 있다. 신격호를 포함해서 말이다. 그들이야말로 위대한 성공자다. 그들은 우리도 이미 잘 알고 있는 사람들이다.

정주영은 가난한 농사꾼의 자식으로 태어났다. 초등학교 졸업이 그가 가진 학력의 전부다. 하지만 자신만의 방식으로 '현대'를 창업했고 크게 성공시켰다.

마쓰시다 고노스케는 가난한 집안에서 태어나 열 살 때 고아가 되었다. 몸도 약했고 초등학교도 졸업하지 못했다. 그러나 그는 온갖 어려움을 극복하고 일본 최대의 기업 마쓰시다전기(현재 파나소닉Panasonic)를 창업했다. 그는 지금도 일본에서 경영의 전설로 불리며 존경받는 기업인이다.

이나모리 가즈오는 평범한 집안에서 태어나 가고시마대학교를 졸업하고 망해가던 중소기업에 겨우 입사했다. 아무것도 가진 것 없는 젊은 이에 불과했지만 지금은 살아있는 경영의 신으로 불린다. 어려운 여건에서도 그는 '교세라'를 세우고 성장시켰다. 78세가 되던 해인 2010년, 당시 일본 총리 하토야마 유키오의 간곡한 부탁을 받고 일본항공(JAL)의 회장으로 취임했다. 그는 파산한 일본항공을 1년 1개월 만에 흑자로 전환시켰고 2년 후에는 완전한 경영 정상화를 이뤄냈다.

이 외에도 맨주먹으로 교보그룹을 창업한 신용호, 배를 타던 평범한 선원에서 세계 1위의 수산 기업 동원그룹을 만든 김재철 등 가진 것 없이 태어나 맨손으로 성공을 움켜쥔 사람들이 많다.

▌성공한 사람을
▌완벽하게 모방하라

성공하기 위한 가장 쉬운 방법은 일단 성공한 사람을 그대로 따라하는 것이다. 복사를 하는 것처럼, 붕어빵 틀에 붕어빵을 굽듯이 정확하게 모방하는 것이다. 이때 중요한 것은 그들이 어떻게 성공했는지 그 과정을 구체적이고 정확하게 알고 있어야 한다는 점이다. 그들의 성공을 보고 그 성공 결과만을 목표로 삼아서는 좋은 결과를 얻기 어렵다. 그들의 성공 과정을 제대로 이해해야 한다. 그렇게 분석한 후에 모델로 삼은 사람을 따라하면서 성공한 그들처럼 행동하면 된다.

그렇다면 무엇을 따라해야 하는가. 바로 그들의 '사고방식'과 '행동'을 따라해야 한다. 이 두 가지를 철저하게 모방해야 한다. 성공하길 원한다면, 성공한 경영자가 되고 자본주의 시스템에서 승자가 되길 원한다면 먼저 성공한 사람들을 연구하자. 그들이 쓰거나 그들을 연구한 책이나 자료를 찾아 공부하는 것이다.

거듭 말하지만 인생은 불공평하다. 불공평한 인생을 최대한 나에게 공평하게 만드는 노력부터 하자. 성공을 원한다면 철저하게 성공이란 단어만 생각하고 성공에 모든 것을 걸 수 있는 배짱이 있어야 한다. 세상에는 이미 가진 것이 없어도 성공한 인생의 선배들이 수없이 많다. 그들을 따라 배우고 그들의 방법을 실천해나가면 된다.

지금은 더 이상 개천에서 용이 나지 않는 시대라고 한다. 좋은 대학을 나와 변호사, 의사 같은 고소득 직업을 갖고 있는 사람들은 돈 많은 부모를 둔 부잣집 자식들이 대부분이라고 한탄한다. 그렇게 생각하고 포기하는 사람이 많기에 당신이 더욱 성공할 가능성이 있다는 생각은 들지 않은가? 이런 한탄을 할 시간에 성공을 위해 걷기도 하고, 때로는 격렬히 뛰기도 해야 한다.

당신이 성공하면 변호사, 의사들이 당신을 위해서 서비스를 제공하게 된다. 세계 최고의 대학을 나온 사람들이 당신을 위해서 일하게 된다. 자본주의 세계에서 승자가 되면 된다.

분명 어려운 일이고 힘든 일이다. 그러나 불공평한 세상을 극복하고 성공한 사람들은 많다. 그렇게 성공한 인생의 선배 중에는 신격호라는 사람이 있다는 사실을 기억하자. 서로 다른 나라에 직접 기업을 세워서 모두 성공적으로 키워낸 기업가는 신격호 외에는 없다. 오직 신격호만이 유일하다. 그래서 신격호를 배워야 한다. 신격호를 배우면 나의 성공 가능성을 높일 수 있다.

자신의 상황에 따라
결정하라

　　　　　　　　　누구를 보고 배우던 그건 당신 자유다. 당신이 처음부터 가진 것이 많은 사람이라면, 혹은 명문가 집안 출신이라면 축하한다. 당신은 남들보다 경쟁에서 앞서 있고 승리를 쟁취할 확률이 높다. 그러니 당신은 누구를 보고 배워도 성공할 가능성이 많다고 볼 수 있다.

　그러나 당신이 가진 것이 별로 없는 사람이라면 아무나 따라 해서는 안 된다. 태어나서부터 최고의 교육을 받고 최고를 경험하고 자란 사람들은 가진 게 없는 사람들하고는 완전히 다른 길을 경험한 사람들이다. 쉽게 따라 할 수 없는 길을 걸어온 사람들이다. 그 차이는 아주 크다.

　가진 게 없는 사람들은 열악한 환경을 극복하고 성공한 이들의 과정을 따라해야 한다. 철저하게 자신과 비슷한 환경에서 성공한 사람을 골라야 한다. 물론 배경이 좋은 집안 출신의 성공한 사람들에게도 배울 점이 많이 있을 것이다. 그들에게서 좋은 건 배우고 자기 것으로 만드는 건 좋다. 그러나 순서를 혼동하지 말아야 한다. 결과만 보고 배워야 할 것을 판단하지 말라는 것이다. 열악한 환경을 극복해내고 성공으로 간 지난한 과정을 배우는 것이 당신에게는 먼저다. 그래야 어떻게 성공하게 되었는지를 이해할 수 있다. 따라서 자신과 비슷한 환경에서 성공한 사람들에 대해서 먼저 공부해야 한다. 이게 순서다.

　평범한 사람이 성공하기 위해서는 이미 성공한 사람들을 철저하게 따라하는 방법이 가장 빠른 방법이다. 그저 흉내 내기가 아니라 그 사람이 된 것처럼 완벽하게 모방해야 한다. 당연히 완벽한 모방은 어렵겠지만,

어렵더라도 이들을 그대로 따라하려고 해야 한다. 그 후에 자신에게 맞게 적절하게 바꾸면서 응용한다고 생각하면 된다. 원래 가진 게 없던 사람이 성공한 경우를 연구하고 모방하라. 그것이 당신의 성공 가능성을 보다 더 높여줄 것이다. 가진 것 없이 맨손으로 시작하여 성공한 사람들은 많다. 신격호도 그런 사람이다.

평범하기에
성공할 수 있다

"무엇이든 할 수 있다고 생각되면 당장 시작하라.
대담한 행동 안에 천재성과 힘과 마법이 있다."
- 괴테 -

평범하게 시작해도
비범한 성공이 가능하다

　　　　　　　　　　　평범함과 비범함을 가르는 기준은 무엇일까? 분명 학교성적은 아니다. 더 이상 학교성적만으로 인생이 결정되지 않는다는 걸 우리는 모두 알고 있다. 그렇다면 뭐가 달라도 달랐을 것 같은 신격호는 어땠을까? 신격호는 어릴 때부터 뛰어난 역량을 보인 걸까? 전혀 아니다. 그는 특별한 집안 출신도 아니고 학교성적에서도 두각을 드러낸 적이 단 한 번도 없었다. 신격호의 어린 시절은 평범했다.

모든 면에서 평범했다. 신격호의 어린 시절을 한 단어로 표현하면 '평범함' 그 자체이다.

신격호辛格浩는 1922년 10월 4일 경남 울산군 상남면 둔기리 377번 지에서 태어났다(1921년에 태어났는데 1년 늦게 출생신고를 했다는 설도 있다.). 공식 프로필은 1922년 생으로 되어 있다. 아버지 신진수와 어머니 김순필은 장남인 신격호를 포함해서 5남 5녀, 모두 10남매를 두었다. (11남매지만 한 명은 일찍 세상을 떠났다.)

할아버지 신진곤은 명문 양반 가문에 속하는 영산 신씨靈山 辛氏 집안 출신이다. 신격호가 태어날 당시 그는 얼마 안 되는 논과 밭을 가진 농사꾼이었다. 슬하에는 장남 신진걸과 차남 신진수, 두 명을 두었다. 신격호의 큰아버지 신진걸은 어릴 때부터 이재에 밝았다. 나중에 부동산으로 돈을 벌어 지방 유지가 되었다.

신진걸은 신격호의 재능을 발견하고 어릴 적부터 많은 지원과 애정을 쏟았다. 그는 조카 신격호를 어릴 때부터 친아들처럼 대했다. 동생 신진수에게 "격호는 나중에 뭐가 되도 크게 될 아이니까 공부 잘 시켜줘야 한다"고 자주 당부하곤 했다.

신격호의 집안은 논과 밭을 조금 가지고 있던 농사꾼 집안이었다. 아버지 신진수는 재산을 불리는 것에 큰 관심이 없었고, 향교나 서당에 가거나 종가의 대소사를 챙기는 데 주로 신경을 썼다. 농사도 본인이 짓기보다는 사람을 한 명 고용해서 지었다.

'사람을 고용해서 농사를 지을 정도면 잘 사는 집안이 아닌가?'라고 생각할 수 있다. 그러나 식구가 열 명이 넘었던 신격호 집안은 열심히 일해야 겨우 먹고 사는 정도였다.

신격호는 남들보다 빠른 시기인 7살 되던 해인 1929년 4월, 4년제인 삼동공립보통학교에 입학했다. 1933년 4월에는 삼동공립보통학교를 졸업하고 6년제인 언양공립보통학교에 입학한다. 언양공립보통학교는 신격호의 집에서 왕복 30리가 넘는 곳에 있었다. 10리가 보통 4km 정도이니 30리는 12km가 된다. 성인 남자가 평균적으로 1시간에 4km 정도의 속도로 걷는다는 점을 감안하면 먼 거리였다. 초등학생이 걸어 다니기엔 쉽지 않은 거리다.

5학년 때 학업성적은 10점 만점에 평균 7점이었다. 수신修身·이과理科가 8점이었고, 조선사·일본어·일본사·체조가 7점, 산술·지리·직업·도화(미술)·창가(음악)는 6점이었다. 병으로 30일을 결석했다는 기록도 있다. 먼 통학 거리를 어린 학생이 걸어서 다녔으니 무리가 있었을 것이다. 학생부에는 "수업시간에 옆을 본다. 태만하지는 않으나 싫증을 잘 내는 성질이 아닌가 생각된다"라고 기록되어 있다. 담임교사에게 좋은 평가를 받지 못했다.

6학년에 들어서는 성적이 더 떨어진다. 산술·일본어·일본사·지리·창가가 5점, 조선어는 4점을 받았다. 6학년 때도 결석을 30일 했는데, 사유가 무단결석이다. 이때의 신체기록을 보면 키 136.7cm, 몸무게 36kg, 가슴둘레 65cm로 왜소했다.[2] 모두가 어렵고 가난했던 시절임을 감안해도, 발육상태가 썩 좋지 않았음을 알 수 있다. (현재 그의 키는 173cm로 알려져 있다.[3] 그 나이 때의 다른 사람들과 비교하면 큰 키라고 할 수 있다.)

학교성적만 보면 그는 평범한 학생이었고 공부에 별 관심이 없었다고 말할 수 있다. 일제강점기에 성적이 중요하면 얼마나 중요했겠는가 싶긴 하지만, 어쨌든 신격호는 학교성적이 신통치 못했다.

언양보통학교를 졸업한 후, 상급학교 진학을 위해서 등록금이 필요했다. 집에서는 등록금을 마련할 방도가 없었다. 신격호의 부모는 집에 돈도 별로 없고 신격호의 성적도 좋지 않으니 굳이 학교에 진학시킬 필요가 없다고 생각했다. 그래서 신격호는 집에서 농사일을 거들면서 시간을 보내거나 딱히 할 일 없을 때는 그냥 놀았다.

이때 신격호는 어릴 때부터 자신을 어여삐 여기던 큰아버지 신진걸에게 학비를 지원받아 울산농업보습학교에 진학을 한다. 그래도 학교를 다니겠다고 한 걸 보면 공부에 관심이 아주 없었던 건 아니었던 모양이다.

농업학교에서도 성적은 좋지 않았다. 1학년 때 성적은 10점 만점에 7점이고, 2학년 때는 7.23점을 받았다. 신격호는 그저 그런 평범한 학생 중 한 명일 뿐이었다. 어찌 보면 당시의 제도교육에 잘 맞지 않았고 잘 적응하지도 못했던 학생이었다고 말할 수 있겠다.

▌평범한 만큼
▌희망이 있다

이처럼 신격호는 학교공부에 그다지 신경 쓰지 않았다. 공부를 하지 않은 건 아니다. 단지 진짜 배우고 싶은 공부만 하고 나머지에는 큰 관심을 두지 않았다.

'지루하고 따분한 학교 공부, 이거 해서 뭐 하지? 내가 하고 싶은 걸 하면서 지내야 되는데. 공부가 하고 싶긴 한데, 학교에서 배우는 건 재미가 없

는 것도 많으니, 내 나름대로 할 일을 생각해보자.'

하지만 딱히 뭘 해야 할지 몰랐다. 관심이 가는 과목은 집중해서 재미있게 공부했다. 별다른 흥미를 느끼지 못하는 과목은 열심히 공부하지 않았다. 신격호는 어릴 때부터 좋아하는 것과 관심 없는 것에 대한 호불호가 명확했다. 하기 싫은 일을 억지로 참으면서 하는 성격이 아니다.

평범한 시절을 보낸 신격호지만 사업의 길로 들어선 이후에는 영민한 경영을 한다. 신격호는 국내에 진출한 후에 참여한 사업에서 실패한 적이 거의 없다. 예전에 2만 두의 젖소를 농가에 맡겨 사육했는데, 수년 후에 5만 두로 사육 두 수를 배 이상 늘렸다.

"한국은 일본과 마찬가지로 넓은 토지가 없습니다. 그래서 농가에 젖소 두세 마리씩 키우게 시켰습니다. 그 대신 나중에 우유로 회수하여 분유와 버터 등의 유제품을 만듭니다. 노우老牛는 처리하여 햄이나 소시지로 제조하면 버릴 것이 없습니다."

이런 전략에 따라 그는 '롯데햄우유'를 설립했다. 젖소의 사료는 롯데 전용 공장에서 한꺼번에 인수하여 처리했다. 신격호는 두유 공장을 세워 두유를 만들고 남은 찌꺼기를 소의 사료로 재활용하도록 했다.[4] 이렇게 알뜰하게 경영을 하는 사람이 신격호다.

미국의 철강왕인 앤드류 카네기Andrew Carnegie는 "부자가 되는 유일한 길은 가난한 집에서 태어나는 것이다"라고 말했다. 진정으로 위대한 사람은 거의 전부가 가난의 역경 속에서 태어났다. 그들은 주어진 환경의 어려움을 굳세게 극복하고, 자신의 운명을 개척한 사람들이다. 가난하고 평범한 가정에서 태어난 사람이라면 남보다 더 많이 노력하고 움직여야 한다. 그래야만 성공할 수 있다는 걸 안다.

신격호는 평범한 집안에서 평범하게 자랐다. 그리고 평범하게 살아갈 뻔했다. 신격호도 자신이 경영자가 될 줄은 몰랐을 것이다. 평범하다고 생각했던 사람이 사업을 한다는 게 쉬운 일은 아니다.

"나는 사실 사업을 할 생각이 꿈에도 없었습니다. 사업이란 것은 위대한 인물이나 특별한 사람들이 하는 것으로 생각하고 있었어요." [5]

평범한 그가 성공할 수 있었던 중요한 요인은 바로 선택이다. 더 이상 지금처럼 살지 않겠다고 선택했기에, 평범한 사람에서 비범한 사람으로 도약할 준비를 한 것이다. 그의 선택에 관한 이야기는 다음 장에서 계속된다.

꿈꾸는 자유는
절대로 뺏기지 마라

"위대한 인물은 쉽게 자신의 운명을 원망하지 않는다."

- 쇼펜하우어 -

내가 꿈을 버리면
꿈도 나를 버린다

걸작 대하소설 《임꺽정》을 쓴 벽초 홍명희와 함께 일제강점기에 조선의 3대 천재로 불리던 이광수와 최남선이 있다. 춘원 이광수는 국문학사에 길이 남을 인물이며, 육당 최남선은 역사학계의 이름난 거물이다. 그러나 홍명희를 제외한 두 사람은 적극적이지는 않았지만 명백한 친일 활동을 했다. 그들만 아니라 수많은 이들이 친일에 가담했다.

왜 그들은 친일 활동을 했을까? 꿈을 잃어버렸기 때문이다. 일제강점기는 천재 소리를 듣던 수많은 인재들조차 꿈을 버리게 만든 시절이다. 꿈이 없고 꿈을 가질 생각조차 못하면 되는 대로 대충 살게 된다.

모두가 암울했던 일제강점기에 신격호는 어땠을까? 그는 그 어렵던 시절에도 자기만의 소중한 꿈을 간직하고 있었을까?

신격호는 농업학교를 졸업하고 함경북도에 위치한 명천국립종양장의 연수생으로 1년 동안 있었다. 사촌 형인 신병호의 도움으로 연수생 수업을 받을 수 있었다. 연수를 마치고 난 후, 신격호는 열여덟 살에 자신보다 한 살 어린 노순화와 결혼한다. 노순화의 집안은 당시 상당한 부농이었고, 부잣집 딸답게 배포가 컸다. 하지만 결혼 후에는 집안의 지원을 받지 못했다. 결혼하고 나서 신격호는 경남도립 종축장種畜場에 기수보技手補로 취직한다. 기수보는 말단 중의 말단 사원으로 양털을 깎거나 돼지를 키우는 일을 한다. 가축의 털을 깎고, 오물을 치우고, 사료 주는 일로 사회생활을 시작했다. 신격호는 고민한다.

'양털 깎고 돼지 밥이나 주면서 평생을 살면 그게 무슨 재미가 있나. 내가 원했던 삶은 아니다. 돈도 얼마 안 되는 일이라 아무리 열심히 일해도 이걸로는 가족 먹여 살리기도 벅차다. 이 일에서 최고가 된다고 해서 무슨 의미가 있겠어. 양털을 최고로 잘 깎고 돼지 뒤처리를 최고로 잘한다고 인생이 달라지겠나. 더 이상 이렇게 살고 싶지 않다. 다른 길을 알아보자.'

신혼의 단꿈에 빠지지도 못했다. 당시 직장이었던 경남종축장 근처에서 하숙을 했기에 일하는 날에는 결혼하기 전과 다를 바 없이 혼자였다. 게다가 쉬는 날에 집으로 돌아가도 좁은 집에 많은 식구가 모여 있으니, 부인과 둘만의 오붓한 시간도 가지기 어려웠다. 이런 저런 상황들로 신격호는 부인인 노순화에게 큰 정을 느끼지 못했다. 신격호는 그 당시를 이렇게 회고한다.

"시골(경남 울산)에 살다가 하도 가난해서 일본에 가 공부해야겠다는 생각을 했습니다. 아버지께서 반대하실 것 같아 말씀드리지 않고 몰래 빠져나왔습니다. 가출인 셈이죠. 수중에는 83엔이 고작이었습니다. 당시 시골 면서기 두 달 치 월급입니다. 정말 살기 어려웠습니다. 1941년이었으니까. 열아홉에 무조건 일본으로 건너가 초등학교 때 알던 친구의 하숙방에 얹혀 반년 정도 함께 살았습니다. 나중에는 한 평 반짜리 방을 얻어 독립했지요." 6)

한 치 앞도 보이지 않는 어둠처럼 느껴지는 상황에서도 그는 꿈을 버리지 않았다. 꿈을 이루기 위해서 많은 고민이 필요하지 않다. 꿈을 이루겠다는 마음. 더 이상 이렇게는 살지 않겠다는 다짐. 앞으로는 달라지겠다고 선택한 것이다. 여기서부터 꿈을 이루는 첫 걸음이 시작된다.

원하는 걸 찾을 수 없으면
스스로 만들어라

신격호는 자신의 삶이 바뀌기를 간절히 원했다. 하지만 인생을 바꿀 기회가 제 발로 찾아오지는 않는다. 기회를 기다리기보다 스스로 만드는 편이 더 빠르고 확실한 길이 될 수 있다. 간절히 바라는 것이 없다면 도전하기 어렵다. 도전하기 위해서는 자신의 모든 것을 걸 각오가 있어야 한다. 그저 그런 인생을 살 것인지, 아니면 세상에서 가장 멋진 인생을 살 것인지는 어떻게 마음을 먹느냐에 달려 있다.

언젠가 좋은 날이 올 거라는 막연한 기대감으로 세상을 살아가는 사람들도 있다. 그들은 이렇게 말한다.

"성공한 사람들은 다 운이 좋아서야."

"인맥이 많아서 그래. 기회를 잘 잡았어. 나도 인맥이 많으면, 기회만 준다면 성공할 수 있어."

"기다리면 언젠가 기회가 오겠지."

"나는 지금 기회를 기다리는 중이야."

이런 희망이 더 나은 세상으로 그들을 이끌지도 모른다. 물론 좋은 날이 올 수도 있다. 그럼 그런 좋은 날은 도대체 언제 올 것인가? 아무도 알 수 없다. 기다리는 자에게는 기다림만 있다. 기다림은 사람을 지치게 만든다. 시간은 손가락 사이로 빠르게 쏟아지는 바닷가의 모래와 같다. 우리의 의지와 상관없이 흘러간다. 그러니 좋은 날이 오길 기다리지 말고 자신이 직접 만들어 나가야 한다.

신격호는 그렇게 행동했다.

"저는 운이라는 걸 믿지 않습니다. 벽돌을 쌓아 올리듯 신용과 의리로 하

나하나 이루어나갈 뿐이죠." [7]

내가 꿈을 버리면
꿈도 나를 버린다

신격호는 땅바닥에 주저앉아 하늘을 욕하고 부모를 원망하지 않았다. 환경을 바꿀 수 없었기에 주어진 환경을 벗어나기로 했다. 식민지 조선이 아니라 아예 일본 본토로 가서 당당하게 성공하겠다고 마음먹었다. 분명 쉽지 않은 결심이었고 또 가진 게 없는 처지에 말도 안 되는 생각으로 보일지 모른다. 하지만 세상은 말도 안 되는 생각을 현실로 이루는 사람들이 바꿔오지 않았는가.

단 하나의 버튼만 남아 있는 아이폰(휴대폰), 아이팟(MP3), 아이패드(태블릿PC), 맥북을 세상에 공개한 애플의 스티브 잡스Steve Jobs. 책에서 시작해 이제는 세상의 모든 것을 다 팔겠다는 아마존Amazon의 제프 베조스Jeff Bezos. 전 세계 사람들을 모두 연결하겠다는 페이스북Facebook의 마크 저커버그Mark Zuckerberg. 오토바이를 만들다가 불현 듯 '오토바이 두 개를 연결하고 지붕을 달면 자동차가 되니까 한번 만들어 버리자'는 각오로, 자동차까지 생산해버린 혼다 창업주인 혼다 소이치로. 혼다 소이치로는 이렇게 말하기도 했다.

"많은 사람들이 성공을 꿈꾸고 희망한다. 나에게 있어 성공이란 끊임없는 실패와 자기 성찰을 통해서만 달성되었다. 실제로 성공은 당신의 일에 있어서 99%의 실패에서 비롯된 단 1%를 말한다." [8]

그들은 남들은 보지 못한 걸 보았다. 보이지 않던 것을 사람들 눈앞에 현실로 보여준 사람들이다.

신격호는 달라지겠다고 생각했다. 짐승 털을 자르고 오물을 치우면서 살고 싶지 않았다. 지금보다 나은 삶을 살고 싶었다. 부자 부모를 선택해서 태어날 수는 없었지만, 미래는 자신이 선택하기로 결심했다. 그는 오늘과는 다른 내일을 꿈꾸고 있었다. 꿈을 현실로 만들기 위해 일본에 가기로 결정했다.

일본에 간다는 건 그나마 손에 쥐고 있던 작지만 안정적인 현재를 포기한다는 말이다. 일본에 간다고 성공할 수 있을지는 모르는 일이다. 그럼에도 도전한 것이다. 자신을 둘러싼 환경을 완전히 바꿔버리자는 계획을 세운 신격호. 그는 일본으로 가는 방법에 대해 생각하기 시작했다.

인도의 시성詩聖이라 불리는 타고르Tagore는 "물을 바라보는 것만으로는 바다를 건널 수 없다"고 했다. 신격호는 바다를 바라보기만 하지 않았다. 직접 배를 타고 바다를 건넜다. 그 어려운 시기에 신격호는 꿈을 버리지 않았고 계속 꿈을 꾸었다. 지금과는 다른 인생을 살고자 한다면 명심해야 한다. 꿈꾸는 자유는 절대 뺏기지 않아야 한다는 것을.

지금 당장이 아니면
기회는 없다

"며칠 뒤에 하겠다는 말은 하지 않겠다는 것이다."
- 헨리 조지 -

▌더 멀리 뛰기 위해서는
▌더 작게 움츠려야 한다

신격호는 대단히 신중한 경영스타일로 유명하다. 어떤 사업을 하든 성공 가능성을 철저하게 검토하고 계열사 간의 시너지 효과를 중시한다. 그러다 보니 사업 시작이 빠를 수가 없다. 좋게 보면 여유 있는 것이고 나쁘게 보면 느린 구닥다리 경영방식이다. 그래서 참 희한한 기업이라는 평도 듣는다.

하지만 그것은 신격호와 롯데의 단면만을 본 것이다. 일을 결정하기까지 다른 기업들에 비해 오래 걸리지만, 그러나 한번 결단을 내리면 반드시 실천한다. '언제 저렇게 앞서 나갔나!' 할 정도로 빠른 행동력을 보이는 게 신격호라는 사람이고 롯데라는 기업이다.

2014년 4월, 롯데주류에서는 클라우드Kloud라는 맥주를 출시했다. 하이트맥주와 오비맥주의 2강 시장에 롯데라는 유통 공룡이 발을 들였다. 출시 100일 만에 2,700만병이 팔리며 돌풍을 일으켰다. 온, 오프라인상에서 입소문도 좋고 판매량도 늘고 있어 앞으로 판매는 더욱 호조를 보일 것이다.

롯데가 맥주시장 진입을 목표로 준비 중이고 2017년쯤에 공장이 완성된다는 이야기는 예전부터 있었다. 2017년 전에 제품을 출시할 계획이라는 소식도 있었다. 그러다 더 빨라질지도 모른다는 말이 돌았다. 소문은 돌았지만 확실하지는 않았다.

예전에 롯데가 라면업체를 인수하려고 대상을 물색 중이라는 소문이 있었다. 기사도 나왔고 그룹 내에서도 라면업계에 진출한다는 소문이 계속 돌았다. 구체적인 인수 업체까지 오르내릴 정도였다. 그러다가 라면업계 진출 소식은 흐지부지 사라졌다. 이런 전력 때문에 맥주업계 진출 소식에 대해서도 사람들은 의구심을 가지고 있었다. 그러다 갑자기 미녀 배우를 모델로 맥주광고가 나오기 시작했다. 드디어 제품이 나온 것이다.

예전부터 신격호 회장의 오래된 숙원 사업 중 하나가 정말 맛있는 맥주, 사람들에게 사랑받는 맥주를 출시하는 것이었다. 신격호 회장은 젊은 시절 애주가이기도 했다. 신격호뿐 아니라 아들인 신동빈도 기대를 갖고 추진하던 사업이다. 이미 1999년부터 롯데는 맥주시장에 진출하려고 준비했다. 2009년, 롯데는 M&A시장에 매물로 나온 오비맥주를 인수하려고 했으나 실패했다.

'인수가 어렵다면 차라리 직접 맥주를 생산하자!'는 다짐으로 맥주시장 진출에 더욱 정성을 쏟았다. 2012년 1월 대한상공회의소 신년하례회에 참석한 신동빈은 "맥주사업은 그룹의 숙원이기 때문에 반드시 해야 한다"고 밝힌 적도 있다. 맥주시장 진입을 목표로 꾸준히 공을 들인 롯데는 2012년 1월에 충북 충주시와 맥주공장 건립에 관한 양해각서(MOU)를 체결했다. 충주시 대소원면에 신산업단지 내 33만㎡ 부지에 맥주 제조공장과 저장시설 등을 지을 계획을 수립했다. 여기에 총 7,000억 원을 투입하고 2015년에 착공을 시작해서 2017년에 완공을 목표로 잡았다. 본격적인 생산을 시작하면 연간 50만㎘의 맥주 생산이 가능한 공장을 보유하게 된다.

롯데는 추가로 충주 기업도시 인근에 별도의 맥주 공장을 지었다. 신산업단지는 기반시설이 충분하지 않아서 공장 건립에 다소 시간이 걸리기 때문이다. 그래서 다른 부지에 따로 공장을 지어 조기 생산에 들어가기로 했고, 2014년에 첫 제품을 시장에 출시하기로 했다. 롯데가 예정대로 2014년에 출시한 맥주가 바로 '클라우드'이다. [9]

결국 맥주시장의 양대 강자와 롯데의 맥주 대전이 시작된 것이다. 롯데주류는 이미 소주와 위스키, 와인과 청주 등을 생산하고 있다. 여기에 맥주까지 만들어 판매하게 된 롯데주류는 국내에서 모든 주류 품목을 생산하는 유일무이한 회사가 되었다.

이렇게 빨리 맥주시장에 제품을 출시한 것은 제품에 대한 강한 자신감이 있다는 걸 의미한다.

기회라고 생각되면
바로 행동으로 옮겨야 한다

이미 오랫동안 오비맥주와 하이트맥주가 지배해 온 국내 맥주시장이다. 여러 기업들이 군침을 흘린 맥주시장이지만 양대 산맥이 버티고 있는 시장에 진출하는 것은 쉬운 일이 결코 아니다. 이런 맥주시장에 기존 계획보다 일찍 진입했다는 것은 제품에 대한 철저한 준비가 있었기에 가능한 일이다. 아사히맥주의 뛰어난 기술력을 기술제휴를 통해 미리 확보했고, 독자적인 제조 공장과 전국적 유통망까지 갖춘 롯데였기에 가능한 일이었다.

'클라우드'는 출시되자마자 많은 인기를 얻으며 국내 맥주시장에 의미 있는 지각변동을 일으키고 있다. 신격호의 롯데는 준비가 되면 더 이상 기다리지 않는다. 철저하게 보수적으로 준비하되 어느 정도 체력을 갖추면 바로 공격에 들어간다. 신격호가 그동안 보여준 경영전략 중 하나이다.

그렇다면 젊은 시절 신격호는 왜 일본으로 가기로 결정한 것일까? 그는 고향을 떠나기로 한 이유를 이렇게 말했다.

"그때 우리 고향마을(경남 울산군 삼남면 둔기리)의 노인들은 완고하셨어요. 젊은이들이 겨울에도 이용할 수 있는 동네 목욕탕을 만들려고 했더니 노인들이 저희들을 향해 고함을 치면서 '그런 미친 짓 하지 말'라고 하는 식이었죠. 젊은 사람들이 무엇인가 새로운 것을 해보자고 하니 노인들의 권위와 영향력이 손상된다고 생각한 것이지요. 이런 마을에 계속 남아 있다가는 발전이 없겠다고 생각해서 일본으로 건너간 것입니다." [10]

이렇게 살다가는 더 이상의 발전은 없다는 생각과 자신의 미래를 개척하기 위해서 결단한 것이다. 신격호는 일본으로 가기로 결심했다. 가진 돈이라곤 손에 쥔 83엔. 그러나 그는 고민하지 않았다. 부모님과 부인이 있었지만 지금 당장이 아니면 기회는 없다고 생각했다. 그는 근근이 농사를 지으며 평범한 삶을 살 수도 있었다. 노력하면 어쩌면 부농이 될 수도 있었고 그러다 보면 언젠가는 지역 유지가 되어 살아갈 수도 있었다. 그러나 신격호는 다 버리고 떠났다.

신격호가 처음부터 부자가 되고자 한 것은 아니다. 일본에서 공부를 하면서 막노동을 하던 시기도 있었다. 그때는 돈벌이에 그다지 신경을 쓰지 않았다. 그의 말을 들어보자.

"젊은 시절엔 고학생이었으니까 그저 학비나 벌면 좋겠다고 생각했습니다. 그 당시엔 돈 버는 일에 골몰하는 사람을 그렇게 탐탁지 않게 생각했습니다. 그런데 언젠가부터 돈 버는 일이 본업이 되고 말았습니다. 운명이란 알 수 없는 겁니다." [11]

의외의 사실이다. 유학 초기에는 공부에 몰두하고 싶어 하던 순수한 청년의 모습이 당시의 신격호에게 보인다. 유학을 시작하면서 그는 어떻게 하면 학비를 벌어 공부를 마칠 수 있을까에 대한 고민이 더 컸던 것이다.

이미 예상한 어려움이었지만 신격호는 일본행을 결심했고 그는 기회를 놓치지 않았다. 기회라고 생각되면 바로 행동으로 옮겨야 한다. 다단계 사업 같은 걸 기회라고 이야기하는 게 아니다. 남에게 피해를 주지 않는 것이어야 한다. 뭐든지 하겠다고 마음먹으면 바로 해야 한다. 오늘 책을 사면 바로 읽어버려라. 나중에 읽겠다는 생각은 버려라. 나중은 없다. 나중에 본다는 마음으로 자료를 모으지 마라. 지금 안 보는 자료는 다음에도 안 본다. 한 달 전에도 보지 않았던 자료라면 앞으로도 안 볼 가능성이 80%가 넘는다. 오늘 할 일을 내일로 미루면 내일도 안 한다. 오늘 할 수 있는 일은 오늘 바로 하라.

▍지금 당장이 아니면 기회는 없다

일본의 경영 구루 오마에 겐이치는 그의 책 《난문쾌답》에서 이러한 메시지를 전했다.

"내 사전에 '내일까지 기다린다'는 말은 없다. 하고 싶은 것이 있으면 지금 바로 시작해야 후회가 남지 않는다. 하고 싶다는 생각이 들 때 당장 행동해야 한다. 잠시 후로 미루면 이미 늦은 것이다. 지금 즐거운 일이 나이가 든 후에도 즐거울 거라는 보장은 없기 때문이다." [12]

영화관에서 영화를 보는 일도 그렇다. 지금 영화관에서 보지 않고 몇 개월만 기다리면 집에서 더 저렴하게 볼 수도 있다. 왠지 이익처럼 느껴진다. 돈을 아끼기 위해서 조금 기다렸다가 집에서 영화를 보는 일은 개인의 취향이다. 하지만 영화관의 큰 스크린과 뛰어난 음질을 온 몸으로 느끼면서 보는 것과는 분명히 다른 경험이다. 오감을 흔드는 경험은 생각보다 오래 몸에 남아있다.

나는 지금까지 5천 편이 넘는 영화를 보았다. 영화관에서 본 영화와 집에서 본 영화는 분명한 차이가 있었다. 영화관에서 본 영화는 아직도 기억에 생생하게 남아있는 반면, 집에서 본 영화들은 잘 기억나지 않는다. 돈을 아끼겠다고 경험과 감동을 뒤로 미루는 일은 돈을 굳히는 일도, 시간을 아끼는 일도 아니다.

롯데는 이미 중국에 진출해서 활발하게 활동하고 있다. 신격호는 중국 진출 전략에 대해서 이렇게 말한 적이 있다.

"나는 '다소 위험이 있어도 할 것으로 결정하면 한다'라는 마음으로 일단 돌진해갑니다. 롯데의 중국 진출에서도 어느 정도 형식이 결정되면, 점포를 낸 후 바로 다음 점포를 내고 있습니다. 완벽한 점포 만들기를 할 필요가 없어요."

인생을 살면서 완벽한 준비란 없다. 지금이 아니면 기회는 없다. 무엇을 할 계획이라면 당장 시작해야 한다. 성공하지 못하는 사람들은 대개 소극적인 사고방식을 가지고 있다. 뿐만 아니라 결코 행동하지 않는다. 그럴듯한 변명만 늘어놓는다. 머릿속에서 맴도는 생각은 그저 안에서만 겉돌다가 결국 아무도 모르게 사라지게 마련이다.

자신에게 오는 게 기회인지 아닌지 알아볼 수 있어야 한다. 기회라고 생각되면 인정사정없이 잡아채야 한다. 기회를 알아보는 능력을 키워라. 기회를 알아보는 자신의 능력을 믿어야 한다. 스스로 결정하고 행동할 수 있어야 성공으로 갈 수 있다.

아직 늦지 않았다. 남들이 가만히 있는 이 순간 움직여라. 습관처럼 내뱉는 말 하나 하나가 나를 만들어간다. 기운 없는 말을 자주 하면 될 일도 안 된다. 혹시라도 입버릇처럼 '그저 한 번 해보자'는 습관이 있다면 고쳐나가라. 이 세상에 그냥 한 번 해보는 건 없다. 거듭 이야기한다. 지금 당장이 아니면 기회는 없다.

세상의 모든 시련은
당신을 강하게 만든다

"인간의 가장 큰 적은 인간의 가슴속에 존재한다."
- 세네카 -

▎평온한 바다에서는
▎훌륭한 선원이 나올 수 없다

"피할 수 없다면 즐겨라!"

"이왕 하는 일이라면 웃으면서 즐겁게 하자!"

이런 문구가 유행했다. 펀Fun경영이라고 해서 즐거운 일터 만들기 열
풍이 불던 때도 있었다. 지금도 위의 문장은 자주 인용되는 문장이다.

그런데 사실 피할 수 있다면 피하고 싶은 게 사람 마음이다. 하기 싫

은 일이라면 억지로 하지 않고 안 하는 게 더 좋다.

전쟁을 다룬 고전 병법서 중 최고로 꼽히는 《손자병법孫子兵法》에서는 가장 좋은 전략은 아예 싸우지 않고 이기는 것이라고 말하고 있다.

"백 번 싸워 백 번 이기는 것이 잘 하는 것 중에 잘 하는 용병이 아니며, 싸우지 않고 적의 군대를 굴복시키는 용병이 잘하는 것 중의 잘 하는 용병이다." -《손자병법》, 모공謨功편-

세상에는 큰 어려움 없이 사는 사람도 있겠지만, 대부분의 사람은 시련을 만나기 마련이다. 시련은 우리의 의지와 상관없이 오기 때문에 맞서야 하는 것이다. 독일의 철학자 프리드리히 니체Friedrich Nietzsche는 그의 저서 《우상의 황혼》에서 이렇게 말했다.

"나를 죽이지 못하는 것은 나를 강하게 만들 뿐이다."

어려움은 누구나 겪는다. 그 순간을 버티고 이겨내야 도약하고 성장할 수 있다. 니체의 말은 고난을 통해서 배우기 때문에 사람은 고난을 겪고난 후에 더욱 성장하게 되고 따라서 고난 전과는 완전히 달라진다는 말이다. 어렵게 일본에 도착한 신격호에게 기다리고 있던 것 역시 커다란 고통이었다.

1941년 봄 날, 신격호는 드디어 부산을 출발하여 일본 시모노세키(下釜)로 향하는 관부關釜연락선에 몸을 실었다. 배의 갑판에 선 신격호는 바다를 바라보면서 코앞에 다가온 일본 생활에 한껏 기대를 키우고 있었다. 뛰어나지는 않았지만 관심 있었던 공부도 새로 시작해보고 싶었다. 또 크게 성공하자는 마음으로 설레었다. 성공해서 반드시 가족들을 행복하게 해주겠다는 다짐에 가슴이 뭉클했다.

그러나 열아홉 살, 이제 겨우 만 18세의 청년에게 일본 본토는 첫 만남부터 혹독했다. 배에서 내려 항구를 두리번거리던 그에게 한 사내가 다가오고 있었다.

"이봐, 거기 서 있는 너. 이리 와봐."

"무슨 일 때문에 부르십니까? 왜 그러시는지요?"

"오라면 올 것이지 왜 이리 말이 많아. 잔말 말고 따라와."

배에서 내려 어리둥절해 있던 신격호를 계속 눈 여겨 보던 특고特高형사에게 붙들린 것이다. 곧바로 조사실로 끌려갔다.

특고형사는 일제강점기 시절, 사상범을 체포하고 투옥시키는 업무를 맡은 형사이다. 잔인하게 고문하기로 악명 높았던 정보 경찰에게 붙들려 조사실로 끌려간 신격호는 집요하고도 강도 높은 조사를 받았다. 그 시기에 끌려가서 취조를 받는다는 것은 온갖 모욕과 폭력이 행해진다는 것을 의미한다. 심하면 쥐도 새도 모르게 세상에서 사라질 수도 있었다.

"일본에 왜 왔어? 무슨 이유로 본토에 온 거지?"

"일본에서 공부를 하고 싶어서 왔습니다. 고향은 울산이고 부산에서 배를 타고 왔습니다."

"공부라고? 공부하고 싶어서 왔다면 그냥 넘어갈 줄 아나? 너 공산당에 가입하려고 온 거 아니야? 공산당원이 되려고 하는 거 다 알고 있어. 솔직히 말하면 봐줄 수도 있으니 순순히 불어."

"거짓말 아닙니다. 공산당이라니 무슨 말씀입니까? 저는 공부를 하려고 왔을 뿐입니다. 공산당 같은 거는 모릅니다. 고향에 확인하셔도 좋습니다."

"하, 이거 봐라. 뭐 이런 게 다 있어. 버릇을 고쳐 주지."

이윽고 신격호는 별실로 끌려갔다. 심하게 매를 맞았다. 하지만 공산주의가 뭔지도 모르는데 아무리 윽박지른다고 할 말도 없었던 신격호였다. 2~3시간 조사를 받고 간신히 풀려났다.[13] 일제강점기에 아무 배경도 없던 조선인은 일본인 형사에게 짐승만도 못한 취급을 받던 존재였다. 이 이야기는 일본 작가 후지이 이사무가 1979년에 쓴 《롯데의 비밀》에 짧게 수록되어 있다.

신격호는 훗날 사업에 성공한 후에도 일본으로 귀화하지 않았다. 주위에서 끈질긴 요청과 회유를 했지만 끝내 귀화하지 않았다. 일본에서 기업을 경영하고 있기 때문에 귀화하면 훨씬 유리했겠지만 그는 한국 국적을 고집했다. 그의 친한 일본인들이 이런 신격호의 고집을 일본에서의 혹독한 첫 기억 때문이었을 거라고 추측하는 것을 보면, 일본과의 첫 대면이 신격호에게 지독하기는 했던 모양이다. 그런 기억은 쉽게 사라지지 않는다.

젊은 날 목숨을 걸고 배를 타고 왔다. 오직 성공하겠다는 단 하나의 신념만 가지고 한국을 떠나왔다. 그리고 오자마자 이유 없이 무자비하게 매를 맞았다. 화도 나고 무섭기도 했을 것이다. 성공한 후에도 귀화하지 않은 것은 그의 오기였다.

그는 이렇게 생각했다.

'오냐, 두고 봐라. 니들이 짓밟고 무시했던 나, 신격호. 반드시 성공한다.

일본 땅에서 당당하게 한국인으로서 말이다.'

신격호의 강한 자존심이 그의 귀화를 막았을 것이다. 물론 그의 속
마음을 정확히 알 수 없다. 다만 그런 마음을 가졌으리라 짐작할 수 있
다.

▍끊임없이 준비하고
▍도전하는 과정을 즐겨라

한국 국적을 유지한 것은 그의 마지막
자존심이었다. 일본으로 귀화하지 않고도 그는 성공을 당당하게 이뤄
냈다. 그런 경험을 했기 때문일까? 일본에서 한국인의 신분으로 기업을
세우고 오랫동안 살아온 신격호는 함부로 의견을 드러내지 않는다. 말
을 하더라도 조심스러운 표현을 사용하고 사람들을 조심스럽게 대한다.
말을 아끼고 자신의 생각을 쉽게 드러내지 않는다. 실제로 그를 만나본
사람들은 그가 냉혹한 경영인이 아니라 의외로 수줍음이 많고, 대단히
조용하고 겸손한 성격의 소유자라 놀란다.

노자 《도덕경道德經》 '도경道經' 5장에는 "다언삭궁多言數窮 불여수
중不如守中"이라는 구절이 있다. "말이 많으면 자주 막히게 되니, 중심을
지키는 것만 못하다"는 뜻이다.

신격호는 말을 많이 하지 않고 중심을 지키며 필요한 말만 간결하게
한다. 그는 말실수가 없고, 구설수에 거의 오르지 않는다. 사람들의 입
에 오르내린다 해도 잠시뿐이다.

어리석은 사람이 되는 가장 쉬운 방법은 쓸데없는 말을 많이 하는 것이다. 우리가 흔히 접하는 "웅변은 은이요, 침묵은 금이다", "침묵은 바보를 천재로 만들 수 있다" 등의 서양 속담에서 우리는 교훈을 얻을 수 있어야 한다.

시련을 경험한 후 성공한 사람들은 오만하지 않다는 공통점을 가지고 있다. 교만한 사람들은 시끄럽다. 자신이 잘났다고 외친다. 자기를 알아봐 달라고 계속 소리친다. 내가 얼마나 잘 나가고 있고, 뛰어난 사람인지를 말이다. 남들에게 자신의 성공을 인정받고 싶은 것이다.

하지만 진정으로 성공한 사람들은 굳이 자신을 알리거나 하지 않는다. 그렇게 하지 않아도 자신이 성공했다는 사실을 스스로가 너무나 잘 알고 있기 때문이다.

어쨌든 신격호는 일본에 첫발을 내딛는 순간부터 큰 시련에 맞서야만 했다. 신격호는 1983년 월간지 《직장인》과의 인터뷰에서 시련에 대해 이렇게 말한 적이 있다.

"나에겐 늘 극복해야 될 일들이 있다. 돈을 버는 것만이 내가 추구하는 전부가 아니다. 나는 극복할 일들이 있다는 것에 묘한 쾌감을 느낀다."

일본의 영화감독이자 배우인 '기타노 다케시'도 비슷한 이야기를 했다.

"인간의 지혜와 상상력은 장애물이 있을 때 더욱 풍부하게 발휘된다. 지혜와 상상력으로 벽을 넘은 곳에 자유의 기쁨이 있다. 무엇이든 자유롭게 허락된 세계에서는 지혜도 상상력도 발휘할 필요가 없다. 아무렇게나 뒹굴면서 먹고 싶은 거나 먹고 텔레비전이나 보는 것이 고작이다." 14)

이들의 말처럼 너무 쉬운 일과 별다른 어려움 없이 손쉽게 이룬 성공에서 사람은 큰 즐거움을 누리지 못한다. 왜 수백억 원의 복권에 당첨된 사람들이 몇 년 안에 그 많은 돈을 다 쓰고 파산하는가? 바로 이러한 이유 때문이다. 쉽게 얻은 건 귀하게 여기지 못한다.

인생을 살아가다 보면 우리는 뜻하지 않은 시련을 경험하게 된다. 개인이나 기업이나 모두 마찬가지다. 고난에 직면했을 때 어떻게 대처하느냐에 따라 성패가 결정된다.

신격호는 시련을 극복하는 일에서 쾌감을 느낀다고 했다. 신격호처럼 끊임없이 준비하고 도전하는 과정을 즐겨라. 어떤 시련이 와도 견뎌내고 이겨낼 수 있다.

성공하기 위해서는 시련을 극복해야 한다. 시련에 맞서고 고난을 극복해야 내가 원하는 것을 이룬다. 어려움에 처해도 절대로 좌절할 필요가 없다. 내가 죽지 않을 정도의 시련이라면 분명 이기는 싸움을 하고 있다는 사실을 기억하라.

세상의 모든 시련은 당신을 강하게 만든다.

롯데그룹
회사 분위기

롯데하면 떠오르는 게 짠돌이다. 그리고 보수적인 기업이라고 생각한다. 일정 부분 맞는 말이다. 그간의 경영방침이나 각 계열사 분위기를 살펴봐도 보수적인 분위기가 강하다. 신격호의 신중하고 조심스러운 성격이 반영되었기 때문일 것이다.

기업마다 분명한 문화의 차이가 있다. 롯데는 절대 '갑'인 동시에 절대 '을'의 입장에 있는 사업을 많이 하다 보니 독특한 부분이 섞여 있다. 하청업체에서는 롯데만큼 절대강자가 없다보니 매우 조심스럽다. 반면 롯데는 고객에게는 한없이 약하다. 고객과 직접 대면하는 유통업과 식음료, 서비스업의 계열사가 많다보니 그런 경향이 있다.

내가 몇 년 전에 들은 이야기다. 어느 매장에서 일하고 있던 캐셔 분이 계산을 잘못했다. 고객이 심하게 따졌다. 화가 난 고객은 문제를 해결하지 않은 채로 그냥 집으로 돌아가버렸다. 해당 점포의 점장이 직접 고객의 집까지 찾아가 거듭 사과했다고 한다.

백화점이나 마트의 점장은 그냥 평범한 점장이 아니다. 직급을 따져 봐도 회사의 임원급에 해당하는 경우가 많다. 그런 사람들도 직접 고객에게 찾아가 실수를 사과하는 업종이 유통, 서비스업이다. 백화점, 호텔의 경우도 마찬가지이다. 동종업계에 있는 다른 회사들도 비슷하다. 돈을 다루는 금융업도 다를 바 없다. 왜 금융업을 피플 비즈니스people business라고 부르겠는가.

그래서 금융이나 서비스 업종은 보수적인 분위기를 띠기 쉽다. 고객에게 바로 보여주는 부분이 많기 때문이다. 직접 고객을 응대하는 영업점에서 근무하는 남자 직원들은 한여름에도 넥타이와 긴팔 셔츠를 착용하고 정장 상의를 잘 벗지 않는다.

이런 분위기 때문에 롯데그룹은 튀는 사람을 좋아하지 않는다. 아무리 개성이 중시되고 창의력이 중요하다고 하지만 일단 롯데에서는 지나치게 튀는 사람을 좋아하지 않는다. 롯데뿐만 아니라 특정 업종을 제외하면 대부분의 국내 기업이 그렇기는 하다.

롯데에서는 맡은 일을 성실하고 깔끔하게 하는 사람이 인정받는다. 일을 빠르게 정확하게 처리하는 사람을 최고로 평가한다. 너무 튀지 않으면서 사람들과 어울려서 조용하게 일을 하는 인재가 인정받는 곳이 롯데그룹이다.

① CHOICE

과감한
선택을 한다!

우리 인생은 모든 순간이 선택의 연속이다. 내가 선택한 결과가 현재 나의 모습이다. 오늘 내가 선택하여 먹은 음식이 나를 만드는 것과 마찬가지이다. 오늘 내가 무엇을 선택하느냐에 따라서 나의 미래는 결정된다. 그러니 현재를 변화시키고 싶다면 이전과는 다른 선택을 해야 한다.

신격호는 냉정하게 자신의 현실을 직시하고 어떻게 할 것인가를 고민했다. 가진 것도 없었다. 자신이 할 수 있는 일은 가축의 털을 깎고, 오물을 치우고, 사료 주는 일이 고작이었다. 고향에서 벗어나지 못한다면 변화는 불가능할 것으로 생각했다. 신격호는 자신의 현실을 변화시키기 위해서, 과감한 선택을 했다. 지금처럼 살지 않기 위해서는 과감하게 선택하는 길뿐이었다. 그래서 그는 배를 타고 일본으로 건너갔다.

어제와는 다른 삶을 살려면 지금 이 순간 다른 선택해야 한다. 그렇게 다른 선택을 하고 다른 행동을 하면, 새로운 길이 보이기 시작한다. 아인슈타인은 "오늘도 어제와 똑같이 살면서 다른 미래를 기대한다는 건 정신병 초기 증세다"라고 말했다. 새로운 선택을 하지 않으면 결과는 항상 같다.

다른 인생을 원한다면 과감하게 다른 선택을 하라.

신격호 어록
"이런 마을에 계속 남아 있다가는 발전이 없겠다고 생각해서
일본으로 건너간 것입니다."

---

② SLOW

천천히 가도
빨리 간다!

　신격호라는 경영자가 뛰어난 점은 절대로 무리한 속도를 내지 않는다는 점이다. 사람들은 빠른 성공을 원한다. 대부분의 기업들도 급속한 성장을 하려고 한다. 그래서 속도를 낸다. 그러나 "빨리 달리면 넘어진다"는 말이 있는 것처럼, 빠르게 성장은 했지만 성장의 속도보다 더 빠르게 과거로 사라진 기업들이 많다. 미국 포춘 500대 기업의 평균 수명은 채 10년을 넘지 못한다. 국내 1000대 기업 평균 수명은 30년이 채 안 된다.

　신격호는 서두르지 않는다. 빠르게 가려고 하지 않는다. 단지 천천히, 원하는 목표를 향해 자신만의 속도로 걸어간다. 한국에서 롯데라는 이름을 처음 내건 게 1967년이다. 재계 5위에 오르기까지 40년이 넘는 세월이 걸렸다. 아무도 롯데가 이렇게 성장하리라고는 예상하지 못했다. 신격호는 천천히 자신의 속도로 40여 년을 한결같이 걸어왔다.

　사람은 어디에서나 성과를 내야 인정받는다. 그러나 성과를 위해서 급하게 일을 처리하다보면 반드시 문제가 생기게 마련이다. 성공 법칙은 간단하다. 천천히 그러나 꾸준히 가는 것이다. 이렇게 하면 원하는 것을 이룰 수 있다. 신격호처럼.

신격호 어록
"금방 부를 이루어서 산을 만들면 무너지기 쉽다.
멀리 보고 원칙에 충실하면, 망하려고 해도 망할 수가 없다."

CHAPTER

02

세상과
싸우지 말고
세상을 이끌어라

신격호가 성공한 이유는 실패에서 멈추지 않았기 때문이다.
성공한 사람들은 실패에서 다시 일어선 사람들이다.
그들도 분명 실패한다. 치명적인 실패를 경험하기도 한다.
그러나 중요한 건 실패를 딛고 일어나는 것이다.
정말 간절히 원하는 일이 있다면 실패를 딛고 일어서라.

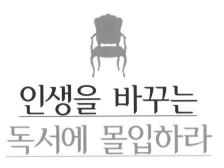

인생을 바꾸는
독서에 몰입하라

"다른 사람이 쓴 책을 많이 읽어라. 남이 고생해서 얻은 지식을
아주 쉽게 내 것으로 만들 수 있고, 자기 발전을 이룰 수 있다."
- 소크라테스 -

책을 제대로 읽으면
인생을 제대로 바꿀 수 있다

이 책을 읽고 있는 당신은 한 달에 책을 몇 권이나 읽는가? 혹시 우리나라 사람들이 책을 얼마나 읽는지 알고 있는가? 한 연구기관의 조사에 의하면 한 달에 0.9권이라고 한다. 한 달에 책 한 권도 읽지 않는 사람이 대부분이라는 이야기다. 반면에 1년에 책을 수백 권씩 먹어 치우듯 읽는 독서 고수들도 많다. 독서에서도 부익부 빈익빈으로 격차가 벌어지고 있다. 상위 20%의 독서량과 도서구

입비는 하위 20%의 6배 이상이라고 한다. 1년에 단 한 권도 읽지 않는 사람과 수백 권씩 읽는 사람의 미래는 다를 것이다.

책을 읽는다는 건 시간을 버는 일이다. 대부분의 저자는 책에 자신의 지식과 경험을 모두 쏟아 넣는다. 책 한 권에 글쓴이가 가진 수십 년의 노하우가 전부 들어간다. 그것을 독자는 단 2~3시간 만에 자신의 것으로 만들 수 있다. 단 돈 몇 만 원에 저자들의 노하우를 소장할 수 있다. 그야말로 세월을 버는 일이다. 책읽기는 무조건 남는 장사다. 책을 읽으면 읽을수록 나중에 이익으로 돌아온다. 시간 대비 효율이 높은 일이다. 책을 읽지 않으면 무조건 자기만 손해다.

신격호는 젊은 시절에 열심히 한 일이 두 가지 있다. 먹고 살기 위해 일하는 것과 책 읽기였다. 그는 일본에서 대학교를 다니기 위해서 먼저 와세다중학 야간학부에 편입했다. 식민지 출신 유학생에게 일본의 사학은 개방적인 정책을 폈다. 얼마든지 학교에서 공부를 할 수 있게 배려했다. 이로 인해 그 당시 윤동주나 이상 같은 한국 유학생들 상당수가 일본에서 학교를 다닐 수 있었다.

그중에서 신격호처럼 가난한 대학생은 드물었다. 일본에서 유학하고 있는 한국 학생들은 둘 중 하나였다. 아주 잘 사는 집안 출신이거나, 찢어지게 가난한 집안 출신이거나. 신격호는 후자였다. 와세다중학을 졸업한 이후에는 외세다고등공업학교(현재 와세다대학교 이학부) 야간부 화학과에 들어갔다. 2차세계대전이 진행 중이었고 이공계열 학생은 징집에서 제외되었다.

신격호는 이공계열을 지망한 이유에 대해서 솔직하게 밝힌 바 있다.

"공고工高를 지망한 것은 태평양 전쟁이 한창일 때 징병을 피하기 위해서였습니다." [1)]

신격호는 낮에는 일을 하고 밤에는 학교를 다니며 공부했다. 먹고 살기 위해서, 학비를 벌기 위해서 일을 해야만 했다. 그 와중에도 시간을 쪼개 책을 읽었다. 시간이 나면 서점이나 헌책방으로 향했다. 돈이 없으니 일단 서서라도 책을 읽었다. 때로는 돈을 모아 책을 샀다. 돈이 생기면 그렇게 책을 사는 게 소박한 즐거움이었다.

신격호의 원래 꿈은 공부를 해서 작가로 성공하는 것이라고 밝힌 적이 있다.

"당초 일본에 올 때는 공부를 많이 해 작가가 되겠다는 희망을 갖고 있어 남들보다 독서를 열심히 했습니다."

이렇게 작가의 꿈을 꾸었으나 상황은 여의치 않았다. 불안하고 두려웠다. 먹고 사는 문제가 시급했다. 무엇보다도 작가가 되기에는 실력이 부족한 것 같아 걱정도 되었다. 작가의 꿈을 이루기 위해 먼저 기자로 일할 생각도 했다. 기자가 되면 문장연습도 하고 현장경험도 쌓을 수 있다고 생각했다. 그 꿈을 이루기 위해 신격호는 책을 열심히 읽었다. 독서에 미친 듯이 열중했다. 독서 자체가 즐겁기도 했지만 신격호는 작가로서 크게 성공해서 부와 명예를 얻고 싶었고, 고향에 있는 가족들도 돌보고 싶었다.

신격호는 당시 일본에서 유행하던 세계문학 전집을 비롯해 많은 책을 읽어나갔다.

'책을 읽을수록 재미도 있고 외로운 생활에 활력을 주는구나. 그래, 더 많은 책을 읽자.'

틈나는 대로 독서에 몰입하던 중 신격호는 인생의 책을 한 권 만나게 된다. 바로 독일의 문학가 괴테가 쓴 《젊은 베르테르의 슬픔》이다. 괴테의 초기작인 《젊은 베르테르의 슬픔》은 출간 당시 독일을 충격에 빠뜨린 최고의 베스트셀러였다. 주인공 베르테르의 자살을 보고 사람들이 너도나도 자살하는 바람에 '베르테르 효과Werther effect'라는 말이 생길 정도로 책은 선풍적인 인기를 끌었다. 그 책은 신격호의 몸과 마음을 온통 흔들었다. 특히 여주인공 샤롯테charlotte에게 마음을 빼앗겼다.

'사람의 마음을 이렇게 송두리째 앗아갈 수 있는 여주인공이 현실에 있을까? 모든 사람에게 사랑받는 이 아름다운 여인, 샤롯테라니! 이 책을 쓴 괴테야말로 진정한 천재구나.'

방대한 독서를 하면서도 가난과 미래에 대한 불안이 사라지지 않았다. 가슴이 답답하고 걱정이 되었다. 앞으로 어떻게 해야 할 지에 대해서 여러 날을 생각했다.

'책을 읽는 건 즐겁고 행복하지만 지금 내 생활은 너무나 어렵다. 하루하루 먹고 사는 게 쉽지 않다. 내가 과연 작가가 될 수 있을까? 나에게 글 쓰

는 재능이 있는가? 글을 써서 먹고 살 수는 있을까?'

신격호는 많은 고민 끝에 결국 작가의 길을 포기하고 만다. 그러고는 돈을 버는 방향으로 인생의 목표를 바꾸게 된다. 이런 그의 선택으로 우리는 기업가 신격호를 볼 수 있게 됐지만 작가 신격호를 보지 못하게 된 것은 아쉬운 일이다. 그러나 이때의 작가 수업 덕분에 그는 직접 제품명을 만들거나 제품의 광고 문구 작업에 참여하곤 했다. 사업을 하면서 뛰어난 마케터이자 카피라이터의 능력을 발휘하고 있는 것도 이때의 경험 덕분임을 부인할 수 없다.

일본 롯데 껌의 대표 홍보문구인 '입 속의 연인'이라는 카피도 신격호가 직접 만든 것이다. 지금 봐도 탁월한 이 카피는 아직도 일본 롯데 홈페이지 첫 화면에 있다.

롯데리아의 '리브샌드'라는 햄버거도 그가 제품명을 지었고, '한우불고기버거' 출시가 미뤄지자 제품 출시를 더욱 강하게 밀어붙인 사람도 신격호이다. 그는 남들이 상상하지 못한 마케팅 전략을 수립해서 큰 성공을 거두기도 했다. 글을 다루는 재능은 동생인 농심의 신춘호 회장에게도 이어져, 그도 제품명을 직접 짓는 경우가 많다.

신격호가 젊은 시절 수없이 읽었던 책들은 그냥 사라지지 않았다. 가슴과 머리 어딘가에 남아서 새로운 아이디어를 끊임없이 안겨주었다. 젊은 시절 집중적인 독서를 하지 않았다면 롯데라는 이름도, 지금의 롯데그룹도 세상에 존재할 수 없었을 것이다.

리더는 책에 미친
마니아다

미국의 33대 대통령 해리 트루먼Harry
S. Truman은 이렇게 말했다.

"책을 읽는 사람이 모두 성공한 것은 아니다. 그러나 성공한 사람들은
모두 독서광이었다." (Not all readers are leaders, but all leaders are
readers.)

성공한 사람의 공통점 중 하나는 책에 빠져 살았다는 것이다. 책을

읽으면 지식이 생길 뿐만 아니라 의식이 성장한다. 책을 읽기 전과 읽은 후가 달라진다. 이전과는 비교할 수 없을 정도로 크게 생각하게 되고, 보이지 않던 부분을 보기 시작한다. 의식의 도약을 경험하게 된다.

물론 책을 읽지 않아도 수많은 정보를 얻을 수 있다. 인터넷을 통해서 세계적인 석학들이 강연한 동영상 강의를 얼마든지 볼 수 있다. 다양한 검색만으로도 우리는 과거의 인류보다 훨씬 많은 양의 정보를 습득하고 있다.

하지만 책을 읽는 행위는 가장 적극적인 두뇌활동 중 하나이다. 동영상을 볼 때와 책을 읽을 때 뇌의 활동이 다르다. TV나 동영상을 볼 때 뇌에게는 쉬는 시간이다. 두뇌가 가장 적극적으로 활동할 때는 책을 읽을 때라는 사실도 연구결과로 이미 밝혀졌다.

책을 제대로 읽기 위한 7단계 독서법

그렇다면 독서를 할 때 효율적인 방식에는 무엇이 있을까? 나는 다음과 같은 7단계 독서법을 추천한다.

1. 처음에는 내용이 쉽고 분량이 적은 책을 골라서 읽는다.

처음에는 가볍고 얇은 책을 위주로 편하게 즐기는 습관을 붙이는 게 중요하다. 표지와 목차, 서문을 읽어보고 마음에 드는 책을 손에 잡으면 된다. 본인에게 재미있어 보이는 책부터 읽으면 된다.

일주일에 딱 한 권이라도 읽겠다고 마음먹어라. 일주일에 단 한 권도 버겁다면 한 달에 두 권으로 시작하자. 그렇게 천천히 읽어나가면서 책을 읽는 재미에 빠져보는 경험을 해야 한다. 얇고 쉬운 책이라고 깊이가 없거나 내용이 부실한 것은 아니다. 걱정하지 말고 쉬운 책부터 읽어나가면 된다.

2. 일단 무조건 많이 읽어서 독서량을 늘린다.

흔히 '양보다는 질'이라는 이야기를 많이 한다. 그럴 경우도 있지만 책은 일단 많이 읽는 게 좋다. 두뇌에 들어가는 정보량이 많을수록 정보가 교차하면서 지식의 폭발이 일어나기 때문이다. 가급적 여러 방면에서 검증을 받은 책을 위주로 읽는 것이 좋다.

이렇게 한 권 두 권 읽다 보면 본인에게 도움이 되는 책을 만날 수 있다. 어린 시절부터 지속한 책읽기로 자신의 인생을 변화시킨 링컨은 이렇게 말한 바 있다.

"책 한 권 읽은 사람은 책 두 권 읽은 사람의 지도를 받게 된다."

남보다 많이 읽으면 남보다 앞서게 된다. 일단 많이 읽자.

3. 자신의 업무분야에 관한 책을 읽으면 해당 분야의 전문가가 될 수 있다.

어떤 책을 읽어도 상관은 없지만, 관심 있는 분야나 실제 업무에 관련된 책부터 보는 게 가장 좋다. 다만 무엇에 관심이 있는지 본인이 잘 모르겠다면 부담 없는 자기계발서부터 읽길 권한다. 그 후에 역사와 문학, 철학의 순서로 읽어나가면 된다. 만약 본인이 직장인이라면 본인이 하고 있는 업무에 관한 책이나 경영이나 경제 등의 비즈니스 서적을 중심으로 읽어 나가는 방식도 좋다.

어느 분야든 전문가에게 직접 배우는 게 가장 좋지만, 시간과 장소의 제약이 있다면 동영상 강의나 책을 통해서 공부해보자. 특히 책 읽기는 시간과 장소에 상관없이 내 일정에 맞춰서 얼마든지 마음대로 읽을 수 있기에 가장 편하고 좋은 방법이다.

만약 경영학에 대해서 공부하고 싶다면 우선 쉽고 얇은 책부터 골라서 읽는 게 좋다. 만화로 된 책도 괜찮은 선택이다. 그렇게 입문서를 10권 가까이 읽으면 어느 정도 개념이 잡힌다. 거기에 더해서 추가로 10권을 읽으면 경영학에 대해서 대략적으로 알 수 있게 된다. 그 다음은 해당 방면의 책을 꾸준히 읽어나가면 된다. 이때 되도록 짧은 시간에 집중적으로 읽어나가는 편이 좋다. 예를 들면 6개월이나 1년보다는 3개월 안에 집중적으로 읽는 것이 더 효과적이다.

4. 다양한 방식으로 책읽기를 시도하라.

책을 읽는 방법은 여러 가지가 있다. 한 가지만 고집하기보다는 다양한 방법으로 책을 읽어보자. 일본 마이크로소프트 회장이었던 나루케 마코토는 서로 다른 분야의 책 열 권을 동시에 읽었다고 한다. 지하철이나 카페에서는 소설책을 읽고, 회사에서는 경영서적을, 집에서는 역사서적을, 화장실에서는 만화책이나 예술 관련 서적을 읽는 식이다. 다양한 분야의 책을 같이 읽으면 관심 분야가 확장되고 더 많은 자극을 받을 수 있다. 새로운 아이디어를 도출하는 데도 도움이 된다.

맘에 드는 작가의 책은 모조리 읽어보는 전작주의全作主義도 시도해보라. 저자의 사상과 문체까지 모두 자신의 것으로 만들 수 있는 방법이다. 일본에서 독서의 신으로 불리는 '마쓰오카 세이고'처럼 좋은 책이라면 2~3번씩 되풀이해서 읽어보고 책에다 메모하는 방법도 좋다.

5. 자기계발서를 제대로 읽자.

자기계발서를 많이 읽는데도 왜 성공하지 못하는가? 이유는 간단하다. 머리로만 이해했기 때문이다. 거기에 더해서 가짜 자기계발서를 읽었기 때문이다. 자기계발서를 읽고 행동하지 않았다면 책을 읽은 시간은 그냥 시간낭비일 뿐이다.

자기계발서는 독자들에게 재미도 주고 감동도 준다. 자기계발서의 목적이 여기서 끝나는 건 아니다. 독자를 감정적으로 흔들고 실제로 행동하게 만들기 위한 책이 자기계발서이다. 독자를 움직이게 만드는 책을 읽어야 내가 변한다. 위에서 말한 가짜 자기계발서란 작가의 브랜드 강화나 강연을 더 하기 위한 목적으로 출간하는 책을 말한다. 독자에게 도움이 안 되는 책이다.

내가 권하는 책은 자기계발서 중에서도 수많은 사람들과 오랜 시간의 검증을 받은 자기계발서 분야의 고전, 성공한 경영자들이나 역사의 위인들을 다룬 자서전 혹은 평전이다. 성공한 사람들이 직접 쓴 책이나 그들을 연구해서 정리한 책들을 읽는 게 가장 좋은 방법이다. 읽고 그대로 행동하면 반드시 성공한다.

이 세상 모든 이들이 "넌 할 수 없다"고 말한다. 그때, "넌 할 수 있다"고 말해주는 사람은 오직 자기계발서 저자들뿐이다. 어려운 시절에 힘과 용기를 가득 불어넣어 주는 책이 바로 자기계발서다. 제대로 골라서 읽는다면 자기계발서만큼 감동을 주고, 사람을 움직여서 변하게 만드는 책도 없다.

6. 역사, 문학, 철학 등의 인문 고전을 읽자.

스튜어디스 출신의 저자 미즈키 아키코는 《퍼스트클래스 승객은 펜을 빌리지 않는다》에서 "퍼스트클래스 승객들은 항상 책을 들고 비행기를 탄다"고 말하고 있다. 그들은 역사서나 역사소설을 많이 읽고 또 인문 고전, 특히 동양의 인문 고전을 많이 읽는 편이라고 밝히고 있다.

역사서를 읽으면 의외로 새로운 아이디어를 많이 얻을 수 있고 풍부한 역사 사례들 속에서 사업의 해답을 찾아낼 수도 있다. 문학작품을 통해서는 현재에 필요한 감성과 다양한 간접 경험을 할 수 있다. 철학을 통해서는 자신만의 신념을 세워 흔들리지 않을 수 있다. 인문 고전을 읽으면 세상을 보는 통찰력과 시대를 이겨내는 돌파력을 키울 수 있다.

다만 고전은 신중하게 접근해야 한다. 고전이 쓰인 시기와 현재는 많이 다르다는 걸 알아야 한다. 고전이란 그 시대가 가지고 있고, 그 시대만이 보여주는 가장 강력한 특성들을 집약해서 담고 있는 책이다. 당대가 처한 문제를 극한까지 밀어붙인 책이 고전이다.[2] 시대상황을 반영하고 있기에 그 당시 역사를 모르면 이해하기 어렵다. 이것이 고전이 어려운 이유 중 하나다. 따라서 현재 상황과 고전을 무리하게 연결시켜 해석하려는 방식은 주의해야 한다.

7. 책을 항상 가지고 다니자.

책 읽는 습관을 익히려면 책을 자주 봐야 한다. 책을 자주 보려면 일단 손에 책이 있어야 한다. 책을 시간과 장소에 구애받지 않고 읽기 위해서는 가지고 다녀야 한다. 이제부터라도 밖에 나갈 때는 책을 꼭 들고 나가자. 아까운 시간을 무료하게 보내지 않는 방법이 책을 가지고 다니는 것이다. 아무 때나 언제라도 읽을 수 있는 책 한 권만 챙기면 된다. 요새는 이북(E-book)도 다양하게 개발되어 있으니 이동하면서 책 읽기가 더 편해졌다.

미국의 3대 대통령 토마스 제퍼슨Thomas Jefferson은 "나는 책 없이는 살 수 없다"고 말했다. 그는 꾸준하게 책을 읽어서 자신을 단련했다. 책을 읽어야 제대로 된 삶을 살 수 있다. 인생을 바꾸는 독서에 몰입하라.

실패에서 멈추면
진짜 실패자가 된다

"빨리 성공하려면 실패를 두 배의 속도로 경험해야 한다.
성공이란 실패의 너머에 있기 때문이다. 더 빨리, 더 자주 실패하라."
- 토머스 J. 왓슨 -

한 번의 실패에서
멈추지 마라

《공동경비구역 JSA》, 《올드 보이》 등
으로 유명한 박찬욱 감독. 《달콤한 인생》, 《악마를 보았다》 등으로 세계
에서 러브콜을 받고 있는 김지운 감독. 두 사람은 헐리우드Hollywood에
진출하여 영화도 찍었고 지금은 한국의 대표 감독으로 자리 잡고 있다.
그들은 상당히 오랜 시간을 백수로 지낸 공통점이 있다. 그들이 백수기
간을 버티지 못하고 다른 일을 찾았다면 그저 실패한 영화감독이자 백

수로 기억되었을 것이다.

수백만 부를 판매한 어느 베스트셀러 작가는 무명의 신인 작가 시절, 원고를 보낸 100군데의 출판사에서 모두 거절통보를 받았다. 그중 어떤 출판사 편집자는 '당신이 작가가 될 수 없는 10가지 이유'를 정리해서 보내주기까지 했다고 한다. 그 편집자는 왜 그렇게까지 했는지 알 수 없다. 그러나 만약 그 작가가 '아, 나는 안 되나 보다. 되는 사람만 되는구나. 나에겐 재능도, 운도 없어. 그래 포기하자. 포기하면 편해. 지금 하는 일이나 하자.' 이렇게 생각했다면 어떻게 됐을까? 그리고 그냥 포기했다면? 그는 아마도 평범한 직장 생활을 하며 평생 집안의 보증 빚을 갚아나가고 있을 것이다.

초등학교 시절 신격호는 그저 평범한 학생이었다. 학교 교육에 잘 적응하는 학생도 아니었고 성적도 좋지 않았다. 그는 그저 수많은 학생 중 한 명일 뿐이었다. 심하게 말하면 평범한 게 아니라 그냥 둔재였다. 학교를 졸업한 신격호는 결혼을 했고 바로 가축우리를 정리하는 직장을 얻을 수밖에 없었다. 그러나 그는 계속 그렇게 살고 싶지 않았기에 일본으로 갔다. 일본에서 온갖 잡일을 하며 공부하고 먹고 살았다.

와세다대학교 야간학부에 다닐 때에도 그는 낮에 일을 했다. 먹고 살기 위해서 일했고 학비를 벌기 위해서 일을 했다. 배고픔의 서러움을 그는 이렇게 이야기했다.

"배가 고프니까 먹을 것밖에는 다른 생각이 나지 않습니다. 어떻게 하면 배부르게 먹을 수 있을 것인가 하는 궁리만 하게 되니 정상적인 사고가 불가능해지는 거지요." [3]

그렇게 어렵게 생활하다가 그의 성실성을 눈여겨 본 한 노인의 도움으로 공장을 차리게 됐지만 두 번씩이나 불이 나 사라져버렸다. 딱 거기서 멈추고 한국으로 돌아갔다면 그는 그저 평범한 사람으로 생을 마쳤을 것이다. 스스로를 실패자라고 생각하며 평생 실패의 그늘에서 벗어나지 못했을지도 모른다.

신격호가 성공한 이유는 실패에서 멈추지 않았기 때문이다. 성공한 사람들은 실패에서 다시 일어선 사람들이다. 그들도 분명 실패한다. 치명적인 실패를 경험하기도 한다. 그러나 중요한 건 실패를 딛고 일어나는 것이다. 정말 간절히 원하는 일이 있다면 실패를 딛고 일어서라.

실패. 이름만 들어도 두려운 단어이다. 실패가 두려워서 시도조차 못한 경험이 있을 것이다. 하지만 실패만큼 사람을 성장시키는 것도 없다는 것을 알아야 한다. 도전하지 않으면 실패는 없다. 그러나 실패하지 않으면 성공도 없다. 과감하게 실패하라. 당신이 지금 실패했다면, 당당하게 성공할 수 있는 기회를 얻었다고 생각하면 된다.

역경은 사람을 지혜롭게 만든다

지금까지 살면서 한 번도 실패한 적이 없다고 하는 사람이 있다. 그만큼 운이 좋았다고 생각하는가? 그렇지 않다. 이는 '나는 도전하는 것이 두렵다. 용기가 없다'는 자기 고백일 뿐이다. 실패를 많이 할수록 사람은 더 나은 사람이 될 수 있다. 왜 실패했고 무엇 때문에 실패했는지를 꼼꼼하게 분석해서 실패로부터 배우면 된다.

대다수 사람들은 실패하면 결과를 받아들이지 못하고 타인을 원망하는 경향이 있다. 그러나 실패를 겸허하게 받아들이자. 실패를 인정한다고 당신이 실패자가 되는 것은 아니다. 단지 실패를 경험한 것뿐이다. 실패에서 멈추지 않으면 된다. 인생의 패배자로 스스로 낙인찍을 필요는 없다. 세상의 눈을 신경 쓰지 말고 자신만의 신념을 갖추면 된다. 실패 없이 계속 성공만 하는 사람은 없다. 누구나 실패하기 마련이고 성공한 사람들은 실패에서 머물지 않은 사람들이다.

실패를 피하고 안전을 추구하며 사는 사람도 있다. 평생 조용히 사는 방법도 물론 개인의 선택이다. 하지만 안전을 선택한다고 평생 안전이 보장되는 건 아니다. 차라리 약간의 위험을 감수하더라도 도전하는 것이 더 안정적인 방법이다. 지금 당장 심한 압박과 어려움을 겪고 있다고 잠재력이 충분한 일을 포기해서는 안 된다.

나이키Nike의 창업자 필 나이트Phil Knight는 단호히 말했다.

"사업을 성공시키는 것은 간단하다. 성공할 때까지 계속 하면 된다." 4)

그렇다. 계속 하는 게 중요하다. 마지막에는 결국 성공할 것이다. 백 번이나 도끼질을 했는데 나무가 쓰러지지 않았다고 포기할 것인가? 백한 번째 내리쳤을 때 나무가 쩍 하고 갈라지면서 쓰러진다. 누적된 도끼질이 나무를 쓰러트린 것이다.

성공과 실패는 종이 한 장 차이라는 말도 있다. 아주 작은 차이가 성공과 실패를 가른다. 미국 최고의 1인 기업가 다니엘 핑크Daniel H. Pink는 실패에 대한 조언을 묻는 인터뷰에서 이런 답을 주었다.

"뭔가 새로운 것을 배우고 뭔가 새로운 것을 시도해보라. 그래서 멋진 실수를 해보라. 실수는 자산이다. 대신 어리석은 실수를 반복하지 말고, 멋진 실수를 통해 배워라."[5]

세계적인 마케팅 전문가 세스 고딘Seth Godin은 성공과 실패의 원인에 대하여 다음처럼 말했다.

"성공하는 사람들이 성공하는 이유는 아주 단순하다. 그들은 실패를 다르게 생각한다. 성공한 사람들은 실패를 통해 배운다. 하지만 보통 사람들이 배우는 교훈과 그들이 배우는 교훈은 다르다. 처음부터 시도하지 말걸 그랬다고 후회하지 않는다. 자신은 똑똑한데 세상이 엉터리라고 한탄하지 않는다. 자신을 패배자라고 생각하지 않는다. 그들은 자신이 사용한 전략이 왜 작동하지 않았는지, 전략을 사용할 대상으로 삼은 사람들이 왜 반응하지 않았는지 배운다. 지는데 능숙한 사람들은 머지않아 이기는 사람들이 될 것이다. 지는 것을 무서워하면 저항에 힘을 실어줄 수 있으며, 자신은 승리할 가치가 없다는 죄책감에 젖게 만들 수 있으며, 어두운 영혼의 구석으로 숨어들게 만들지도 모른다. 그러지 말자."[6]

신격호는 도전을 두려워하지도 또 고난의 상황에서 쉽게 포기하지도 않았다. 성공은 한번 가속도가 붙으면 멈추기 어렵다. 산비탈의 눈덩이가 굴러가면서 걷잡을 수 없이 가속이 붙고 커지듯이, 한번 가속도가 붙은 성공은 제어가 어려울 정도로 폭발하게 된다.

성공하기 위해서는 성공할 때까지 끊임없이 계속 도전해야 한다. 도중에 포기하거나 그만두면 아무것도 아니다. 거기서 멈추면 수많은 실패자 중에 한 명으로 남을 뿐이다. 어떤 문제가 생겨도 끊임없이 연구하고 해결해나가면 성공에 이를 수 있다.

실패에서 멈추면 진짜 실패자가 된다.

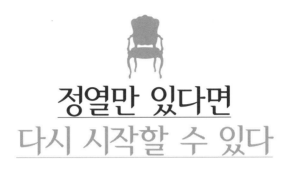

정열만 있다면
다시 시작할 수 있다

"당신의 정열을 지배하라. 그렇지 않으면
정열이 당신을 지배할 것이다."
- 호라티우스 -

성공을 결정짓는
보이지 않는 차이는 정열이다

　　　　　　　　　　　　　　세상에 사람을 가장 가슴 뛰게 만드는
단어는 무엇일까? 여러 단어가 있겠지만 나는 열정이라고 생각한다. 열
정이라는 단어를 떠올리기만 해도 왠지 모를 힘이 솟아나는 것 같다. 열
정은 세상에서 가장 뜨거운 단어이다.

　열정이란 단어는 영어로 Enthusiasm이다. 그리스어 Entheos에서
유래한 말로 접두어 en은 '~안에'라는 뜻이고 theos는 '신神'이라는 의

미이다. Entheos는 '신탁을 받은', '네 안에 신성神聖이 깃든', '신 앞에 놓인 존재'라는 의미이다. 신격호는 정열이라는 말을 자주 사용한다. 그가 가장 중요하게 생각하는 단어이기도 하다.

하루는 고물상과 전당포를 하던 '하게미쓰花光'라는 60대 남자가 신격호를 찾아왔다.

"어, 선생님. 안녕하십니까? 오랜만에 뵙겠습니다. 어쩐 일로 여기까지 오셨습니까?

"하하. 오랜만이네. 잘 지냈는가?"

"찾아뵙지 못해서 죄송합니다."

"아닐세, 바쁘게 살면 다 그렇지."

하게미쓰는 조심스레 이야기를 꺼냈다.

"내가 오늘 자네를 찾아온 건 다름이 아니라, 군수용 커팅오일 때문이네. 커팅오일은 요즘 부족해서 못 팔 지경이야. 만들기만 하면 바로 바로 팔린다니까. 그렇다고 내가 직접 만들긴 그렇고. 해서 말이야, 적당한 사람을 찾다보니 자네 생각이 계속 나더구먼. 자네가 직접 만들어 볼 생각은 없나? 공장을 차린다면 내가 도와주겠네. 5만 엔에서 6만 엔 정도는 지원할 생각이 있네. 판매는 걱정하지 말고. 판매할 곳도 내가 주선해보도록 하겠네. 어떤가? 자네, 사업 할 생각이 있는가?"

하게미쓰는 신격호가 아르바이트를 할 때 알았던 사람이다. 그는 신격호의 성실성을 높이 평가했고 좋은 사업거리가 생기자 신격호를 생각해낸 것이다. 커팅오일cutting oil이란 기계를 갈고 자르는 데 사용하는 선반용 기름을 말한다. 하게미쓰 노인이 말한 지원 자금 5, 6만 엔은 당시로는 거금이었다. 당시는 회사원 월급이 80엔인 시대였다. 더 대단했던 건 일본인이 한국인에게 그토록 큰 금액을 아무 담보 없이 그냥 빌려주었다는 것이다. 신격호는 하게미쓰의 제안에 크게 감격했다. 그는 망설이거나 우물쭈물하지 않았다.

"네. 해보겠습니다. 꼭 성공하겠습니다. 정말 감사합니다. 선생님."

신격호는 하게미쓰 노인에게 받은 지원 자금 5만 엔을 가지고 오오모리大森 지구에 공장 건물을 얻었다. 뭔가 제대로 일을 벌이고 싶었다. 그러나 공장을 제대로 가동해보기도 전에 미군 전투기의 폭격으로 공장이 전부 불타버렸다. 허탈하고 절망스러웠지만 그대로 주저앉아 있을 수 없었다. 신격호는 하게미쓰를 찾아갔다.

"선생님, 지금 폭격으로 공장이 다 불타버렸습니다. 억울하지만 어디 하소연할 데도 없고 다시 선생님을 찾아왔습니다. 이왕 도와주신 거 한 번만 더 믿고 도와주시면 감사하겠습니다. 잘 할 자신 있습니다.

"그래, 기왕에 시작한 일이니 확실하게 해야지. 내 빌려줌세. 걱정하지 말고 다시 해보게나."

이번에는 주오선中央線의 하치오지八王子 구역에 공장 건물을 임대해서 커팅오일을 제조하기 시작했다. 신격호는 하루에 4시간 정도 남짓 잠을 자는 강행군을 계속했다. 이번에는 시작부터 좋았다. 물건은 만들자마자 바로바로 팔려나갔다.

'아 나도 이제 진짜 사업가가 되었구나. 나에게도 이런 날이 올 줄이야. 이것이 생시인가.'

그러나 운명은 가혹했다. 공장을 가동한 지 1년 반쯤 지난 어느 날, 또다시 미군 전투기의 폭격으로 공장이 모두 불타버린 것이다. 신격호는 좌절했다.

'이런 말도 안 되는 일이… 아무리 그래도 어떻게 두 번씩이나… 내가 무슨 잘못을 그렇게 했다는 거냐…. 이게 정녕 하늘의 뜻이란 말인가?'

하지만 좌절도 잠시였다. 그는 거기서 포기하지 않고 다시 의지를 일으켜 세웠다.

"그래, 그런다고 내가 포기할까 보냐. 나를 쉽게 보지 마라. 누가 이기나 한번 해보자."

신격호는 당시의 일을 이렇게 회고하고 있다.

"처음에는 공장이 아주 잘 돌아갔습니다. 그런데 1년 반쯤 지나 미군 전투기들의 공습으로 인해서 공장이 폭격을 받았습니다. 정말 난감하더군요. 자금을 빌려 주신 노인께서는 '이것도 운명이니 자네도 살 길을 찾아라. 나는 시골에 가서 농사나 짓고 살겠다'고 오히려 저를 위로했습니다. 저는 어떻게 해서라도 돈을 벌어서 어르신께 받은 은혜를 꼭 보답하겠다고 생각했습니다." [7]

일본 본토에 미군의 폭격이 쏟아졌다. 그 와중에 신격호가 운영하던 공장은 치명적인 피해를 입었다. 공장이 다 불타 버린 것이다. 그동안 쌓아올린 노력이 모두 사라졌다. 신격호에게 남은 건 잿더미와 갚아야 할 빚더미뿐이었다.

맹자에는 이런 말이 있다.

天將降大任於是人也천장강대임어시인야　必先苦其心志필선고기심지

勞其筋骨노기근골　餓其體膚아기체부　空乏其身공핍기신

行拂亂其所爲행불란기소위　所以動心忍性소이동심인성

曾益其所不能증익기소불능

　하늘이 어떤 사람들에게 중대한 임무를 맡기려고 할 때에는 반드시 먼저 그들의 마음을 괴롭게 하고, 그들의 근육을 아프게 하고, 그들의 육체를 굶주리게 한다. 그 몸에 가진 것이 없게 해서 그 행동을 실패하게 하여 그들이 해야 할 일과 어긋나게 한다. 이것은 마음을 분발하게 하고 성질을 참을성 있게 하여, 그들이 이제까지 해내지 못하던 일을 더 많이 할 수 있게 해주기 위해서이다. ─《맹자》〈고자 장구 하(告子章句 下)〉제15장─

　무언가 자신의 뜻대로 안되고 하늘이 나의 편이 아닌 것처럼 느껴질 때 이 구절을 생각하라. '하는 일마다 안 되는 것 같고 인생이 오직 고난과 역경뿐이다. 내 편은 아무도 없다.'고 느껴질 때가 있을 것이다. 절대로 하늘이, 세상이 당신을 버린 적이 없다. 오히려 지켜보고 있다. 당신이 고난을 극복할 만한 그릇이 되고 자질이 있음을 고난과 역경이 보여주고 있을 뿐이다.

　쉽게 좌절하거나 세상을 원망할 필요가 없다. 세상은 당신을 믿고 있다.

가진 게 정열뿐이라면
그것으로 충분하다

신격호의 공장이 폭격으로 불타버린 후 만난 하게미쓰는 멍하니 신격호를 바라보았다. 아무 말도 못하고 그저 조용히 눈물만 흘렸다. 겨우 입을 열어 이렇게 말했다.

"이게 하늘의 뜻인가 보다 생각하네. 자네는 아직 젊으니 좀 쉬다가 다른 일을 시작하면 될 걸세. 나는 시골에 가서 농사나 지으며 살면 되네. 굶지 않고 입에 풀칠만 하면 되니까 너무 염려하지 말게나."

"선생님… 제가 꼭 다시 일을 시작해서 보답하겠습니다."

젊은 객기인지 세상에 대한 오기인지 모를 무언가가 신격호의 가슴을 울컥하게 만들었다. 신격호는 노부부에게 반드시 은혜를 갚아야겠다고 마음먹었다.

신격호는 다짐했다. 다시 시작하겠다고 말이다. 흔한 우스갯소리로 약속은 깨기 위해 한다는 말이 있다. 신격호에게는 전혀 해당되지 않는 말이다. 목표와 약속은 지키려고 하는 것이다. 신격호는 그렇게 살아가리라 다짐했다.

'약속은 깨뜨리라고 있다'라는 말을 들어본 적이 있는가? 그런 말을 들어본 건 상관이 없는데 혹시라도 입에는 담지 않길 바란다. 스스로의 가치를 떨어뜨리는 일이다. 약속은 지키라고 있는 것이다. 작심삼일이라는 말도 있다. 마음먹은 일이 3일을 못 간다는 뜻인데, 작심삼일이라는 말은 머리에서 당장 지워버리길 권한다. 목표를 정했다면 달성해야 한다. 약속을 했다면 지켜야 한다.

신격호의 공장이 폭격으로 두 번이나 불타버렸을 때 그는 절망의 끝을 경험했다. 그 무렵 일본은 전쟁에서 패했다.

'다행이다. 다시 한국으로 돌아가자. 돈 빌려주신 분께는 죄송하지만 언제 갚을지도 모르는 돈 때문에 평생 고생할 수는 없지. 그래. 어쩔 수 없지. 한국으로 돌아가자.'

이렇게 생각하고 그냥 한국으로 돌아가도 뭐라고 할 사람은 없었을 것이다. 동료들도 한국으로 돌아가자고 신격호를 재촉했다.

"이제 그동안 겪은 고생 다 끝났어. 해방이다, 해방! 드디어 광복이다. 돌아가자. 남의 나라에서 뭐 좋은 일이 생긴다고 안 가고 남아 있겠다는 말이냐? 어서 돌아갈 준비해라. 같이 한국으로 가자고. 여기서 더 괜한 고생하지 말고 따뜻한 밥 먹으면서 살자. 식구들이 보고 싶지 않나?"

그러나 신격호는 생각이 달랐다. 그는 속으로 이렇게 생각했다.

'나를 믿고 평생 모은 전 재산이나 다름없는 큰돈을 빌려주신 분이다. 고맙고 감사한 분이다. 목숨을 바쳐서라도 은혜를 갚아야 한다. 이미 모든 걸 버리고 떠나온 신세인데 뭐가 아쉽나. 다시 고향으로 가면 무슨 낯으로 살아간단 말인가. 이왕 온 거 여기에서 다시 해보자. 내 전부를 걸고 반드시 성공하자.'

그때 한 일본 노인의 후원이 없었다면 지금의 신격호와 롯데는 없었을 것이다. 후원 받아 지은 공장은 두 번이나 잿더미가 되어 사라져버렸지만 신격호의 결심은 더 강해졌다.

신격호는 모든 사람에게 필요한 생필품을 만들어 팔기로 마음먹었다. 오직 그것 하나만 생각하고 행동했다. 생필품이 잘 팔려나가자 껌 사업을 시작했고, 이번에는 껌을 만들고 판매하는 것만을 생각했다. 껌이 성공을 거두자 초콜릿, 아이스크림으로 분야를 확대했다.

신격호는 껌 하나로 제과업을 시작하였다. 다른 것은 없었다. 그리고 시작부터 반드시 일본 최고가 되겠다고 생각했다. 최고를 꿈꾸고 최고를 지향했다. 이런 그의 생각이 말도 안 되는 생각이었을 수도 있다. 한국인이 명문 제과회사가 많은 일본에서 최고가 되겠다니…. 그래도 그는 해냈다.

신격호는 시작부터 실패했다. 모든 것을 걸었던 공장이 두 번이나 폭격으로 불타버렸다. 물론 본인의 잘못은 아니다. 운이 없어서였다. 그리고 1945년, 일본은 전쟁에서 패배한다. 그에게 기회가 온 것이다.

지금부터 빛나는 인생을 살겠다고 결심하라

신격호는 여러 가지 생각을 하다 보니 꼬리에 꼬리를 물고 질문이 솟아났다. 머리가 꽉 차 답답한 기분이 들었다.

'부산에서 일본으로 온 것처럼 그냥 배를 타고 부산으로 돌아가면 된다. 빚? 어차피 그도 어쩔 수 없었다는 것을 알고 있다. 조용히 한국으로 가면 그만이다. 그렇게 할까?'

여러 날을 고민하던 신격호는 일본을 떠나지 않기로 결정했다. 그는 반드시 성공하겠다는 열정만을 가지고 다시 사업에 뛰어들기로 마음먹었다.

1946년에 와세다대학교 화공학부를 졸업한 신격호는 도쿄의 스기나

미구杉並区 오기구보荻窪에 있는 군수공장의 기숙사에다 사업장을 차렸다. 간판 살 돈도 없었다. 버려진 천막 쪼가리를 찢어서 엉기성기 대충 간판를 만들었다. 거기에다가 붓으로 '히카리光특수화학연구소'라고 썼다. 간판을 붙이고 새로운 사업에 다시 도전했다. 친구들은 의아해했다.

"아니, 자네 뭔가 거창한 걸 하려고 하는 거야? 이야. 가게 이름은 멋있네. 이름은 빛이 난다, 진짜. 근데 가게는 좀…."

"그래. 빛이 될 거다. 이 어두운 현실을 밝게 비추면서 앞으로 나간다. 겉모습은 허름해. 누추하지만 괜찮아. 내실을 차근차근 다져 가면 되는 거야."

사업이라고 시작했지만 대단한 건 아니었다. 재료를 모아다가 커다란 취사용 솥에 넣고 밤새도록 끓여서 세탁비누와 세숫비누, 포마드 등의 제품을 만드는 사업이었다. 대학교에서 화학을 전공한 신격호에게는 그리 어려운 일이 아니었다.

워낙에 생필품이 부족했던 시기여서 신격호가 만든 비누나 화장품은 품질이 그리 좋지 않았지만 날개 달린 듯 팔렸다. 겨우 솥단지 하나로 만든 가내 수공업 규모의 공장에서 시작한 사업으로 1년 6개월 만에 하게미쓰의 빚을 다 갚고 그에게 집 한 채를 선물할 정도였다.

"전쟁이 끝나고 어떻게 보답을 해야 할까 한참을 고민하다가 화장품 사업을 벌였습니다. 1년 반 만에 빚 6만 엔을 모두 갚고 이자로 집을 한 채 사드렸습니다. 사업을 한다기보다는 어떻게든 돈을 빨리 벌어 어르신에게 보답하겠다는 마음뿐이었습니다." [8]

신격호는 그때 성공을 경험하면서 '일은 언제든 실패할 수 있다. 필요한 것은 정열이다'라는 생각을 갖게 되었다. 그는 평소 직원들에게도 이런 생각을 들려주었다.

"정열을 갖고 하면 일이 행복하다. 일이 편하고 어렵고의 문제가 아니라 작은 일에도 행복하고, 돌파하기 어려운 일에도 행복하게 도전하게 된다. 일하는 게 행복해야 한다." 9)

신격호는 히카리 특수화학연구소에서 만든 물건을 팔면서 드디어 경제적인 독립을 했다. 하게미쓰에게 빌린 돈도 다 갚았다.

삼성 이건희 회장은 1명의 천재가 1만 명을 먹여 살린다고 했다. 이건희 회장은 '특별한 재능'을 중요하게 본 것이다. 업종의 특성에 따라 그럴 수도 있을 것이다. 그러나 신격호는 생각이 달랐다. 그는 무엇보다도 정열을 가장 중시했다. 정열적인 사람이라면 무엇을 해도 믿고 같이 일할 수 있다고 생각했다.

"정열이 있으면 어떤 어려운 일도 즐겁게 이겨낼 수 있지만, 정열이 없으면 흥미도 일의 능률도 떨어진다. 경영자의 정열과 직원 모두의 정열이 하나로 엮어질 때 그 회사는 발전이 있다." 10)

무슨 일을 하든지 하나는 반드시 있어야 한다. 신격호의 표현을 따르면 그게 바로 정열이다. 정열만 있다면 뭐든지 할 수 있다.

승자의 뇌가
성공을 만든다

먼저 작은 성공을 경험하라

주위를 보면 가끔 이런 사람들이 있다. 하는 일마다 소위 '중박', '대박'을 터뜨리는 사람. 한국 음식점 프랜차이즈의 신화를 쓴 백종원씨가 그런 사람이다. 그는 17억의 빚을 지고 작은 쌈밥집을 시작했다. 쌈밥집의 성공을 토대로 700억 원대의 프랜차이즈 그룹을 만들었다.

하나의 브랜드만 성공시키는 것도 어려운 세상에서 그는 시도하는 것마다 대부분 성공으로 이끌었다. 그는 '새마을 식당', '한신포차', '홍콩반점0410', '해물떡찜0410' 등 20개가 넘는 브랜드에 300여 개의 점포를 가지고 있다. 손대는 사업을 모두 번창시킨다는 그의 성공은 단순히 운일까? 아니면 시대적 트렌드를 잘 만나서일까? 혹시 다른 비밀은 없을까?

세계적인 뇌 과학자인 이안 로버트슨Ian Robertson은 이러한 물음에 답을 제시한다. 그는 자신의 연구 결과를 《승자의 뇌》라는 책에서 밝혀 놓았다. 왜 성공한 사람들이 계속 성공할까? 그들에게는 어떤 비밀이 있을까?

"작은 성공을 거둔 사람이 또 다른 성공을 이룰 수 있다. 우리의 뇌가 성공을 기억하기 때문이다. 성공이 주는 강렬한 감정에 중독되기 때문이다." 11)

부자는 망해도 다시 재기할 가능성이 높다고 한다. 이미 성공에 대한 경험과 프로세스가 두뇌 안에 고스란히 축적되어 있기 때문이다. 그래서 실패해도 또 다른 성공을 이룰 가능성이 높다. 성공경험이 단 한 번도 없는 사람은 앞으로도 성공하기 어렵다는 이야기로 들린다. 어떻게 생각하면 무서운 이야기다.

신격호는 히카리특수화학연구소를 창업해서 작은 성공을 이루었다. 공장이 두 번이나 폭격에 불타 사라져버린 경험을 한 후에 얻은 값진 성공이었다. 그는 이 성공에서 승자가 되는 기쁨을 경험했다. 그것이 그를 다시 새로운 도전으로 이끌고 성공으로 가는 길로 인도했을 것이다. '하면 된다'를 경험한 사람은 분명 달라진다.

그렇다고 승리감에 취하라는 말은 아니다. 신격호는 주위 사람들에게 자주 "교만하지 말라"고 강조한다. 교만을 주의하면서도 승리가 주는 쾌감을 마음껏 즐기는 것이 중요하다. 당신도 성공을 경험하라. 그것이 아주 작은 성공일지라도. 그 작은 성공은 당신을 더 큰 성공으로 인도할 것이다. 당신의 뇌가 '승자의 기쁨'을 생생하게 기억하기 때문이다. 뇌에게 승리의 쾌감을 만끽하게 하라.

당신의 토익점수가 500점이라면 550점을 목표로 하여 작은 승리를 경험하라. 그 승리가 900점 이상의 고득점으로 당신을 이끌 것이다. 계획을 세우고 그 계획을 실천하는 즐거움을 경험하는 사람은 예전의 모습과는 전혀 다른 사람이 되어갈 것이다. 그러니 당신도 달성 가능한 목표를 세워서 성취하라. 목표가 너무 크다면 잘게 쪼개서 하나씩 달성하라. 다이어트를 해서 10kg을 빼고 싶은가? 그러면 목표를 쪼개면 된다. 한 달에 3kg씩만 빼면 3개월이면 10kg에 가까운 살을 뺄 수 있다. 무리하지 않고도 성취할 수 있는 목표와 방법은 다양하게 있다. [12]

작게 시작해도 크게 성공할 수 있다

아주 작은 성공이라도 경험한 사람은 분명 뭔가 다르다. 기업이 자기소개서에서 항상 요구하는 항목이 있다. 실패했던 경험을 쓰고 그것을 어떻게 극복하고 성공에 이르렀는지를 적으라는 부분이다. 왜 기업에서는 지원자들에게 이런 내용을 작성하길 원하는 것일까? 당연히 실패의 아픔과 성공의 맛을 제대로 경험한 사람이라면 입사 후 자신의 능력을 충분히 발휘할 가능성이 더욱 높기 때문이다.

성공을 경험하는 방법은 여러 가지가 있다. 빈민가에 살던 별 볼일 없는 하류 인생이었던 그리스의 선박왕 아리스토틀 오나시스Aristotle Onassis는 독서와 경험을 통해 성공을 거둘 수 있는 놀라운 방법을 발견했다. 그는 망설이지 않고 배운 대로 곧장 실천으로 옮겼다. 그리고 크게 성공했다.

오나시스는 매주 토요일이면 부에노스아이레스의 최고 부자들만 간다는 초호화 레스토랑에 갔다. 한번 가면 자신이 육체노동으로 번 돈 일주일치가 그냥 사라졌다. 그래도 갔다. 그는 레스토랑의 근사한 의자에 앉아 천천히 식사를 하면서, 호화로운 테이블에서 음식과 대화를 즐기고 있는 부자들을 관찰했다. 좋은 화장품과 음식이 주는 향기를 맡으며, 그 공간이 주는 독특한 분위기를 즐겼다. 그들과 같은 장소에 앉아 최고급 음식을 먹고 최상의 서비스를 경험하면서, 이것을 자신의 온몸으로 느끼고 기억했다.[13] 그리고 그는 그들처럼 될 자신을 꿈꿨다. 나중에 오나시스는 실제로 엄청난 대부호가 되었다.

이 이야기는 수많은 자기계발서에서 다루었던 사례여서 많은 사람들에게 알려진 이야기다. 그런데 이를 실제로 따라해보는 사람은 드물다. 머리로만 이해하기 때문이다. 직접 몸으로 움직이고 따라 해봐야 한다. 직접 체험하라.

최고를 경험하면
최고에 가까워진다

한 달 혹은 석 달에 한 번 정도는 국내 최고의 호텔에서 숙박해보면 어떨까. 국내 최고의 식당에 가서 최고급 음식을 맛보고 그곳의 분위기를 느껴보는 것도 좋겠다. '내 형편에…'라고 생각하지 말고, 자신에게 상을 준다고 생각하라. 형편이 어렵다면 일 년에 한 번만이라도 꼭 일류 호텔이나 최고급 식당에 가서 시간을 보내길 바란다. 일류를 보고 경험한 가치는 돈으로 환산할 수 없다.

가능하다면 최고 수준의 차를 몰아보라. 경제적 여건이 안 되면 렌트를 해서라도 타보는 것이다. 그것도 어려우면 전시장에 가 운전대를 잡아 보라. 그 모습을 사진으로 찍어서 어느 때나 볼 수 있게 해보라. 별 거 아닌 것 같지만 당신은 그 사진을 보며 자극을 받을 것이다.

이런 방법은 세계적인 성공학 대가인 브라이언 트레이시Brian Tracy나 미국 최고 세일즈맨으로 알려진 폴 마이어Paul J. Meyer가 자신들의 교육 프로그램에서 사용하는 방법이다. 많은 사람들이 그들의 세미나에 가서 수십만 원, 수백만 원을 주면서 이 방법을 배우고 실천하고 있다. 성공 사례가 넘쳐나는 검증된 방법이다. 지금 당장 시작해보길 바란다. 절대 시간 낭비와 돈 낭비가 아니다. 자신이 꿈꾸는 대로 살려면 무엇을 원하는지 정확히 알고 그걸 계속 상상하고 경험해야 한다. 자꾸 뇌와 온몸에 자극을 줘야 한다.

우리의 뇌는 현실과 상상을 구별하지 못한다. 야한 영화를 보면 흥분하는 이유도, 무서운 영화를 보면 공포를 느끼는 이유도, 우리 뇌가 현실과 상상을 구별하지 못하기 때문이다. 이것은 많은 뇌 과학자들에 의해 연구로 밝혀진 내용이다. 믿지 어렵겠지만 이것은 이미 검증된 사실이다.

지금까지 단 한 번도 성공을 경험하지 못했는가? 괜찮다. 지금부터 본인이 직접 경험하면 된다. 부의 결과로 누릴 수 있는 것이 무엇인지 직접 느껴보고 그게 안 되면 간접적으로라도 체험해보면 된다. 그리고 그 자극을 몸에 깊이 새기길 바란다. 당신의 뇌와 온 몸이 충분히 그 기쁨을 맛볼 수 있도록 성공의 샤워를 듬뿍 뿌려주는 것이다.

▍자신의 머리와 가슴을
▍최고들로 가득 채워라

일본의 베스트셀러 작가 사토 도미오는 《지금 당장 롤렉스시계를 사라》에서 다음처럼 언급했다.

"지금 당장 롤렉스시계를 사서 차고 다녀라! 돈을 벌어 롤렉스를 사는 게 아니라 먼저 롤렉스를 사서 차고 다녀라. 그래야 롤렉스시계에 어울리는 사람이 된다. 무의식적으로, 의식적으로 자신의 수준을 높이기 위한 노력을 하게 된다. 최고의 물건으로 최고의 가치를 경험해야 최고가 된다."

사토 도미오는 실제로 자신의 말대로 살았고 지금도 그렇게 살고 있다. 연봉의 3분의 1을 쓰면서까지 호텔에서 장기임대로 방을 잡아 살기도 했고, 몇 달 동안 돈을 모아서 롤렉스시계를 사기도 했다. 젊은 시설에는 연봉의 대부분을 외제차를 구입하는 데 썼다. 그러면서 점점 자신도 모르게 변화해 갔고, 결국 부자가 되었다고 말한다. 물론 사토 도미오는 고액연봉자였다. 그는 외국계 기업에서 고액연봉을 받기 전에는 작은 지방대학의 교수로 일했다.

경제적으로 크게 문제가 없다면 누구에게나 사토 도미오의 주장을 추천한다. 뇌에게 승리의 기쁨을 안겨주는 아주 강력한 처방전이다. 아직 성공을 경험하지 못한 사람들이 실행할 수 있는 방법은 무수히 많다. 자신이 원하는 것, 자신이 좋아하는 것으로 자극을 받는 것도 좋은 방법이다.

신격호도 '승자의 뇌'가 만든 사람이다. 전쟁이 막 끝난 후 자신의 공장에서 만든 생필품을 팔아서 얻은 성공이 지금 롯데그룹의 기반이 되었다. 그때 이룬 성공이 신격호에게 승자의 쾌감을 안겨주었기 때문이다. 승리에 취한 것이다. 그는 처음의 성공에서 엄청난 부자가 되지는 못했지만, '나도 돈을 벌 수 있다'는 가능성을 경험했다. 이를 바탕으로 자신감을 가지고 새로운 사업에 도전할 수 있었다. 아니 새로운 사업 아이템이 그를 찾아왔다. 운명적으로. 바로 '껌'이다. 껌과의 만남은 그를 기회의 땅으로 이끌었다.

기회를 정확하게 알아보고
꽉 붙잡아라

"기회는 새와 같은 것이다. 날아가기 전에 꼭 잡아라."
- 쉴러 -

일단 시작하면서
배워나가면 된다

"쥬시 후레시~ 후레쉬 민트~ 스피아 민트~, 오~ 롯데 껌. 좋은 사람 만나면 나눠주고 싶어요~, 껌이라면 역시 롯데 껌!"

"아름다운 아~~가씨, 어찌 그리 예쁜 가요? 아~~~아카시아 껌"

지금도 나도 모르게 입에서 흘러나오 롯데 껌 광고이다. 20년이 넘은 광고인데도 아직도 기억이 난다. 세뇌당한 것 같다. 심심풀이로 흔히 씹는 껌은 중앙아메리카 원주민들이 사포딜라 나무의 수액인 치클chicle을 씹던 것에서 유래했다. 서양에서 수액인 치클에 설탕 등의 여러 감미료를 섞어서 판매하기 시작한 게 껌이다.

껌은 미국에서 가장 먼저 유행했다. 껌 사업을 선도한 사람은 미국의 윌리엄 리글리William Wrigley Jr.이다. 그가 껌 사업을 유행시켰다고 볼 수 있다. 리글리는 신격호가 껌 사업에 진출할 때 마음속 라이벌로 생각했던 껌 기업이다. 처음에 윌리엄 리글리가 시카고에서 팔았던 건 아버지가 운영하는 비누공장에서 만든 세탁비누였다. 그는 비누 판매를 늘리기 위해서 비누를 사면 경품으로 베이킹파우더를 공짜로 줬다.

그런데 사람들은 비누보다 경품으로 주는 베이킹파우더를 더 좋아했다. 그래서 리글리는 비누 사업을 접고 베이킹파우더 사업을 시작했다. 베이킹파우더 한 깡통을 사면 껌 두 통을 무료로 주었다.

사람들은 희한하게도 본 상품인 베이킹파우더보다 경품인 껌을 더 좋아했다. 그러자 리글리는 다시 한 번 방향을 바꾸어 껌 사업으로 전환했다. 그리고 다양한 껌을 만들었다.

초기 상품인 스위트 식스틴오렌지껌, 로타껌 등은 남녀노소를 가리지 않고 엄청난 인기를 끌었다. 그 후 스피어민트와 주스프루트를 출시했다. 경기불황이 계속되었지만 껌의 인기는 폭발했다. 리글리는 상품판매와 동시에 많은 자금을 브랜드광고에 쏟아 부었다.

그는 껌 회사의 성공여부는 브랜드와 마케팅에 있다고 생각했다. 껌은 초기 자본이 많이 들지 않기에 누구나 시장에 쉽게 들어올 수 있다. 따라서 당연히 경쟁이 치열하다. 껌 시장은 경쟁이 치열하기 때문에 그는 브랜드가 중요하다고 생각하고 많은 자금과 여러 방법을 통해서 다른 상품과의 차별화 작업을 시도했다. [14)]

기회를 만나면 도망가지 못하게 꽁꽁 묶어라

인생을 살면서 기회는 우리 곁을 여러 번 스쳐 지나간다. 모든 사람에게 기회는 반드시 찾아온다. 보통은 그 기회를 알아보지 못하고 보낼 뿐이다. 성공한 사람들은 기회를 알아보고 콱 붙잡은 사람들이다. 눈앞을 지나가는 기회를 알아차리는 능력이야말로 성공의 중요한 요소이다. 일단 생각을 멈추지 말아야 한다. 확실하게 머리에 담아두고 있다면 기회가 왔을 때 기회를 알아보고 잡을 수 있다.

패전 뒤의 일본에서는 미군들이 돌아다녔다. 미군들은 아이들에게 껌이나 초콜릿을 나눠주었다. 껌은 아이들에게 무척이나 인기 있는 상품이었다. 껌은 단맛을 자주 보지 못한 그 시절에 아이나 어른에게 좋은 간식거리였다. 어느 날 친구가 신격호의 공장에 들렀다. 친구는 주머니에서 껌 하나를 꺼내면서 말했다.

"이게 '추잉껌'이라는 거야. 한번 씹어 봐라. 미군 부대에서 구한 물건이야."

"고마워. 아 그래, 이게 요즘 인기를 끌고 있다는 '껌'이라는 거구나?"

신격호는 껍질을 벗겨낸 후 껌을 입에 집어넣었다.

"이야. 이거 신기하네. 굉장히 맛있는데."

그야말로 처음 맛보는 천상의 꿀맛이었다. 쫀득쫀득하게 씹히면서도 달콤한 맛과 향이 입안에서 가득 차서 계속 맴돌았다. 황홀했다. 신격호는 껌을 씹다가 도중에 꿀꺽 삼켜버렸다.

"어어, 껌은 먹는 게 아니고 씹다가 단물이 다 빠지면 뱉는 거야. 이 친구 삼켜버렸네."

"껌이란 게 참 맛있네. 그러니 이렇게 사람들에게 인기가 많구나."

그렇게 친구와 헤어진 후 며칠 뒤, 껌 만드는 사업을 하는 또 다른 친구가 찾아왔다.

"자네도 이제 화장품 판매로 어느 정도 기반이 잡혔다고 들었어. 요즘 유행하는 껌 사업을 해보는 건 어떨까? 이거 보기보다 이익이 꽤 많이 남는다고. 어때? 해볼 생각 있어?"

신격호는 친구가 준 껌을 맛보고 행복을 느꼈다. 관심이 생긴 신격호는 껌의 역사를 알아보기 시작했다. 그 당시 구할 수 있는 자료는 모두 구해서 공부했다. 한참 자료를 모으고 공부하던 신격호는 자신이 직접 껌을 만들어 팔기로 했다.

여기서 눈여겨보아야 하는 점은 신격호는 자기에게 찾아온 기회를 그냥 지나치지 않았다는 것이다. 당시에 껌은 패전 이후 일본 정부가 사회의 안정을 위해서 시행한 원료 통제에서 제외되었고, 간단한 도구만 있으면 아무나 만들 수 있었다. 당시 껌 만드는 업체만 4백 개가 넘었다고 한다. 그 말은 경쟁이 치열해도 이익을 어느 정도 남길 수 있는 사업이 껌 만들기였다는 이야기다. 이 사업에 신격호가 뛰어들기로 작정한 것이다.

인생에서 중요한 순간을
만났다는 걸 깨달아라

블루오션 전략Blue Ocean Strategy에 따르면 당시 일본의 껌 시장은 레드오션 시장Red Ocean Market이다. 껌 시장은 진입장벽이 낮은 시장이었기 때문에 경쟁이 치열할 수밖에 없다. 이런 곳에 진출하면 이익을 보기 어렵다. 따라서 이런 시장은 처음부터 멀리해야 한다. 그럼에도 신격호는 경쟁이 치열한 껌 시장에 발을 들여놓았다. 왜 그랬을까?

신격호는 시작부터 경쟁자들과는 완전히 다른 방식으로 사업을 하려고 마음먹었다. 경쟁이 치열하든 말든 사업을 시작했다면 이익을 내는 게 경영자의 의무 아닌가? 당시에 신격호는 초보 기업가였지만 기업가의 자세에 대해 확실한 철학을 가지고 있었다.

"사업가에게는 돈벌이가 확실히 중요합니다. 기업가가 자신의 사업을 확대, 발전시키고 싶다고 원하는 것은 당연합니다. 그러나 그것만으로는 진짜 경영자라고 말할 수 없어요. 인간적으로도, 회사의 입장에서도 신용을 보다 중시하고 싶습니다. '다른 사람에게 폐를 끼치지 않는다', 이것을 철학으로 삼고 있습니다."15)

이런 마음가짐으로 인해 그는 껌을 만들기 위해 약제사까지 고용했다. 혹시 모를 건강문제에 대비하기 위해 신경을 쓴 것이다. 당시 껌의 원료가 워낙에 싸구려였고, 재료의 안전성을 확신할 수 없는 상황이었다. 남들이 싸구려 원료로 대충 껌을 만들 때 신격호는 품질을 제일로 여기며 전문 포장공장도 새로 세우는 등 위생관리에 신경을 썼다.

롯데는 당시 껌 제조업체 중에서 위생적인 생산과 좋은 재료를 사용하는 회사로 소문이 났다. 마침 일본 정부가 식품위생법을 강화하면서 롯데에 대한 신뢰도는 더욱 높아졌고 함께 매출도 폭발적으로 늘어갔다. 매출이 늘면서 신격호는 본격적으로 기업을 세우기로 결심했다. 사명社名을 어떻게 지을지도 계속 생각했다. 신격호는 회사 이름도 중요하다고 생각했다. 그래서 더욱 고심했다.

'고객들에게 사랑받는 기업이 되고 싶다. 누구에게나 사랑받는 제품을 만들고 싶다. 어떤 이름이 좋을까.'

그렇게 고민하던 어느 날, 예전에 읽었던 소설의 여주인공이 떠올랐다. 《젊은 베르테르의 슬픔》에 나오는 여주인공, 영원한 연인 샤롯데였다. 신격호는 롯데라는 이름이 떠올랐을 때 충격과 희열을 느꼈다고 말했다.

"롯데를 선택한 것은 내 일생 최대의 수확이자, 걸작 아이디어라는 생각에는 지금도 변함이 없다."

그의 마음을 뒤흔든 샤롯데가 롯데라는 이름으로 돌아왔다. 신격호는 롯데를 회사명으로 선택하기로 결정했다. 1948년 6월 28일, 도쿄 스기나미구 오기구보의 4-82, 자본금 1백만 엔, 종업원 10명으로 롯데의 역사가 시작되었다. 일본 열도를 정복하는 롯데의 첫 진격이 시작된 것이다.

진짜 기회라고 생각되면
무조건 잡고 놓치지 마라

유명한 마케터 출신의 기업인 조서환은 기회가 오면 기회를 놓치지 않는 사람이다. 육군 소위로 복무하던 조서환은 훈련 도중 수류탄 사고로 오른손을 잃게 되었다. 그의 나이 23세. 결국 군대에서 의가사 제대를 하게 되었고, 오른손에 의수를 찬 평범한 장애인으로 사회생활을 시작하였다. 여기저기 면접을 보러 다녔지만 오른손이 없다는 사실 때문에 계속 퇴짜를 맞았다. 도저히 회사에 취업할 방법이 없었다.

그러던 어느 날, 애경그룹 면접을 보게 되었다. 이번에는 장애 사실을 숨기고 면접을 보기로 마음먹었다. 하지만 면접 도중 장애 사실을 털어놓게 되었고, 면접관들은 잠시라도 속은 것이 어처구니없다는 표정으로 조서환을 바라보고 있었다. 그때 조서환은 이번이 마지막 기회라는 생각과 억울함에 "손으로 일하는 것이 아니라 머리로 일하는 것이 아닙니까!"라며 따지듯 말하였다.

이를 지켜보던 한 여성 면접관이 지금 한 말을 영어로 옮겨보라고 말했다. 조서환은 독학으로 닦은 영어로 유창하게 대답했다. 답변을 듣던 여성 면접관은 희미한 미소를 지었다. 이튿날 합격통지서가 날아들었다. 그 여성 면접관은 장영신 애경 회장이었고, 애경은 그의 첫 직장이 되었다. 조서환은 이번에 입사 기회를 놓치면 두 번 다시 기회를 잡지 못할 것 같았기에 면접에 혼신을 다했고 결국에는 애경그룹에 입사해 꿈을 키울 수 있게 되었다.

그는 약점이 될 수도 있는 자신의 불편한 점을 극복하려고 남보다 더

악착같이 일했다. 언제나 모든 일에 최선을 다했다. 결국 그는 애경그룹 최고의 마케팅 전문가로 인정받게 되었다. 그 후 여러 외국계 회사의 임원을 거쳐 KTF 부사장을 역임했다. 그는 현재 국내 의료기기 전문기업 세라젬 H&B의 대표이사로 취임해 새로운 인생에 도전하고 있다.

신격호나 조서환처럼 자신에게 기회가 왔다고 생각하면 절대로 놓치지 말아야 한다. 기회는 또 온다. 하지만 언제 올지 알 수 없기에 눈앞에 온 기회는 무조건 잡아야 한다.

기회를 정확하게 알아보고 꽉 붙잡아라.

상대를 제압할 때
철저하게 압도하라

"시도해보지 않고서는 누구도 자신이
얼마만큼 해낼 수 있는지 알 수 없다."
- 푸블릴리우스 시루스 -

멈추는 순간
주저앉는다

　　　　　무슨 일을 하든지 항상 경쟁이 치열
하다는 점을 기억해야 한다. 경쟁을 시작했다면 압도적으로 하는 게 필
요하다. 남들이 걸으면 나는 뛰어야 한다. 남들이 뛰면 나는 차를 타든
지 비행기를 타서라도 앞질러 가야 한다. 경쟁이란 그런 것이다. 자원이
풍부하다면 아끼지 말고 경쟁에 쏟아 부어라. 그래야 이긴다. 이겨야 산
다.

세계 권투 챔피언 무하마드 알리처럼 "나비처럼 날아서 벌처럼 쏴라". 핵주먹 마이크 타이슨처럼 상대를 부숴버릴 듯 몰아붙여라. 어퍼컷을 날려라. 잽을 날리고 훅을 날려라. 상대를 계속 정신 차리지 못하게 만들어라.

신격호는 껌 사업에 본격적으로 뛰어들어, 1961년 4월 16일 '상금 1천만 엔 지급 천연치클 세일' 행사를 시작하였다. 껌을 사면 추첨권이 부여되는데 당첨자에게는 상금 1천만 엔을 증정하고 따로 부상 1백만 엔을 지급한다는 내용이었다. 부상 1백만 엔은 당첨자가 지정하는 학교에 바로 현금으로 기부하고 1천만 엔은 도요東洋신탁의 2년 거치 증서를 건네는 방식이었다.

사람들의 반응은 폭발적이었다. 당시 일본 가계 평균 월수입이 2만5천 엔이었다는 걸 감안하면 1천만 엔이란 상금 액수는 그야말로 압도적인 금액이었다. 지금 어느 기업에서 껌을 사면 1천만 원짜리 응모권을 지급하는 마케팅을 한다고 해도 사람들은 엄청난 반응을 보일 것이다. 현재도 엄청난 금액이니 그 당시 롯데는 충격적인 마케팅 전략을 구사한 것이다. 그러니 당시 일본에서 껌을 파는 모든 가게에 롯데 껌을 사려는 사람들이 몰려들을 수밖에 없었다. 당첨자 발표 방식도 독특했다. 4월 16일에 일본의 주요 언론사인 아사히, 요미우리, 마이니치, 홋카이도 신문 등 38개 신문에 전면 컬러 광고를 게재했다.

20여 개의 TV 프로그램과 20여 개의 라디오 프로그램에 광고를 냈다. 그리고 일본 주요 도시의 지하철 등에 4개월에 걸쳐 행사 내용을 광고 포스터로 알렸고 전국 소매점에도 포스터 60만 매, 전단지 1백만 매를 배포했다. [16] 한동안 일본 전역을 뜨겁게 달구었던 아이디어를 생각하고 실행에 옮긴 것은 신격호 본인이었다.

이 이벤트를 진행하는 중에 롯데의 브랜드 홍보 효과는 대단했다. 신문과 TV, 주간지에서도 롯데의 1천만 엔 상금에 대해 분석 기사 및 프로그램을 계속 내보냈다. 광고 효과는 금액으로 따지기 어려울 정도가 되었다. 이 이벤트 후로 롯데는 이전과는 전혀 다른 기업이 되었고, 2년 후 1963년 롯데의 매출액은 90억 엔을 돌파했다. 이를 기점으로 롯데는 일본에서 껌 점유율 1위를 차지했고 지금까지도 시장점유율 70% 이상을 유지하는 부동의 1위 업체가 되었다.

철저하게 해야
철저하게 이긴다

신격호는 평소 하나의 제품이 제대로 평가 받아 압도적으로 시장을 지배할 만큼 성장하지 않으면 결코 다른 것을 넘보지 말라고 강조한다.[17] 이왕 한다면 제대로 해서 상대를 압도할 수 있어야 한다는 말이다.

2009년에 롯데백화점은 창립기념 30주년 감사행사를 진행했다. 1등에게는 우주 여행권 또는 세계일주 여행권을 증정하는 경품 행사를 비롯해서 롯데캐슬아파트, 롯데상품권, 제주 롯데호텔 럭셔리 패키지 등총 10억 원 상당의 경품을 제공했던 행사였다.

수많은 고객들의 응모로 인해 무게로 응모권 숫자를 추정했는데 무게가 2.6톤으로 약 260만 명이 응모한 것으로 잠정 집계되었다. 행사 하나를 해도 이렇게 압도적으로 해야 한다.

롯데는 경기도 파주에 아울렛Outlet 부지 선정을 하던 중 뒤늦게 뛰어든 신세계에게 아울렛 부지를 빼앗기게 된다. 이에 롯데는 신세계 파주 프리미엄 아울렛보다 더 좋은 부지에 더 큰 아울렛을 짓는 사업을 곧바로 추진했다.

롯데는 2011년 12월에 롯데 파주 프리미엄 아울렛을 열었다. 신세계 파주 아울렛과 자동차로 30분 정도 걸리는 거리에 위치하고 있는데, 매장 규모는 2배가량 크다. 입점 브랜드 개수도 353개로 아시아에서 가장 큰 규모이다.

매출을 비교해보면 2012년 롯데 3,060억 원, 신세계 2,530억 원, 2013년에는 롯데가 3,500억 원, 신세계는 약 3,000억 원의 매출을 기록한 것으로 알려졌다. 롯데는 시작은 대단히 신중하지만 한번 하기로 결정한 것은 이렇게 철저하게 한다.

일본에서 컬러TV의 보급이 일반화되면서 방송의 영향력이 커져갔다. 신격호는 이를 기회로 보았다. 방송을 이용하는 자가 마케팅에서 승리한다고 생각했다. 그는 1957년 6월에 TV가요 프로그램을 전부 사서 프로그램 이름을 '롯데가요앨범'이라 붙였다. 가요 프로를 다 사버린 후 프로그램 이름에 롯데를 붙여 대대적으로 광고한 것이다. 경쟁 업체들은 신격호의 과감한 전략에 놀라고 말았다.

신격호는 자신을 언론에 노출하는 것을 꺼려한다. 신격호처럼 언론에 대해 관심을 보이지 않는 경영자도 드물다. 신격호는 이렇게 말했다.

"회사 PR에는 돈을 아끼지 않습니다. 하지만 경영자 자체를 PR하는 것에는 상당한 의문을 갖고 있습니다. 업적이 척척 오르는 때라면 자기 PR도

관대하게 보아줄지 모르겠습니다. 그러나 일단 매출이 떨어지기라도 하면 오히려 상품 이미지에 나쁜 영향을 줍니다. 역효과가 나는 겁니다." [18]

이처럼 신격호는 기업이 아닌 자기 자신을 홍보하는 데에는 전혀 관심이 없었다. 마케팅의 대상은 경영자가 아니라 철저하게 제품 자체로 한정했다.

오래 전에 롯데가 미도파백화점을 인수할 때였다. 라이벌인 현대백화점도 입찰에 참여했다. 인수 가격은 300억에서 400억 원 사이에서 결정될 것으로 예측하고 있었다. 그러나 신격호는 "800억 원 더 써내"라고 말했다. 경영진이 그렇게까지 하지 않아도 된다고 만류했지만 그냥 그렇게 써 내라고 지시했다.

"회장님, 어차피 우리 회사가 인수할 텐데 인수가를 더 높일 필요가 없습니다. 그냥 이정도 금액에서 인수하도록 하는 게 좋겠습니다. 굳이 무리할 필요가 없습니다."

"음, 아니야. 확실하게 해야지. 입찰할 때 800억 원 더 써내도록 하게."

결국 미도파는 롯데의 품에 안겼다. 결과를 듣고 신격호는 이렇게 말했다.

"회사를 인수하다 보면 생각한 거보다 좀 더 비용이 들 수도 있는 거지. 앞으로 사업 잘하면 되는 거 아닌가?" [19]

여유 있게 인수를 할 수 있었지만 혹시 모를 사태에 대비하기 위해서 확실한 카드를 내민 것이다. 《손자병법》'군쟁軍爭편'에는 다음과 같은 말이 나온다.

"군사를 움직일 때는 질풍처럼 날렵하게 하고, 공격하지 않을 때는 숲처럼 고요하게 있어라. 적을 치고 빼앗을 때는 불이 번지듯 맹렬하게 하고, 적의 공격으로부터 지킬 때는 산처럼 묵직하게 움직이지 않아야 한다. 숨을 때는 검은 구름에 가려서 별이 보이지 않듯이 하고, 일단 군사를 움직이면 벼락을 치듯이 신속하게 해야 한다."

상대방과 경쟁을 한다면 이렇게 해야 한다. 경쟁이 시작되었다면 제대로 밀어붙여야 한다.

상대를 제압할 때 철저하게 압도하라.

1,000개의 아이디어보다
1번의 실행이 우선이다

"신은 행동하지 않는 사람을 결코 돕지 않는다."
- 소포클레스 -

▍넘치는 아이디어만큼
▍묵직한 행동도 필요하다

　　　　　　　　　　　우리는 '에디슨'이나 '스티브 잡스' 같은
사람을 일컬어 '아이디어 맨'이라고 한다. 새로운 제품을 세상에 내놓는
혁신의 아이콘이라고도 부른다. 그러나 아무리 뛰어난 아이디어맨이라
도 아이디어가 자판기에서 커피 뽑듯이 쑥쑥 나오지 않는다. 아이디어
란 게 하늘에서 툭 떨어지는 것도 아니다. 아이디어는 지금 여기에, 우리
주변에 존재한다. 그들은 늘 마주치는 것에서 새로움을 볼 수 있었던 사

람들이다. 주변을 잘 관찰해보면 세상을 놀라게 할 만한 아이디어를 많이 얻을 수 있다.

아이디어가 좋으면 사업을 해서 성공할 수 있을까? 그 아이디어를 구체적인 상품으로 만들어내는 능력이 필요하다. 아이디어도 중요하지만 더 중요한 건 추진력이다. 아이디어가 떠오르면 바로 실행해야 한다. 신격호는 이렇게 말한다.

"평범함 속에 의외의 '아이디어'가 있는 법입니다. 그 '아이디어'를 찾아내고 한번 일에 손대면 철저히 하는 것, 그게 성공의 비결이겠죠." [20]

껌을 만나자마자 신격호는 왕성한 호기심으로 껌에 대한 자료를 모으고 체계적으로 공부한 후 껌을 직접 만들어 팔기로 한다. 결과는 폭발적인 매출을 기록하며 신격호를 돈방석에 앉게 해주었다.

롯데라는 상호를 달고 처음 사업을 시작했을 때, 인기를 끌었던 상품은 풍선껌이었다. 삼각형 모양의 껌에 대나무 파이프를 붙여서 판매하였는데, 이 풍선껌은 단 맛이 빠질 때까지 씹은 껌을 대나무 파이프의 끝에 달아서 불면 껌이 비눗방울처럼 동그랗게 부풀어 오르는 상품이었다.

지금 보면 그다지 신기할 게 없어 보인다. 그러나 장난감이 별로 없던 당시에는 히트상품으로 크게 인기를 끌었다. 장난감의 본질은 무엇인가? 심심함을 달래주고 재미를 주는 게 장난감 아닌가? 신격호는 껌에 장난감의 개념을 추가시킨 것이다. 신격호는 아이디어에 대해서 이렇게 말했다.

"이제부터는 아이디어의 시대다. 구태의연한 발상으로는 소비자의 욕구를 더 이상 만족시킬 수 없다. 요즘의 소비자들은 대량으로 쏟아지는 정보의 홍수와 다양한 상품들에 멀미를 할 지경이다. 그렇기에 신선한 아이디어 상품이 아니고는 소비자의 구미를 당기게 할 수 없다. 롯데의 전 사원은 잠시라도 머리를 놀려 두지 말고 아이디어 개발에 전심전력해야 한다.

제조 방법, 포장, 제품의 수송, 영업망의 확충, 수금 방법 같은 것들에서 항상 새로운 아이디어를 찾으려고 노력하면 소비자들의 기호에 맞는 새 상품이 개발될 것이고, 소매상들이 롯데 제품을 더 많이 찾는 길이 열릴 것이다. 아이디어 상품만이 시장을 제패할 것이며, 아이디어 경쟁에서 지면 그 기업도 살아남지 못한다. 이런 뜻에서 나는 롯데 전 사원들의 아이디어를 살리고, 권장하는 기업으로 키워 갈 생각이다." [21]

그는 아이디어를 강조하는 데서 그치지 않고 직접 아이디어를 내어 획기적인 상품을 다양하게 쏟아내기 시작했다. 지금 생각해도 시대를 앞서나갔다고 할 정도로 독창적인 상품들이 롯데에서 하나둘씩 출시된다. 대나무 풍선껌 이외에도 일본과 미국의 강화조약을 기념하는 코아(강화)껌, 연말을 기념하는 크리스마스껌, 신년을 축하하는 정월正月껌, 1954년 10월에 출시해서 특유의 청량감으로 시원한 맛을 냈던 스피아민트껌, 그 외에 주사위껌, 마블케이스껌 등을 차례로 선보였고, 결과는 대히트였다.

주사위껌, 마블케이스껌은 예쁜 그림이 인쇄되어 귀여운 느낌을 주는 작은 종이 상자에 껌을 담은 후 그 위에 투명한 셀로판지로 포장을 한 제품이다. 지금 보면 별것 아닌 것 같지만 당시로서는 고급스러운 분위기를 주는 포장이었다. 이 모두 신격호가 직접 제시한 아이디어가 반영된 상품이었다. 이 무렵 대부분의 상품은 신격호가 주도적으로 제시한 아이디어에서 만들어졌다고 해도 과언이 아닐 정도로 그는 다양한 아이디어를 쏟아냈다.

또한 당시 일본에서는 미국 서부 영화가 큰 인기를 끌며 유행했다. 롯데는 이 유행을 놓치지 않고 사탕과 풍선껌을 캐러멜 상자에 예쁘게 포장해서 '카우보이'라 이름 붙여 출시했다. 카우보이껌은 없어서 못 팔 정도로 많이 판매했다.

살균 작용과 악취 제거 효과가 있는 엽록소를 최초로 껌에 넣은 그린껌은 1957년 4월에 출시되어 큰 인기를 끌기도 했다. 그린껌은 천연치클을 사용해서 씹는 맛과 향이 좋은 껌이었다.

초대 스피아민트껌.

1960년 6월에 출시된 '쿨민트껌' 역시 폭발적인 인기를 얻었다. 쿨민트껌 포장지에 펭귄 일러스트를 집어넣은 것도 신격호의 아이디어였다.

초대 그린껌.

신격호는 다양한 아이디어를 냈을 뿐만 아니라 아이디어가 상품으로 만들어질 수 있도록 움직였다. 이 점이 중요하다. 신격호는 아이디어맨인 동시에 실천하는 경영자이다. 아무리 좋은 아이디어라도 현실에 적용하지 못하면 몽상에 불과할 뿐이다. 모든 아이디어는 현실에

초대 쿨민트껌. 남극에 펭귄이 보인다.

서 구체화되어야 사업에 도움을 준다. 그리고 삶을 바꾸는 데 응용할 수 있다. 그것이 진정한 아이디어이다.

아이디어를 생산하는 최고의 방법

그러면 이런 다양한 아이디어를 더 많이 얻을 수 있는 방법은 무엇일까? 나는 이런 방법을 권하고 싶다.

첫째, 혼자만의 시간을 가지고 사색하라.

자주 조용한 자신만의 공간을 찾아라. 그곳에 가서 혼자서 사색하라. 오직 생각에만 집중하는 것이다. 생활하면서 또 일하면서 접한 다양한 정보들을 정리하고 이를 자기 것으로 소화하기 위해서는 잠시 쉬면서 깊이 생각할 수 있는 시간과 장소가 필요하다. 어디든 상관없다. 본인에게 편안한 공간이면 된다. 집도 좋고, 도서관이나 카페도 좋다. 이런 곳에서 자신만의 공간을 만들고 방해받지 않는 시간을 확보하라. 그리고 사색하라.

둘째, 다양한 자극을 받아야 한다.

혼자서 충분한 사색을 했으면 이제는 다양한 자극을 받을 차례이다. 예술품을 감상하거나 여행을 하면 다양한 자극을 받을 수 있다. 자주 음악을 듣는 것도 좋다. 온라인 뮤직사이트를 이용하면 적은 돈으로도 다양한 음악을 즐길 수 있다. 고궁이나 박물관, 미술관에 자주 가는 것도 좋다. 비싸지 않다. 한국처럼 박물관이나 미술관, 고궁을 저렴하게 이용할 수 있는 나라도 드물다. 가능한 한 자주 가보라. 큰 자극이 된다.

음악회에 가거나 영화나 연극을 보는 것도 좋은 자극 방법이다. 기회가 된다면 뮤지컬이나 연극, 오페라를 직접 감상하는 것을 추천한다. 색다른 자극이 있을 것이다. 다양한 장소로 여행을 다니며 시각을 넓히는 방법도 있다.

셋째, 산책을 즐겨라.

걷기야말로 큰 돈 들이지 않으면서 시간 낭비 없이 아이디어를 얻을 수 있는 최고의 방법이다. 수많은 철학자들과 경영자들이 산책을 하면서 많은 것을 이루었다. 그들에게 산책은 중요한 일과였다. 애플의 스티브 잡스, 페이스북의 마크 주커버그도 산책 마니아로 유명했다. 뇌 과학자들에 따르면 걷기를 하면 뇌가 활성화된다고 한다. 걷고 또 걸어라. 많이 걸을수록 더 자주 아이디어를 만나게 될 것이다.

실행을 해야 결과를 얻는다

이렇게 얻어진 다양한 아이디어는 어떻게 해야 할까? 다트머스대학교Dartmouth College 경영대학원 교수인 비제이 고빈다라잔Vijay Govindarajan과 기업혁신 전문가인 크리스 트림블Chris Trimble은 저서 《혁신하려면 실행하라》에서 이렇게 말했다.

"혁신하기 위해서는 실행이 가장 중요하다. 수많은 아이디어가 회의에서 나온다 해도 한 가지라도 실행으로 옮기는 것이 중요하다. 아이디어를 직접 현실로 옮기는 바로 그 순간에 혁신이 일어나는 것이다."

혁신뿐 아니라 모든 일에는 아이디어가 필요하고 선택된 아이디어는 반드시 현실로 바꿀 수 있어야 한다. 아이디어는 현실에서 구체화되어야 가치가 있다. 폭발하는 아이디어를 현실에 적용시켜 놀라운 결과를 만들어낸 사람이 있다. 조선시대 후기의 천재 다산 정약용은 18년간의 유배생활 동안 500권이 넘는 책을 집필했다.

과골삼천踝骨三穿은 '뼈에 구멍이 세 번 났다'는 뜻이다. 복사뼈에 세 번이나 구멍이 날 정도로 앉아서 오직 공부와 저술 작업에만 지독하게 매달린 다산을 가리키는 말이다. 절망적인 유배생활에서도 그는 상황에 휩쓸리지 않고 시간과 노력을 헛되이 보내지 않았다. 절망적인 처지를 생산적인 저술 활동으로 이겨낸 것이다. 머리에만 담아두지 않고 하나하나 정리하여 500권이 넘는 방대한 분량의 저술 작업을 해냈다. 아무리 많고 좋은 생각이 있어도 그것이 생각에 그친다면 아무런 가치가 없다.

1,000개의 아이디어보다 1번의 실행이 우선이다.

세상의 상식을 뛰어넘고
편견에 도전하라

"누구도 해낸 적이 없는 성취는 누구도
시도한 적이 없는 방법을 통해서만 가능하다."
- 프랜시스 베이컨 -

상식에 도전해야
큰 성취를 이룰 수 있다

어느 면접장에서 있던 일이다. 한 남성
지원자가 면접이 한창 진행되고 있는 도중에 갑자기 바지를 벗어 내렸다.
면접장에서 사람들에게 팬티를 보여준 것이다. 속옷에는 미리 자신이 지
원한 회사의 이름을 인쇄해서 붙여두었다. 그 지원자는 회사의 이름이
붙어 있는 엉덩이를 마구 흔들며 입사의지를 불태웠다고 한다.[22] 그는
어떻게 되었을까? 면접관들에게 불쾌감만 주고 장렬하게 불합격 처리되

었다고 한다.

믿기지 않겠지만 실제 있었던 일이다. 이런 행동을 상식에 도전한 행동이라고 볼 수 있을까? 이런 행동은 상식에서 아예 벗어난 행동이다. 그저 우스갯거리일 뿐이다. 그런데 편견을 극복하기 위해서는 상식을 깨야한다.

신격호는 상식을 뛰어넘고 편견을 극복하려고 정성을 거듭했다.

한국의 한 가난한 유학생이 일본에서 회사를 세웠다. 그 회사는 100년이 넘는 전통의 제과회사들을 제치고 업계 1위를 하는 탄탄한 중견기업으로 성장했다. 얼마 후 그는 한국에서도 회사를 세웠다. 한국의 회사는 현재 재계 순위 5위다.

이게 상식적으로 가능한 일이라고 생각하는가? 국적이 다른 나라에서 기업을 세워서 성공한 경우는 없다. 신격호는 상식을 벗어난 사람이다. 한국과 일본에서 모두 편견을 딛고 일어섰다.

요즘에는 건물빌딩 자체를 옥외광고에 이용하는 경우가 많다. 해외에서는 옥외 대형현수막 광고를 하는 경우가 자주 있다. 국내에서는 두산그룹이 처음 선보였다.

2009년 9월, 두산그룹은 계열사인 두산매거진을 대대적으로 홍보하기 위해서 이 방법을

두산빌딩에 붙어 있는 서재 모양의 대형 현수막.

실행했다. 논현동 두산빌딩 벽면에다
가, 두산매거진에서 발행하는 잡지들이
꽂혀 있는 서재 형태의 초대형 현수막
을 부착했다. 이 광고는 당시에 언론과
온라인상에 큰 화제가 되었고 사람들의
관심을 끌었다. 남다른 아이디어와 실
행으로 홍보효과를 톡톡히 보았다.

신격호는 이미 오래 전에 옥외광고
를 실시했다. 롯데는 새롭게 리뉴얼한
'그린껌'과 '쿨민트껌'을 홍보하기 위해
엄청난 크기의 옥외 광고를 실시했다.

1993년 일본롯데 본사 빌딩에 부착한 대형 현수막.

1993년 일본 롯데 본사가 위치한 도쿄東京 니시신주쿠西新宿의 롯데빌
딩을 거대한 껌 모양으로 바꿔 버렸다. 높이 약 40m, 폭 약 26m, 두께
약 10m 정도 되는 건물 전면에 초대형 현수막을 부착했다. 건물을 완
전히 껌 모양의 디자인으로 포장해버린 것이다. 멀리서도 잘 보일 수 있
게 만들었고 야간에도 보일 정도였으니 홍보효과는 대단했다. 언론에서
도 열띤 취재를 했다.

▌세상이 모르는
▌독특함으로 승부하라

시간을 거슬러 1955년으로 가보자. 당
시 컬러TV가 일상적으로 보급되면서 본격적인 TV시대가 열렸다. 신격

호는 이걸 기회로 보았다.

"컬러TV의 시대가 열렸다. 앞으로는 TV를 이용한 홍보가 대세가 될 것이다. TV브라운관을 통해서 아름다운 미인들을 뽑는 대회를 열자. 미인이 주는 아름다운 이미지를 보면 롯데와 롯데의 상품이 연상되어 좋은 홍보 효과를 가져 올 거야."

신격호는 '미스롯데선발대회'라는 독특한 전략의 미인 마케팅을 실시한다. 화장품도 의류 회사도 아닌 껌 만드는 제과회사가 미인 대회를 자신들의 기업명을 걸고 실시한 것으로도 화제가 되었다. 지금까지 이런 대회가 없었기 때문이다.

"이런 이벤트는 도중에 힘이 빠지면 홍보효과를 볼 수 없다. 띄우고 또 띄우고 제대로 띄워야 한다. 내가 아끼는 외제차를 이용해서 도쿄 시내를 돌면서 마구 홍보해라."

신격호의 지시에 따라 지붕을 들어내고 황금색으로 칠해진 그의 차는 도쿄 시내를 누비며 '미스롯데선발대회'를 홍보했다. 신격호의 생각대로 미스롯데선발대회는 그야말로 대박이 났다. 신격호는 홍보를 통해 대대적으로 '미스롯데'를 알리기 시작했고 롯데의 이미지 역시 상승했다. 미스롯데선발대회는 신격호가 한국에서도 똑같이 시행한 대회이기도 하다.

성공하기 위해서는 남들이 하지 않는 것을 먼저 시도해야 한다. 그렇다고 무조건 튀는 행동을 해야 한다는 것은 아니다. 세상의 상식을 뛰어넘고 편견에 도전하라.

신격호에 대한 오해 몇 가지

이처럼 세상의 상식에 도전하면서 새로운 역사를 쓰고 있는 신격호지만 여전히 한국과 일본에는 신격호와 롯데를 오해와 편견의 시선으로 보는 사람들이 많다. 일본 사이트에서 롯데를 검색하니 온라인상에서 롯데와 신격호를 욕하는 사람들이 있었다.

"한국인이 일본을 장악하려고 한다. 일본에서 돈 벌어서 한국으로 보낸다."
"롯데는 한국인이 세운 한국 기업이다."
"일본으로 귀화도 하지 않은 걸 보니 한국에만 이익을 주는 기업이다.
"일본에 애정이 없는 한국 기업가이다."

한국에도 신격호와 롯데를 사시의 눈으로 바라보는 시선이 있다.

"롯데는 일본인이 세운 일본기업이다."
"일본 사람이 한국에서 돈 벌어서 일본으로 다 가져간다."
"기업의 뿌리가 일본이니 롯데는 영원한 일본 기업이다."

그런데 한국에서는 신격호가 일본으로 귀화하지 않고 한국 국적을 유지하고 있다는 사실조차 모르는 경우가 많다. 한국과 일본 양쪽에서 욕을 먹는 신격호와 롯데다. 신격호나 롯데에 대한 호불호를 떠나서 사실은 정확히 알아야 한다. 몇 가지 오해에 대해서 간략히 살펴보자.

신격호에 대한 오해 첫 번째 : 신격호는 일본으로 귀화한 일본사람이다. 신격호는 일본에서 태어난 재일교포이기 때문에 롯데도 일본 그룹이다.

이 책을 읽고 있는 독자라면 잘 알다시피 신격호는 한국에서 태어났다. 또 일본으로 귀화한 적이 없다. 그는 여전히 한국 국적을 가진 한국사람이다. 그는 한국 국적을 버린 적이 없다. 그의 일본 이름은 시게미쓰 다케오重光武雄이다. 2001년 1월, 《월간조선》과의 인터뷰에서 귀화를 했냐는 질문에 신격호는 이렇게 말했다.

"귀화라니. 나는 일본인으로 귀화한 적이 없어요. 일제강점기에 창씨개명한 것을 그대로 쓰고 있을 뿐이오. 난 언제나 한국인이었어요."

왜 해명을 하지 않느냐는 물음에 그는 이렇게 답했다.

"그런데 일일이 신경을 쓰면 뭣하오. 자연히 바로잡혀질 텐데."

'뭐, 창씨개명을 했어? 일본식으로 성과 이름을 바꿨다고? 그러면 친일파 아냐?'라고 생각하지 않길 바란다. 소설가 이상, 시인 윤동주도 창씨개명을 했다. 그 당시 일본으로 유학을 가기 위해서는 창씨개명을 반드시 해야 했다. 창씨개명은 일제강점기 치하에서 강제적으로 행해지던 소위 내선일체 작업 중 하나였을 뿐이다.

'그러면 그의 자식들은 일본 국적 아닌가?'라는 의문이 생길 수 있다. 일본 롯데를 책임지고 있는 장남 신동주와 한국 롯데의 차남 신동빈은 일본 국적을 포기하고 한국으로 귀화 후, 한국 국적을 취득했다. 신격호와 그의 두 아들 모두 한국 국적을 가지고 있다.

신격호에 대한 오해 두 번째 : 롯데는 일본 기업이라서 한국에서 번 돈을 모두 일본으로 가져간다.

일본에서 크게 성공한 신격호는 시간이 지나면서 고국에 투자하고 싶어 했다. 1960년대 중반에 한국 정부의 요청으로 한국에 롯데를 세웠다. 일본에서 성공해서 어느 정도 자리를 잡았기에 고국에 투자하여, 고국의 발전에 기여하고 싶은 마음이 컸던 것이다. 한국에 세운 롯데 역시 계속 승승장구했고, 한국에서 버는 돈은 전액 한국에 재투자해왔다. 오히려 일본에서 자금을 가져와 한국에 투자했던 적이 많다.

현재 한국 롯데의 규모가 일본 롯데의 15배 이상이다. 투자 금액과 규모만 보더라도 신격호가 일본 롯데보다 한국 롯데에 훨씬 더 신경을 많이 써 왔다는 것을 알 수 있다. 일본의 저금리 자금을 필요할 때마다 들여와서 적절하게 국내 경영에 사용하기도 했다.

롯데의
복리후생은?

소금은 반드시 필요하다. 소금이 없으면 안 된다. 세상의 소금 같은 존재가 되라는 말도 있지 않은가. 그런데 롯데를 소금 같다고 한다. 급여나 복지 수준이 좀 짜다는 뜻이다. 롯데가 '짜다 짜다' 하니까 진짜 '짠돌이 기업'으로 생각하는 경우가 많다. 물론 예전에는 급여와 복지 수준이 다른 기업에 비해서 다소 낮았던 적이 있었다. 그러나 지금은 상황이 많이 달라져서 동종업계 수준의 급여와 복리후생을 지원하고 있다. 롯데그룹의 임금의 특징은 성과에 따라 확실한 성과급을 지급한다는 것이다. 롯데는 성과가 나오면 성과에 대하여 확실한 보상을 준다.

롯데그룹에서는 안정적인 회사 생활이 가능하다. 한 번 들어온 직원은 끝까지 책임진다는 정신이 회사 내부에 깊이 박혀있다. 이런 점 때문에 다른 점에서 다소 부족한 면이 있어도 롯데를 선택하는 사람들이 많고, 연봉이 더 높은 다른 기업에 합격했는데도 롯데를 선택한 사람들도 의외로 많다. 직장의 안정성을 생각하여 롯데를 택한 것이다. 상당히 영리한 선택이라고 볼 수 있다.

롯데의 복리후생은 일반적인 대한민국 대기업수준의 지원을 해준다고 볼 수 있다. 경조사가 있을 때에는 화환이나 장례용품을 비롯한 여러 물품과 지원금이 지급된다. 본인뿐 아니라 배우자에게도 지원이 되는 항목도 있다. 자녀 대학교 학자금도 지원된다. 계열사마다 다를 수도 있지만 전체적으로 복리후생 자체는 일반적인 기업 수준으로 보면 된다.

롯데는 계속 성장하고 있고 세계로 뻗어가고 있는 기업이다. 따라서 임금이나 직원 복지 부분도 앞으로 더 향상될 것이다. 현재 한국 롯데를 경영하고 있는 신동빈은 롯데가 아닌 다른 회사에서 오랫동안 샐러리맨 생활을 했다. 따라서 직원들과의 소통이 가능한 경영자이다. 이런 점들이 직원의 임금이나 복리후생이 잘 반영될 것이다.

③ IDEA

아이디어를
쏟아내라!

신격호가 성공할 수 있었던 이유 중 하나는 남들과는 다른, 독특한 아이디어가 많이 있었기 때문이다. 롯데는 다른 회사들이 생각 못했던 다양한 아이디어를 쏟아냈다. 대나무를 붙인 '대나무 풍선껌', 엽록소를 일본에서 최초로 사용한 '그린껌', 미국 서부영화의 인기를 놓치지 않고 반영한 '카우보이껌' 등 여러 가지 특화된 제품을 시장에 선보였다. 롯데는 1961년에 '상금 1천만 엔 지급 천연치클 세일' 행사를 했는데, 당시 일본의 가구당 평균 수입이 2만5천 엔 정도였던 걸 감안하면 1천만 엔이란 상금은 누구도 생각하기 힘든 금액이었고 파격적인 아이디어였다. 1968년도에 '롯데껌 100원으로 코로나 당선'이라는 신문 광고를 내고, 자동차 '코로나'를 경품으로 내걸었던 행사도 폭발적인 관심을 모았던 행사였다.

이러한 아이디어는 사라지기 전에 붙잡아야 한다. 가장 쉬운 방법은 떠오르는 아이디어를 모조리 메모하는 것이다. 수첩이나 노트에 메모하는 습관을 들여서 아이디어가 떠오를 때마다 바로바로 적어 놓치지 말아야 한다.

신격호는 항상 수첩을 가지고 다니며 일상적인 업무를 볼 때나 현장을 순시할 때 떠오르는 아이디어를 꼼꼼하게 메모를 한다. 그의 수첩에 적힌 아이디어는 정리를 거쳐 구체적인 실천으로 이어진다. 이런 아이디어와 메모가 새로운 사업과 미래에 대한 구상으로 이어지는 것은 물론이다.

> **신격호 어록**
> "평범함 속에 의외의 '아이디어'가 있는 법입니다. 그 '아이디어'를 찾아내고
> 한번 일에 손대면 철저히 하는 것. 그게 성공의 비결이겠죠."

④ PROFIT

내실을 다져서
실속을 얻어라!

롯데는 다른 그룹에 비하여 사람들의 주목을 덜 받는 편이다. 롯데는 언론에 언급되는 것도 되도록 피한다. 이는 롯데의 내실을 다지면서 조용하게 실속을 챙기는 경영 스타일 때문이다. 그래서 사람들은 롯데가 큰 기업인 것은 알지만 정확한 재계 순위를 모르는 경우가 많다. 롯데가 재계 순위 5위라고 말해주면 많은 사람들이 다소 의외라는 표정을 짓는다.

이는 언론 등 경영 이외의 다른 부분에 신경 쓰지 않고 오직 기업경영에만 집중해온 결과라고 말할 수 있다. "기업가는 경영으로 말한다"는 신격호의 평소 신념이 그대로 반영된 것이다. 신격호 평생의 철학은 거화취실去華就實이다. 신격호는 '겉으로 드러나는 화려함을 배제하고 내실을 지행한다'는 철학을 항상 간직해왔고, 그렇게 기업을 경영해왔다. 화려한 조명을 받는 대신 내실을 다지는 실속 경영을 해왔다.

신격호는 사업할 때 가급적 돈을 빌리지 않고 능력이 닿는 범위에서 경영하도록 애쓴다. 대신 쓸데없는 곳에는 절대 돈을 쓰지 않는다. 내실 경영의 좋은 예이다. 또한 그는 다른 사람들의 평가에도 신경 쓰지 않는다. 그저 자신이 할 일을 하면서 실력을 쌓고 내실을 키웠다. 이것이 롯데의 성장 비결이다.

신격호 어록
"경영자는 기업을 통해서 이룬 실적이 모든 것을 말해준다.
경영자는 경영에만 신경 써야 한다.."

CHAPTER

03

단순하게 도전하고
끈질기게 시도하라

내가 하고 있는 일의 본질이 무엇인지에 대해
깊이 고민할 필요가 있다. 상품을 파는 사람이라면
고객이 물건을 사면서 기쁨을 느낄 수 있도록 해야 한다.
학생이라면 자신이 하는 공부는 과연 무엇인지에 대해
잘 알아야 한다. 직장인이라면 일을 하면서 자신이 하고 있는 일의
본질이 무엇인지 끊임없이 물어야 한다.

BASIC, BASIC, BASIC, 기본을 지켜라!

"불가능한 것을 성취하려면 불가능한 것도 실행해야 한다."
- 세르반테스 -

기본에 충실하면 세상이 인정한다

1:29:300이라는 유명한 숫자배열이 있다. 미국의 보험회사에서 일하던 하인리히는 수많은 산업재해 사고를 연구한 끝에 독특한 결과를 발견해낸다. 바로 중상자가 1명 발생했다면 이미 그와 비슷한 원인으로 경상자가 29명이 발생했고, 다행히 재난을 피했으나 역시 비슷한 원인으로 부상을 겪을 뻔했던 잠재적 상해자가 300명이 있다는 말이다.

즉 어떤 위험 요소를 방관했을 경우에 330회에 한 번은 큰 사고를 당할 위험이 잠재해 있다는 내용이다. 이를 '하인리히 법칙Heinrich's Law'이라 부른다.

요약하면, 1개의 중대한 사고가 일어나기 전에 29건의 경미한 사고가 있고, 29건의 사고가 일어나기 전에 300개에 달하는 경고 신호가 이미 있다는 걸 의미한다. 우리는 경고 신호가 눈앞에 보여도 무시하고 그냥 일을 진행하는 경우가 많다. 이런 기본을 무시하는 순간 사고는 일어난 것이다.

신격호는 아르바이트를 하던 순간에도 항상 기본을 지키면서 성실하게 일을 했다. 그래서 사람들의 신뢰를 얻을 수 있었다. 껌을 만들기로 결심하고 회사를 차렸을 때도 기본을 지켜서 좋은 원료를 쓰려고 했다. 초콜릿, 아이스크림, 비스킷을 만들던 시절에도 가급적 좋은 원료를 풍부하게 쓰려고 노력했다. 신격호는 여러 차례 다음과 같은 자신의 경영 전략을 이야기해왔다.

"나는 사업을 시작할 때부터 세 가지를 중점적으로 생각했습니다. 일단 가장 먼저 품질 좋은 상품을 만듭니다. 그리고 판매조직을 철저하게 정비하고 점검합니다. 마지막으로 두 가지 조건을 모두 갖춘 후에는 선전 캠페인으로 고객을 끌어 들입니다. 이 세 가지를 기둥처럼 생각해왔습니다." [1]

신격호는 철저하게 기본에 충실한 경영을 해왔다. 처음 껌을 만들 때도 신격호는 다른 회사들과 달리 고급 원료를 사용해서 고객들의 입맛을 사로잡았다. 또한 위생에도 철저한 신경을 썼다. 그렇게 입소문과 세상의 인정을 받아서 그룹을 성장시킬 수 있었다.

신격호는 2008년 여름, 일본에서 한국으로 들어오면서 탔던 일본항공JAL의 1등석에 제공되는 슬리퍼를 직접 들고 왔다. 슬리퍼를 그룹 관계자들에게 신어볼 것을 권하며 호텔의 기본 경영철학인 서비스 정신을 강조했다. 그는 직원들에게 이렇게 말했다.

"호텔 투숙객들에게 가장 기억에 남는 호텔 용품이 바로 슬리퍼다. 고객을 감동시키려면 호텔 슬리퍼 하나에도 남다른 서비스 정신과 정성을 담아야 한다. 서비스 업체는 불황일수록 고객 중심의 정신을 강화해야 한다."

거기에 더해서 기존 슬리퍼의 문제점과 개선 방안을 직접 그림으로 그려가며 디자인을 설명했다. 차별화한 서비스 감각과 느낌을 고객에게 전달하는 것의 중요성을 강조한 것이다.

익명의 그룹 관계자는 "신 회장은 평소 사소한 것이라도 하나를 제대로 하면 열에 통할 수 있다고 강조해왔다"며 "신 회장이 슬리퍼를 예사롭게 보지 않는 것도 이런 체험에서 오는 경영신조 때문"이라고 설명했다.[2]

기본이란 무엇인가? 기초 체력을 말한다. 무엇이든 기초가 튼튼해야 무너지지 않고 더 성장할 수 있다. 우리 사회는 기본을 무시하는 것을 대수롭지 않게 생각한다. 기본을 무시해서 좋은 결과를 얻을 수 없다. 신격호는 경영의 핵심을 정확하게 집어서 말했다.

"기본을 잊지 마라. 아주 간단한 말이지만 이 한마디에 경영의 열쇠가 집약되어 있다고 생각한다. 기획 상품이 조금 많이 팔린 것은 기적으로 생각하라. 본업에 대한 관심과 애착을 기억하는 것이 가장 중요하다."

기획 상품 하나가 상황과 잘 맞아 들어가서 크게 성공했다고 방심하지 말고 계속 기본에 충실해야 한다는 뜻이다.

원칙을 세우고 그 원칙을 지켜라

1993년 5월 16일자 〈조선일보〉에 실린 최청림 편집국장 대리와의 대담에서 그는 이런 이야기를 들려주었다.

최 편집국장 일본의 공무원들은 어떤가요? 그들은 뇌물을 받지 않는 것 같으면서도 명절 때면 선물보따리가 사무실에 놓여 있는 것을 볼 수 있습니다.

신격호 전혀 없다고 보아도 됩니다. 관례적으로 추석이나 연말에 친밀한 공무원에게 선물을 하지만, 위스키 한두 병이 고작입니다. 값으로 따지면 오륙천 엔 정도이고, 많아야 1만 엔을 넘지 않습니다. 그 이상으로 공무원에게 주는 것도 없고 받는 사람도 없습니다. 일본에서는 어떤 관직에 누가 앉았거나 되는 것은 되고, 안 되는 것은 안 됩니다. 누가 부탁한다고 해서 안 되는 일이 되지는 않습니다.

최 편집국장 회장께서는 일본 관리들에게 돈을 준 적이 없습니까?

신격호 일본 관리들은 돈을 주면 모욕으로 생각합니다. 얼마 전 동경에서 차를 몰다 속도위반으로 붙잡힌 한국인이 교통순경에게 5천 엔을 집어줬다가 혼쭐을 당한 적이 있습니다. 그 순경으로서는 처음 당한 일이겠지요.

최 편집국장 일반 공무원들도 자리를 떠날 때 전별금을 받지 않습니까?

신격호 전별금이 대체로 2백만 엔 정도는 된다는 애기를 들었습니다. 그래도 회사별로는 5만 엔을 넘지 않았습니다. 또 공무원을 그만두면 기업체에서 고문으로 몇 년간 대우하며 생활비를 보조해주는 일은 있습니다. 일본 기업마다 그런 퇴직공무원들이 두세 사람은 있습니다. 그러나 기본적으로 일본의 공무원들은 재직 중에 아주 검소한 생활을 합니다. 20년 전쯤 이야기인데, 그 당시 일본 가정에서는 거의 세탁기를 쓰고 있을 때입니다. 집사람이 알고 지내던 국세청장 집을 찾아가니 그 부인이 목욕탕에서 빨래판으로 세탁을 하고 있는 것을 보고 놀란 적이 있습니다. 나중에 세탁기를 하나 보내줬더니 바로 연락이 왔습니다. '35년간 공무원 생활을 하며 이런 것을 받은 적이 없다'며 다시 가져가라는 겁니다.

신격호야 별다른 생각하지 않고 그냥 세탁기를 선물했겠지만 받는 입장에서는 모욕을 당했다고 오해할 수도 있는 일이다. 공무원이 세탁기 같은 걸 선물로 받는 것을 거절하는 것은 공무원의 기본에 충실한 모습이다.

일본은 정치와 경영, 학계의 삼각 균형이 여유 있게 이루어져 있다. 대한민국처럼 한쪽으로 균형이 쏠려 있지 않다. 그래서 경영을 하던 기업가가 정치를 하거나 교수가 정치를 하는 경우는 거의 없다. 마찬가지로 정치가 경영을 하거나 경영자가 교수를 하는 일도 별로 없다. 그저 서로의 영역에서 최선을 다할 뿐이다. 이것 역시 기본에 충실한 모습이다. 대한민국의 경우와는 많이 다르다.

성공을 하고 싶은가? 꼭 지켜야 할 것이 있다. 바로 기본을 지키는 일이다. 먼저 이걸 지킬 수 있어야 그 다음으로 넘어갈 수 있다.

BASIC, BASIC, BASIC, 기본을 지켜라!

꿈은
무조건 크게 가져라

"대다수 사람들에게 가장 위험한 일은 목표를 너무 높게 잡아 거기에
이르지 못하는 것이 아니다. 목표를 너무 낮게 잡고 달성하는 것이다."
- 미켈란젤로 -

세상이 놀랄 만큼
거대하게 꿈을 꿔라

"사례분석을 통한 많은 연구에서 변화
에 걸리는 시간은 기본적으로 생각하는 만큼 된다고 말하고 있다. 즉, 리더
가 변화에 2년이 걸릴 것으로 생각하면 실제로 2년 정도 걸리게 되고, 2주
만에 변화할 수 있다고 생각하면 실제로 변화가 2주 만에 이루어질 수 있
다는 것이다. 따라서 단번에 어떤 결과를 가져올 수 있다고 생각하면 단기
간에 변화를 불러일으킬 수 있다. 반면에 변화가 오랜 시간을 두고 이루어

질 것으로 생각하면 그만큼 늦게 이루어지게 된다. 그러므로 목표를 '높게' 잡지 말라. '아주 아주 높게' 잡아라." [3]

톰 피터스가 위의 글에서 이야기한 것처럼 이루고 싶은 꿈이 있으면 반드시 크게 가져야 한다. 무엇이든 할 수 있다고 생각해야 한다. 꿈은 무조건 크게 가져야 한다. 물론 한 달에 100만 원을 버는 사람이 '3개월 내에 300억을 벌겠다' 같은 헛된 망상을 하라는 말이 아니다.

▌나의 기준을 높이면 인생의 위치도 높아진다

최고의 경영학자 피터 드러커Peter Drucker
는 이렇게 말했다.

"일반적으로 사람은, 특히 지식근로자는 자신이 스스로 설정한 기준에 따라 성장한다는 것이다. 사람은 스스로가 성취하고 획득할 수 있다고 생각하는 바에 따라 성장한다. 만약 자신이 되고자 하는 기준을 낮게 잡으면, 그 사람은 더 이상 성장하지 못한다. 만약 자신이 되고자 하는 목표를 높게 잡으면, 그 사람은 위대한 존재로 성장할 것이다. 일반 사람이 하는 보통의 노력만으로도 말이다." [4]

기준을 낮춘다는 말은 자신의 가치를 낮춘다는 말이다. 기준을 낮추는 것은 성공하지 않겠다는 말과 같다. 절대로 기준을 낮추지 말라. 이

정도면 된다고 만족하지 말라. 너무 쉽게 만족하려는 안이한 생각은 버려라. 기준을 낮추게 되면 마음은 절대로 움직이지 않는다. 일이 시시하고 너무 쉽다고 생각되면 마음이 두근두근 대지 않는다. 펄펄 끓어 오르는 화산처럼 가슴을 뛰게 하고 열정을 폭발시킬 수 있게 기준을 높이 잡아라. 그렇지 않으면 적당하게 일을 하게 되고 적당한 결과만 얻는다. 인생의 기준을 낮추면 딱 그 기준만큼만 살게 된다. 인생의 기준을 낮추지 말라.

한계를 의식할 필요가 없다. 당신을 둘러싸고 있는 한계 따위는 모두 부숴버려라. 성공하기 위해서는 한계란 없다고 생각해야 한다. 아무런 제한을 받지 않고 모든 일을 할 수 있다고 믿어야 한다. 그렇지 않으면 자신도 모르게 한계에 갇히게 된다. 맑은 하늘 위에 아무것도 없는 것처럼 당신에게도 한계는 없다는 사실을 믿어라.

워렌 버핏은 "나는 항상 내가 부자가 될 거라고 알고 있었다. 단 한순간도 내가 부자가 된다는 생각을 의심해본 적이 없다"고 말했다. 그가 큰 부자가 되고 나서 이렇게 이야기한 것이 아니다. 그는 어린 시절부터 그렇게 살 거라고 다짐해왔다.

워렌 버핏은 어린 시절에 아버지의 사업 파트너였던 칼 포크의 집엔 가서 가끔 점심을 먹었다. 워렌 버핏은 포크 부인이 점심을 준비하는 동안에 포크가 자신의 연구 결과를 책으로 엮은 투자 관련 서적을 읽곤 했다. 언제가 한번은 치킨 스프를 먹으면서 포크 부인에게 이렇게 선언했다.

"아주머니, 저는요, 서른 살이 되면 꼭 백만장자가 되어 있을 거예요. 반드시요. 두고 보세요. 만약 그렇게 되지 못하면 오마하에 있는 가장

높은 빌딩 꼭대기에서 뛰어내릴 거예요." [5]

실제로 워렌 버핏은 30세 전에 백만장자가 되었고, 지금은 세계 최고의 주식투자가로 활동하고 있다.

소박한 생각보다는 큰 생각을 하라

신격호는 젊은 시절에 고생을 많이 했다. 작가가 되고 싶었지만 당장 돈벌이를 할 수밖에 없는 상황이 계속됐다. 작가가 되는 대신 기자가 되는 것도 어려웠다. 그렇다고 기업에 취업하기도 어려웠다. 그는 먹고 살기 위해서 아무 일이나 닥치는 대로 해야 했다. 그러나 신격호는 꿈을 잃지 않았다. 그러다가 운 좋게 어느 일본인의 후원을 받아 사업을 시작한 것이다. 그리고 지금까지 평생을 리더로 살아왔다.

당신도 리더가 되고 싶은가? 그러기 위해서는 먼저 큰 꿈을 가져야 한다. 작은 상자 안에 갇혔다고 생각하지 말고 상자 안을 벗어나야 한다. 미국에서 부동산 재벌로 유명한 도널드 트럼프는 이렇게 말했다.

"나는 크게 생각하기를 좋아한다. 나는 항상 실천하고 있다. 실천하게 된 동기는 간단하다. 어떻게든 생각해야 한다면, 이왕이면 크게 하는 게 낫지 않느냐 하는 생각 때문이다. 대부분의 사람들은 작게 생각한다. 이들은 성공을 두려워한다. 이들은 결정을 내리고, 이기는 것도 두려워한다. 이 때문에 나 같은 사람은 오히려 유리하다." [6]

도널드 트럼프의 말대로 뭐든지 크게 생각하고 크게 행동하는 편이 낫다. 작은 성공을 이루겠다는 소망을 가지면 그 작은 소망조차 이루기 어렵다. 리더로 살아야 한다는 말이 지금 당장 직장을 그만두라는 말은 아니다.

자기계발서나 성공학 책들을 보면 월급쟁이의 삶은 노예와 다를 바 없다는 주장이 많다. 그럴지도 모른다. 사실 노예와 직장인은 상당히 비슷하다고 볼 수 있다. 둘 다 정해진 시간에 일을 해야 한다. 지정된 날짜에 누군가가 급여를 주지 않으면 생활을 이어나가기 어렵다. 게다가 내가 없어도 회사는 잘 돌아간다. 취미로 회사를 다니는 극소수의 사람들을 제외하고, 대부분의 직장인들은 회사 내에서 모두 이렇게 힘든 싸움을 하고 있을 것이다.

회사에서 만들어준 명함이 없다면 당신을 규정하는 건 무엇인가? 명함 없이도 나를 보여줄 수 있는 그 무언가가 당신에게는 있는가? 물론 회사원의 삶을 무시하자고 꺼낸 이야기는 아니다.

지금은 경제적으로 많은 사람들이 어렵고 힘든 시대다. 직장을 다니고 급여를 꾸준히 받는다는 것만으로도 당신은 이미 대단한 사람이고 누군가의 영웅이다. 이런 면에서 기업을 운영하는 모든 경영자들도 세상에 나름대로 선한 기여를 하고 있는 것이다.

하지만 직장은 언젠가는 떠나야 한다. 자신의 뜻에 따라 혹은 자신의 의지와 다르게, 때가 되면 떠날 수밖에 없는 게 직장이다. 그렇다면 직장에 있는 동안에 자신이 주도적으로 일을 하는 연습을 해보는 것은 어떨까? 팀장이 아니더라도 상관없다.

나는 직장생활을 할 때 여러 가지 아이디어를 제안하고 실행하고자 노력했다. 상사에게 보고하면서 이러저러한 걸 해보면 좋지 않겠냐는 제안도 하고 질문도 많이 했다. 하지만 상사는 퉁명스럽게 이런 대답을 했다. "일 벌이지 말고 지금 하는 거나 잘해라. 일도 많은데 왜 그렇게 만들어서 일을 하려고 하냐."

현재 당신은 리더가 아닐지 모른다. 그래서 아무도 당신을 리더로 보지 않는다. 그러나 당신은 스스로를 리더라고 생각해야 한다. 리더의 눈으로 보고, 리더의 머리로 생각해나가야 한다.

당신은 앞으로 리더로 평생 살아갈 사람이다. 지금부터 리더가 되었다고 생각해야 한다. 가정뿐 아니라 기업을 책임지는 리더가 되겠다고 생각하라. 도시를 책임지는 리더, 국가를 책임지는 리더가 되겠다는 생각을 하라. 꿈은 무조건 크게 가져라.

단순하게 끈질기게 시도하라

"할 수 있다고 생각하든, 할 수 없다고 생각하든 당신 생각이 옳다.
당신 뜻대로 된다."
- 헨리 포드 -

문제의 근본원인을 찾아라

어느 겨울날, 신격호는 장녀 신영자의 집에서 머물고 있었다. 너무 추워서 밖에 나가고 싶지 않은 그런 겨울이었다. 그런데 이상하게 집안이 쌀쌀했다.

"영자야, 집이 와 이라노? 춥다. 보일러 좀 틀어봐라."

"이상하네. 왜 이러지? 아버지, 보일러가 고장 난 거 같아요. 작동이 안 되는 거 보니 문제가 생긴 거 같아요."

"사람 불러서 고치라. 이 추운 밤에 보일러 안 틀면 우짜노?"

"너무 늦어서 수리하는 직원도 없을 거예요. 오늘은 그냥 주무세요. 내일 고치도록 해야겠어요."

"만다꼬 기다리노? 마, 됐고. 내가 고치삔다. 후라쉬 어딨노?"

방에 있던 신격호는 직접 손전등을 들고 지하 보일러실로 내려갔다. 식구들의 만류에도 보일러를 고치러 지하로 내려간 신격호. 30분, 40분 동안 보일러 구석구석을 살펴보더니 결국 고장 원인을 찾아냈고, 즉시 보일러를 고쳤다. 덕분에 가족들은 밤을 따스하게 보낼 수 있었다.

신격호는 이 일화를 임원들에게 자주 들려주었다고 한다. 그는 이 일화를 기업의 운영과 연결시켜 자신만의 경영철학으로 풀어서 이야기했다.

"기업 경영에서도 문제가 있으면 왜 문제가 생겼는지를 끝까지 파고들어 최초의 원인을 찾아야 결국 문제점이 해결된다. 또 이 과정에서 문제를 복잡하게 보고 이것저것 깊이 생각하다 보면 문제가 해결이 안 되므로 원점으로 돌아가 문제를 단순하게 만들어 놓고 찾아 들어가야 원인이 보인다." [7]

문제에 여기저기 붙어 있는 지저분한 잎이나 가지는 보지 않는다. 잎이나 가지는 근본 원인을 찾기 어렵게 만들기 때문에 깔끔하게 쳐버린다. 문제를 간결하게 파악하여 문제의 근본 원인이 되는 뿌리를 찾아내어 문제를 철저하게 해결한다. 문제를 최대한 단순하게 보고 해결하기 위해 끈질기게 시도한다. 이것이 롯데를 세운 신격호 경영철학이다.

끈질기게 시도하는
사람이 이긴다

지금 짓고 있는 제2롯데월드를 보자. 제2롯데월드와 롯데타워를 조성하기 시작하는 데 얼마나 반대가 많았는가? 신격호는 제2롯데월드 부지를 이미 1988년에 사두었다. 그 당시에 이미 제2롯데월드를 지을 생각을 한 것이다. 반드시 짓겠다는 목적의식을 가지고 있었기에 땅값이 계속 오르고 있는 데도, 다른 용도로 사용하지 않고 그대로 가지고 있었다.

명확한 목적의식이 있었기에 아홉 번이 넘게 건축허가를 거절당했지만 20년이 넘는 기간 동안 제2롯데월드 부지를 가지고 있었던 것이다. 본격적인 공사는 부지 구입 후 20년이 훨씬 지난 2012년에야 시작할 수 있었다. 다른 사람 같았으면 그걸 그처럼 끝까지 시도할 수 있었을까? 장담하기 어렵다. 결국은 끈질기게 시도하는 사람이 이긴다.

복권에 당첨되기 위한 방법은 단 한 가지뿐이다. 복권부터 사야한다, 그것도 끈질기게! 꿈을 이루기 위해 계속 행동하는 사람만이 꿈을 이룬다. 우리는 가능성이나 확률이 주는 함정에서 벗어나야 된다. 과학적 확률만 따진다면 복권은 살 필요가 없다. 당첨될 확률은 거의 없다. 하지만 누군가는 반드시 당첨이 된다. 그 희망으로 복권을 사는 것이다.

당신이 로또 1등에 당첨될 확률은 458만분의 1이 아니다. '당첨 된다'와 '당첨되지 않는다', 딱 두 가지 경우뿐이다. 모든 일이 그렇다. 된다와 안 된다, 50%의 확률로 생각하고 인생을 바라봐야 된다.

세상은 단순하다. 단순하게 보는 게 필요하다. 성공 가능성이 제로인 경우는 의외로 많지 않다. 일단 도전부터 시작하는 것이 중요한 이유가 여기 있다. 물론 도전하면 성공할 수 있다. 단순하게 놓고 보자. 도전의 결과는 오직 '성공 한다'와 '성공 못 한다', 두 가지뿐이고 성공 가능성은 항상 50%이다. 일단 시작하면 안 된다는 생각은 잊어라.

되는 인생을 살고자 한다면 될 수 있다고 믿으면서 행동해야 한다. 처음에는 되는 이유만 생각하라. 우리는 되는 인생을 살아야 한다. 술술 풀리는 인생을 살아야 할 것이 아닌가? 뭐든지 잘 되는 인생을 만들어야 할 것이 아닌가? 그러기 위해서는 단순하게 계속 시도하라. 끈질기다 싶을 정도로 해봐야 한다.

일본에서 경영의 신이라 불리는 마쓰시다 고노스케가 회사의 규모를 키우고 있던 어느 날, 영업사원이 지친 모습으로 들어왔다.

"다리가 퉁퉁 붓도록 돌아다녔는데도 열 곳 가운데 한 곳밖에 계약하지 못했습니다."

그러나 마쓰시다는 책망하지 않았다. 앞으로 더 열심히 하란 말도 하지 않았다. 그저 다음처럼 말했다.

"열 곳 중 한 곳이면, 백 곳을 찾아가면 열 곳은 계약할 수 있겠지?"[8]

마쓰시다는 질책이나 격려의 말도 하지 않았다. 그저 포기하지 않고 단순하게 끈질기게 시도할 수 있도록 직원을 유도했다. 그런 일에 포기하거나 실망할 필요가 없다. 일단 더 많이 시도하면 된다. 이 세상에 안 되는 일도 있다. 하지만 해서 안 되는 일은 생각보다 적다. 대부분의 일은 해낼 수 있다. 역사는 그런 방향으로 발전해 왔다.

단순하게 끈질기게 시도하라.

삶을 바꾸는
목표를 정하라

"오랫동안 꿈을 그리는 사람은 마침내 그 꿈을 닮아간다."
- 앙드레 말로 -

손정의의
인생 50년 계획

　　　　　　　　　꼭 명심하자. 목표의식이 있느냐 없느냐의 차이가 성공의 속도를 좌우한다. 아니 성공 자체를 결정한다는 사실을 말이다. 일본에서 신격호는 껌으로 최고가 되었다. 반드시 최고가 되겠다는 그의 목표가 성공을 이루어낸 것이다.

　미국의 컨설팅 사업가이자 베스트셀러 작가인 브라이언 트레이시는 목표란 곧 '자동항법장치'와 같다고 말한다. 정확한 목표물만 설정되면 무조건 따라가는 자동 미사일처럼 목표가 정해지면 우리의 몸과 마음이 목표를 달성하기 위해 움직이게 된다는 말이다.

신격호의 경영원칙은 분명하다. 사업을 시작해서 업계 1위나 2위를 할 가능성이 적다면 절대로 뛰어들지 않는다. 또 잘 모르는 사업은 하지 않는다. 좋아하지 않는 사업 역시 하지 않는다. 그래도 하게 된다면 사업을 시작하기 전에 철저한 준비와 조사를 거친다. 치밀하게 계획하고 철저하게 실행에 옮긴다. 분명한 목적의식을 세우고 사업을 시작한다.

일본에서 껌 사업을 시작할 때도 이왕 시작하는 거 반드시 일본 1위가 되겠다고 마음을 먹었다. 보통 사람의 눈으로 보면 참으로 황당한 생각이라고 할 수도 있다. 한국인이 일본에서 껌으로 1위를 하여 일본을 제패하겠다고? 그러나 목표를 이루었다. 실제로 일본에서 껌을 포함한 제과업 종합 1위는 롯데이다.

2014년 일본 최고 부호에 오른 소프트뱅크 손정의는 '인생 50년 계획'이란 분명한 목표를 가지고 있었다.

"20대에 이름을 알리고 30대에는 적어도 1,000억 엔의 자금을 비축한다. 40대에 승부수를 던지고, 50대에 사업을 완성한다. 60대에는 후계자에게 사업을 인계한다."

손정의는 자신의 '인생 50년 계획'을 실현했고 지금도 실행 중에 있다. 손정의의 성공에는 운도 따라주었을 것이다. 그러나 운이 좋았기 때문만은 아니다. 무엇보다 자신의 계획을 명확하게 목표로 설정했기 때문이다. 그는 10년 단위로 구체적인 인생계획을 세웠다. 계획을 실현하기 위해 필요한 정보를 끊임없이 찾았다. 인맥을 형성하고 활동을 전개했다. 목표를 설정하고 시행착오를 되풀이하면서 목표에 접근했다.

인간의 뇌는 컴퓨터를 훨씬 뛰어넘는 성능을 가지고 있다. 그러한 뇌를 움직이게 하는 스위치가 바로 목표이다. 목표가 명확하면 뇌가 움직이기 시작한다. 목표가 명확하지 않으면 뇌가 움직이지 않는다. 따라서 목표가 있느냐 없느냐에 성공 여부가 달려 있다. 인생의 승패를 판가름하는 가장 중요한 요소 중 하나는 '삶을 바꿀만한 목표'를 가지고 있느냐이다. [9]

손정의는 '왜 사람이 큰 성공을 이루지 못하는가?'란 질문을 받자 종이 위에 산을 그리고 그 산기슭에 여러 개의 원을 그리고는 다음처럼 설명했다.

"비전이 없는 사람은 아무리 열심히 움직여도 그 자리에서 빙빙 돌기만 하다가 결국에는 좁은 원에서 빠져나오지 못하지만, 비전이 있는 사람은 늘 산 정상을 바라보고 있기 때문에 불필요한 움직임을 줄이고 결국에는 큰 산에 오를 수 있다." [10]

확고하고 구체적인 목표를 세워야만 절대로 원하는 바를 이룰 수 있다고 손정의는 말했다.

꿈을 꿀 수 있다면
꿈을 이룰 수도 있다

롯데는 2009년 새로운 목표를 세웠다. 바로 2018년까지 매출 200조 원을 돌파하고 아시아 톱 10 기업으로 성장하겠다는 것이다. 왜 이런 목표를 잡았는가에 대해서 한국롯데 회장 신동빈은 이런 답을 한 적이 있다.

"그룹이 성장하는 데 있어 직원들이 공동으로 가질 목표가 있는 것이 좋다고 생각했습니다. 그것도 한 번 들으면 잊을 수 없는 의미 있는 목표가 좋겠다고 생각했습니다. 도전한다면 그 정도로 적극적으로 도전하자는 아주 단순한 이유입니다."

삼성 창업주 호암 이병철은 《호암어록》에서 "목표를 정해놓더라도 실천을 하지 않으면 소용이 없다. 정해진 목표는 기필코 달성해야 한다는 신념이 사원 개개인의 몸에 배도록 해야 하며, 실천하지 않고는 못 견디도록 하는 방안을 강구해야 한다"고 말했다. 이병철은 이런 이야기도 들려준다.

"경영자는 자기가 한 말을 꼭 지킬 줄 알아야 한다. 경영목표도 하나의 약속이다. 그것을 지키지 못하고도 태연하다면 경영자로서의 자질이 의심스럽다."

아무 계획도 없고 최소한의 노력도 안하면서 성공하고 싶다고 말하는 사람들도 있다. 성공의 결과만 부러워하는 것이다. 성공의 과정은 보지 않고 오직 결과만 부러워하니 성공과는 거리가 멀어질 수밖에 없다. 그냥 말뿐인 사람들이다.

철저하게 준비를 하라. 준비를 한 후에는 일단 시작해야 한다. 시작하면서 나는 반드시 성공한다고 강하게 스스로를 믿어야만 한다. 세상에서 당신을 믿어줄 사람은 누구보다도 당신 자신이다.

맥도날드McDonald's의 창업자 레이 크록Ray Kroc은 1976년 3월, 다트머스대학교Dartmouth College 대학원생들에게 "온 힘을 다해 전념한다면 이루지 못할 일은 없다"고 했다. 대학원생들이 "기업가로 성공하려면 어떻게 해야 하는가"란 질문을 하자 다음과 같이 대답했다.

"여러분이 무언가를 진정으로 믿는다면 그 목표를 향해 자신이 지닌 모든 것을 남김없이 쏟아 부어야 합니다. 합당한 리스크를 받아들이는 것은 도전의 일부이자 즐거움입니다." [11]

목표가 없다면 의지가 생길 수 없다. 무엇을 하겠다는 목적의식, 그것이 없다면 성공은 나와는 관계없는 단어가 된다. 지금이라도 늦지 않았다. 자신만의 목표를 정하라. 반드시 커다란 목표일 필요는 없다. 쉽게 달성할 수 있는 목표부터 세워서 해내고, 점점 키워 가면 된다. 과감하게 생각하라. 삶을 바꾸는 목표를 정하라!

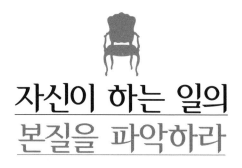

자신이 하는 일의
본질을 파악하라

"현상은 복잡하지만 본질은 단순하다."
- 아리스토텔레스 -

제과업의
본질은 무엇인가

신격호는 회사의 신제품은 모두 맛보는 것을 원칙으로 하고 있다. 맛을 보고 본인 입에 맞지 않으면 제품 출시를 늦추고 다시 만들게 한다. 2009년 초, 롯데제과 임원들이 신격호에게 신년 업무 보고를 할 당시에 있었던 일이다. 롯데제과에서는 우유 맛이 나는 사탕, '밀크박스'를 신 회장에게 시식용으로 내놓았다. 밀크박스는 이미 물량 생산을 모두 마치고 출시 날짜만 기다리고 있던 신제품이었다.

"회장님, 이번에 출시할 신제품입니다."

"그래, 신제품이라고? 제대로 만들었나? 어디 한번 먹어보도록 하지. 음, 생각보다 맛이 부드럽지 못한데. 고생한 건 알겠는데 다시 만들어봐."

"(시장에 유통시키기만 하면 되는데, 이런…) 네, 회장님 다시 만들겠습니다."

출시가 임박했던 제품을 다시 개발하라는 지시를 받은 제품개발부에서는 서둘러 재개발에 착수했다. 밀크박스는 예정보다 늦게 출시가 됐지만, 신격호의 지시대로 여러 차례 보완을 거쳐 부드러운 맛을 내는 새로운 제품으로 탄생했다.[12] 이처럼 신격호는 제품의 출시가 늦춰지게 되고 다시 제품을 개발하는 데 들어가는 돈이 얼마가 들더라도 상관하지 않는다. 스스로 감동하지 못하는 제품을 고객들에게 권할 수 없다는 게 그의 신념이다.

'크라운 해태제과'의 윤영달 회장도 마찬가지이다. 윤 회장도 본인이 직접 회사에서 개발하는 과자를 먹어본다. "하도 과자를 먹어서 배가 이리 나왔다"는 너털웃음 짓는 그는 자신이 하는 일의 본질을 잘 알고 있는 사람이다. 고객에게 맛있는 과자를 만들어 사랑받는 일이 제과업의 본질이다.

건강식품으로 유명한 천호식품이 있다. "참 좋은데 말을 할 수가 없다"고 말하는 김영호 회장도 본인이 직접 개발 중인 자사 제품을 먹어본다. 그는 또 회사 제품을 홍보하기 위해 회사에서 만든 건강보조식품을 먹으면서 철인 3종 경기에 도전하기도 했다. 최고경영자가 자신의 회사 제품을 먹고 건강해지고 힘이 난다는 걸 증명한 것이다. 김영호 회장 역시 자신이 하는 일의 본질을 정확히 알고 있는 사람이다. 이런 김영호 회장의 행동을 본 많은 사람들은 그가 만든 제품을 믿고 찾을 수밖에 없을 것이다.

신격호는 사업을 할 때마다 본질을 정확하게 알고 있었다. 껌이나 과자를 만드는 제과업의 본질은 무엇인가? 먼저 입이 즐거워야 된다. 껌을 씹는 순간, 과자를 입에 넣는 순간, 고객이 행복을 느껴야 한다. 돈 벌기 가장 쉬운 방법은 무엇인지 아는가? 사람들을 즐겁게 해주는 것이다. 영화, 드라마, 라디오, 음악을 왜 보고 듣는가? 그것을 보고 들으면 즐겁고 행복하기 때문이다.

남에게 행복을 주는 사람은 반드시 성공한다

이 세상은 혼자 살아갈 수 없다. 누군가의 도움을 받고 또 누군가에게 도움을 주면서 살아간다. 그것이 사회이다. 음식점은 우리의 뱃속을 든든하게 채워주는 맛있는 음식을 제공하고 그 대가로 돈을 번다. 신격호가 해온 모든 사업도 마찬가지이다. 그가 하고 있는 모든 사업이 다 고객들을 즐겁게 하는 것이다. 껌과 과자, 햄버거, 음료수를 먹으면 입안이 행복하다. 배도 부르고 기분도 좋다. 놀이공원과 영화관에 가면 온 몸으로 즐거움을 체험할 수 있다. 호텔에 숙박하거나 백화점에 가서 쇼핑하는 것도 마찬가지다. 이렇게 사람들을 행복하게 만들어주면 돈은 그냥 들어오게 되어 있다.

사람들은 자신이 즐거움을 느끼고 행복하게 만들어주는 것에 지갑을 열게 되어 있다. 그것을 정확히 파악해서 고객들이 저절로 유혹 당하게 만드는 자가 뛰어난 마케터이다. 그래서 많은 사람들이 신격호를 최고의 마케터라고 부른다.

롯데백화점 잠실점 신규 오픈을 앞에 두고 담당 직원들은 신세계나 미도파 매장보다 세 배나 넓은 매장을 어떻게 채울지 고민하고 있었다.

"아니 여기를 도대체 어떻게 채워야 되는 거야? 이렇게 넓은 곳을 채울 물건이 있겠어?"

"그러게. 아무리 매장이 큰 게 좋다지만 이거 너무 무리한 거 아냐? 이게 되겠어?"

직원들의 우려를 전해들은 신 회장은 뜬금없이 "평창면옥에서 답을 찾으라"고 주문했다. 평창면옥은 당시 최고 인기를 구가하던 한식당. 음식이 너무 맛있어 밥 한 끼 먹기 위해 먼 곳에서 차를 타고 올 정도로 당시 장안의 화제 음식점이었다.

"회장님, 그게 무슨 말씀이신지 잘 모르겠습니다."

신 회장은 무슨 뜻인지를 묻는 임원들에게 다음과 같이 말했다.

"평창면옥 음식 가격이 상당히 비싸. 그런데 사람들이 멀리서도 자가용까지 타고 와서 줄서고 기다렸다 먹는 이유가 뭐겠어? 단 하나뿐이야. 상품이 훌륭하기 때문이야. 고객이 원하는 물건이 무엇인지 모르면서 매장을 어떻게 채우느냐를 고민할 필요가 있나. 고객들이 하는 말에 귀를 기울이다 보면 매장은 저절로 채워지는 거지." [13]

고객을 움직이려면 고객의 마음을 흔들어야 한다. 어떤 사업을 하더라도 본질은 고객이다. 백화점 역시 마찬가지이다. 대부분의 롯데백화점 부지가 매우 좋은 위치에 자리 잡고 있는 이유는 고객의 편리한 접근성을 고려해서이다. 거기에 더해서 고객이 편하고 즐겁게 물건을 살 수 있도록 인테리어나 편의시설 등에 많은 공을 들인다. 고객이 쇼핑을 하면서 즐거움을 마음껏 느낄 수 있도록 한 것이다.

내가 하고 있는 일의 본질이 무엇인지에 대해 깊이 고민할 필요가 있다. 상품을 파는 사람이라면 고객이 물건을 사면서 기쁨을 느낄 수 있도록 해야 한다. 학생이라면 자신이 하는 공부는 과연 무엇인지에 대해 잘 알아야 한다. 직장인이라면 일을 하면서 자신이 하고 있는 일의 본질이 무엇인지 끊임없이 물어야 한다. 주어진 일만 하면 끝이라고 생각해선 안 된다. 시키는 일만 해서는 안 된다. 하고 있는 일의 본질을 묻고 끊임없이 자신의 일을 개선시켜나가야 한다. 특히 자신이 기업을 운영하는 경영자라면 이끌고 있는 사업의 본질이 무엇인지에 대해 정확히 파악하고 있어야 한다. 본질을 찾고 거기에 어울리는 경영을 해야 경쟁에서 살아남는다.

신격호는 제품을 만들어서 시장에 내놓는다면 반드시 알려야 한다는 것을 강조한 적이 있다.

"불경기가 되어 매출이 내려가면 선전 광고비 및 판촉비를 절감하는 회사가 있습니다만, 그런 회사는 위험합니다. 광고 요금을 줄이는 게 절약을 말하는 건 아닙니다. 또한 그렇게 되면 상품이 팔리지 않게 됩니다. 결국은 매출을 줄이게 될 뿐입니다."

이는 그가 무엇이 중요하고 본질인지를 알고 있다는 것을 말하고 있다. 왜 고객이 알아줄 것을 기다리는가? 고객에게 좋은 제품이 있다는 걸 알려야 한다. 좋은 제품을 만드는 것도 중요하지만 이 좋은 제품을 고객에게 알려 구매하게 하는 것도 기업의 일이다. 마케팅을 제대로 해야 기업이 성공하는 것은 당연한 일이다. 자신이 하는 일의 본질을 파악하라.

성공은 혼자가 아니라
함께하는 것이다

"꿈을 향해 당당히 나아가고 자신이 상상한 삶을 위해 열심히 노력하라.
어느 새 기대하지 못했던 성공에 도달해 있을 것이다."
- 헨리 데이빗 소로 -

이 세상에서 당신은
절대로 혼자가 아니다

신격호의 취미 중 하나는 어린 시절부
터 두었던 바둑이다. 지인들과 대국을 자주 하는 것은 그의 오래된 친
구 같은 취미다. 일본에서 바둑기사로 활약하고 있는 조치훈과의 인연
도 이 같은 신격호의 바둑 사랑과 관련이 있다.

조치훈 9단은 지난 40여 년 동안 통산 73개의 각종 바둑대회 타이틀
을 획득, 최다 우승 기록을 세우며 일본 바둑계의 전설로 통하고 있다.

많은 이들이 조치훈 9단이 은퇴한 것으로 알고 있는데, 2014년 일본 마스터즈배에서 타이틀을 거머쥐는 등 여전히 활동을 이어가고 있다.

조치훈이 일본에 머물면서 바둑에 전념할 수 있도록 뒤에서 적극적으로 지원한 사람이 바로 신격호이다. 일본에서 맹활약 중인 바둑기사 조치훈과 신격호의 인연에 대해서 간략히 알아보자.

조치훈이 가슴에 태극기를 달고 형 조상연의 손에 이끌려 일본으로 바둑 유학을 떠난 해가 그의 나이 6살 때인 1962년이었다. 당시 스무 살이었던 조상연은 먼저 일본에 건너가 하숙을 하며 바둑을 공부하고 있었다. 그는 동생 조치훈의 기재를 알아보고 동생을 일본으로 데려왔다. 동생을 데려오기는 했지만 가장 큰 고민은 먹고 자는 문제와 바둑 수업료였다. 모두가 가난하던 시절이라 누군가에게 도움을 요청하는 것도 여의치 않았다. 동생의 장래를 생각해서 대책 없이 일을 저지르기는 했지만 후견인이 없으면 동생의 일본 유학이 어렵다고 생각했다.

'누가 지원을 좀 해주지 않으면 바둑이고 뭐고 아무 것도 할 수 없다. 너무 어렵다. 도움을 청할 사람이 없을까?'

심각하게 이런저런 고민을 하고 있을 때 번쩍 하고 떠오른 사람이 한 명 있었다. 바로 일본에 사는 동포들의 친목 모임에서 잠깐 소개를 받은 적이 있는 신격호 회장이었다. 주변 사람 중에서는 그가 가장 부자로 생각됐다.

'아 맞다. 한국 동포인 신격호 회장님. 그래, 그분이 계셨구나. 그분께 도와달라고 말씀 드려보자. 설마 같은 동포를 모른 체하진 않겠지. 아니지, 나 몰라라 모른 척 할 수도 있잖아. 에라, 모르겠다. 일단 만나

러 가보자.'

조상연은 무작정 신격호를 찾아갔다. 조상연에게는 체면이고 뭐고 생각할 여유가 없었다. 다행히도 신격호는 단 한 번 본 조상연을 기억하고 있었다.

"안녕하십니까? 회장님. 예전에 모임에서 인사 드렸던 조상연입니다. 사실, 저한테 바둑에 재능이 있는 동생이 하나 있는데, 그 녀석을 일본으로 데려왔습니다. 바둑 공부시키려고요. 그런데 처지가 어렵게 되었습니다. 도움을 받지 못하면 더 머물 수 없는 형편입니다. 제 동생은 정말 바둑에 소질이 있습니다. 한 번만 도와주시면 은혜는 평생토록 잊지 않겠습니다. 반드시 갚겠습니다. 회장님, 꼭 좀 도와주시길 간곡히 부탁드립니다."

"음, 그래? 알겠네. 일단 이거 받고. 앞으로 비서실을 통해서 매달 1만 엔씩 지원해 주겠네."

조상연에게 사정을 들은 신격호는 그 자리에서 1만 엔을 조상연에게 주었다. 그러고는 매월 비서실에서 1만 엔을 받아갈 수 있도록 조치하였다. 당시 1만 엔은 적지 않은 돈이었고 조상연 형제에게 소중한 돈이었다.

평소 바둑을 무척 좋아하는 신격호는 일본 바둑 유학이 상당히 의미 있는 일이라는 것을 알고 있었다. 당시는 일본의 프로바둑이 세계 최강의 전성기를 이어가던 시대였다. 최고가 되기 위해서 최고들이 있는 곳으로 와서 갖은 고생을 하며 최고에게 배우려는 형제의 의지를 신격호는 높이 산 것이다.

조치훈의 후견인이 된 신격호는 종합제과 회사로 자신의 사업을 확대하면서 기업을 키워나갔고, 지원비도 부족하지 않도록 매년 올려주었다. 조치훈은 신격호의 집에 머물면서 신격호와 대국을 두거나 때로는 그에게 직접 바둑 지도를 해주기도 했다.

조치훈은 11살에 입단 후, 1975년 프로 10걸전에 우승하며 두각을 나타냈다. 1980년에는 일본 바둑의 최강자 오오타케 히데오大竹英雄에게 승리를 거두며 명인 타이틀을 차지한다. 최종 대국이 끝나는 순간 조상연은 그 승전보를 가장 먼저 신격호 회장에게 알리기 위해 전화를 했다.

"회장님, 저 조상연입니다. 우리 치훈이가, 제 동생 조치훈이가 우승했습니다. 다 회장님 덕분입니다. 정말 감사합니다."

"하하하. 나, 다 봤어. 정말 조마조마 하더군. 그동안 고생 많았네. 축하해."

신격호는 TV 실황중계를 밤새 끝까지 보며 조치훈을 응원했던 것이다. [14]

프로 권투 세계챔피언이었던 장정구 선수도 일본에서 경기가 있을 때마다 자신의 적극적 지원자였던 신격호를 찾아가서 인사를 전했다고 한다. 또 일본으로 귀화하지 않고 한국국적을 유지했던 재일교포이자 일본 최다안타를 기록한 프로야구계의 슈퍼스타 장훈 선수, 일본 프로야구 통산 400승을 거둔 전설적인 투수 김경홍(일본이름: 가네다 마사이치), 삼성 라이온즈의 전 감독 백인천 등이 신격호의 지원을 받았다.

김경홍은 신격호가 인수한 롯데 오리온즈(현재 롯데지바 마린스)의 감독을 맡아서 재팬시리즈 우승으로 신격호에게 기쁨을 안겨주기도 하였다.

롯데지바 마린스에서는 삼성 라이온즈의 이승엽과 한화 이글스의 김태균이 활약하기도 했다.

성공은 혼자가 아니라 함께하는 것

한국 전쟁 당시 한국은행 도쿄지점장으로 근무했었고, 상공부 장관과 경제기획원 장관을 역임한 후 초대 롯데제과 회장을 지낸 유창순은 신격호를 이렇게 추억한다.

"롯데의 새로운 공장이 들어섰던 당시의 신주쿠 지역은 그야말로 허허벌판이었습니다. 그런 벌판에 껌 공장을 차려놓고 신 회장은 공장에서 먹고 자고 일하며 독신생활을 하고 있었습니다. 숙소도 판잣집이나 다름없이 아주 초라했습니다. 그런데도 그는 5, 6천만 엔의 예금 잔고를 가지고 있었어요. 그의 사업가다운 정열에 감명을 받지 않을 수 없었습니다.

당시에 제가 한국은행 도쿄지점장으로 있었을 때는 6.25 전후여서 38선 일대에서 남과 북이 한창 교전중인 상태였습니다. 전쟁 중인 나라의 해외 지점에 무슨 수신고가 있겠습니까. 당연히 없었지요. 그런 와중에도 신 회장은 그 5, 6천만 엔을 한국은행 도쿄지점에 예금시켜 주었습니다. 굳이 한국은행에 말입니다. 그 돈은 당시로서는 상당한 거금이었습니다. 그때 신 회장은 제게 이런 이야기를 전해주더군요.

'도쿄 일대에서 거부 소리를 듣던 재일동포가 있었는데 갑자기 죽어버렸습니다. 그 후 그렇게나 많던 재산이 일본 땅에서 눈 깜짝할 사이에 전부 사

라진 것을 보았습니다. 하나도 남지 않고 모두 없어지고 말았습니다.'

그러면서 '고국에 투자를 하면 영원히 남으며, 자본이란 유용하게 사용하지 않으면 무용지물'이라는 말을 했습니다. 이미 신 회장은 일찍부터 조국에 투자할 마음을 갖고 있었다고 볼 수 있지요. 그 시절엔 아직 한·일 국교 정상화 이전이었기에 국내로 재산 반입이 어려웠을 뿐입니다." [15]

2014년 5월에 전남 장성에서 노인요양병원 화재 사고가 일어났다. 가진 것이 없는 노인들을 제대로 돌보지 않는 사회에 경종을 울린 사건이었다. 신격호 역시 뉴스를 보고 큰 충격을 받았다. 고민을 하던 신격호는 2014년 8월에 그룹에 새로운 주문을 했다. 노인들을 위한 국내 최고의 요양시설을 롯데에서 직접 만들라는 지시였다. 그는 자신의 소견을 밝히며 지시를 내렸다.

"우리나라에서 노인들을 이렇게 대하면 정말 안 된다. 비용은 얼마가 들더라도 생각하지 말라. 국내 최고 시설과 최대 규모로 빠른 시일 내에 요양원을 만들어라. 이용비용은 기업이 사회에 공헌한다는 의미에서 비싸게 받지 않도록 하라." [16]

롯데그룹은 신격호의 지시대로 서울 근교 지역에 국내 최대의 요양전문시설을 지을 예정이며 현재 작업을 진행 중이다. 신격호의 말대로 롯데가 만드는 요양시설은 가급적 저렴하게 이용료를 책정해서 많은 사람들이 저렴하게 좋은 시설을 이용할 수 있길 바란다.

크게 주는 사람만이
크게 받는다

한 가지 더 알아두어야 하는 건, 기회
도 성공도 모두 사람이 가져다준다는 것이다. 남의 도움 없이 성공했다
고 자랑하는 사람들이 있는데, 이들은 큰 오산을 하고 있는 것이다. 장
사를 한다고 해도 물건을 사주는 고객 없이는 장사를 할 수 없다. 모든
게 그렇다.

1991년 미국 LA 흑인 폭동 당시의 일이다. 흑인 폭동으로 인해 LA
는 아수라장이 되었다. 많은 상가와 건물이 피해를 입었다. 집과 자동
차가 불타 사라져버렸다. 그런데 이런 혼란 속에서 아무 피해를 받지 않
은 건물이 딱 다섯 군데 있었다. 피해를 입지 않는 건물의 공통점은 모
두 맥도날드 매장이라는 사실이었다. 평소 맥도날드의 창립자인 레이 크
록은 이렇게 강조했다.

"우리는 기업이 사회에서 거둔 수익의 일부를 어떤 식으로든 공동체에
환원해야 한다고 생각합니다. 또한 이런 노력은 장기적으로 봤을 때 기업에
도 유익한 일입니다."

이런 창립자 레이 크록의 정신 때문이었는지 아니면 다른 어떤 이유
때문이었는지 맥도날드 매장은 아무런 피해도 입지 않았다. 많은 사람
들이 그 이유를 궁금해 했고, 궁금증을 해결하기 위해 스탠포드 대학의
교수들이 연구에 나섰다. 자료를 모으기 위해 폭동이 일어난 지역에 사

는 주민들을 직접 인터뷰 해보니 주민들의 의견은 모두 한결같았다. 주민들은 맥도날드를 자신들의 편이라고 생각했다는 것이다. 흑인들은 맥도날드가 자신들을 돌봐주는 친구 같은 존재라고 여기고 있었다.

알고 보니 맥도날드는 흑인들이 많이 사는 지역사회를 위해 여러 가지 일을 했다. 지저분한 뒷골목에서 겨우 농구를 하던 흑인들에게 농구장을 지어주고 농구공도 지원했다. 그곳에서 누구나 자유롭게 농구를 할 수 있도록 했다. 흑인들의 농구에 대한 사랑이 보통이 아니니 이런 지원은 맥도날드에 대해 좋은 인상을 갖게 했음이 당연하다.

또 매일 아침 수백 잔의 커피를 가난한 노인과 노숙자에게 무료로 제공했다. 아침에 마시는 따뜻한 커피 한 잔의 여유를 지역주민들이 느낄 수 있게 해준 것이다. 모두 무상으로 지급해준 일이다. 물론 맥도날드가 벌어들이는 수익에 비한다면 얼마 안 되는 금액이라고 폄하할 수도 있다. [17]

그러나 중요한 것은 흑인들이 맥도날드를 '자기' 편이라고 생각했다는 것이다. 폭동의 혼란 속에서 맥도날드 매장은 아무 피해를 입지 않았고 이로 인해 브랜드 이미지마저 좋아졌다. 비용으로 따지지 못할 정도의 효과를 톡톡히 보았다. 그저 생색내기식이 아니라 진정으로 고객들에게 다가가려는 노력으로 이룬 성과이다. 이렇듯이 세상은 혼자서 살아갈 수도 없고 혼자 힘으로만 성공하는 게 아니다. 기회는 다른 사람들이 나에게 가져다준다.

'대여대취大予大取'라는 말이 있다. 크게 주고 크게 얻는다는 의미인데, 실천하기 쉬운 일은 아니다. 먼저 주어야 얻을 수 있다. 영어 'give & take'도 마찬가지이다. 'take & give'가 아니다. 주는 것이 먼저이다.

주고 나서야 무엇이 되었더라도 받을 수 있다.

신격호 자신도 평범한 한 노인의 지원을 받아서 사업에 도전하고 기반을 쌓을 수 있었다. 그는 이미 알고 있었다. 혼자서는 절대로 성공할 수 없다는 점을 말이다. 성공은 혼자가 아니라 함께 하는 것이다.

나만의 스타일로
재창조하라

다르게
더 다르게 하라

롯데그룹의 실내 테마파크 이름은 '롯데월드'이다. 그런데 이 테마파크의 이름이 '롯데월드'가 아닌 '신나라'가 될 뻔했다. 테마파크의 이름을 고민하던 직원들은 '와, 신난다!'란 의미와 '신격호의 나라'란 의미로 '신나라'라고 짓기로 의견을 모았다. 물론 신격호 회장에게 좋게 보이려는 직원들의 의도도 있었겠지만, 더 큰 목적은 따로 있었다.

"'롯데'라는 이름을 테마파크에 쓸 경우, 안전사고 등이 터졌을 때 브랜드 가치가 떨어질 수 있다. 이 경우 이미지 관리가 매우 어려워진다. 이런 고충을 미리 방지하기 위해 '롯데'라는 단어가 들어가지 않은 브랜드를 제안했던 것으로 보인다."

　　－ 조윤기, 중앙대 신문방송대학원 교수 －

　이 '신나라'라는 브랜드를 보고받은 신격호 회장은 이런 반응을 보였다고 한다.

　"오, 그래. 잘했어! 그런데 그냥 '롯데월드'로 해!" [18]

　실내 놀이공원으로 유명한 롯데월드는 그냥 뚝딱뚝딱해서 만든 게 아니다. 디즈니랜드와 캐나다 에드먼턴의 놀이공원 및 세계 유명 놀이공원들에 대해서 조사하고 연구하여 한국에 적합하게 만든 놀이시설이다.

　신격호는 단절된 한일 양국 간의 관계가 1965년 한·일국교정상화로 풀리기 시작하자 한국에 투자하기로 마음먹었다. 당시 부총리이자 경제기획원 장관이었던 장기영은 신격호에게 국가 기간산업 투자를 권유했다.

　"신 회장님, 일본에서 가장 성공한 기업가가 신 회장님 아니십니까? 마침 한일 관계도 좋은 방향으로 풀려가고 있으니 지금이 국내에서 활동하실 절호의 기회입니다. 이제는 대한민국을 위해 투자해 주시길 바랍니다. 기왕 시작하는 것이니 국내 기간산업을 맡아주시는 게 어떻겠습니까?

　기간산업 중에서 군수산업을 맡아주시면 좋겠습니다. 공장 건설에 따른 부지 확보에도 정부가 적극 협조할 예정이니 신 회장님은 정부를 믿고 모국을 위해 군수사업에 투자해주시면 됩니다."

그러나 신격호는 전쟁 당시 미군의 폭격으로 공장이 두 번이나 불에 탄 경험이 있기 때문에 절대로 전쟁 관련 사업은 하지 않는다는 원칙을 가지고 있었다. 평화주의자였던 신격호는 정부의 군수산업 제안에 무척이나 당황했고 결국 군수사업 제의를 거절했다.

물론 평화를 사랑한 이유도 있을 수 있다. 하지만 신격호가 군수사업을 거절한 더 결정적인 이유는 따로 있었다.

첫째, 일본에서 롯데는 제과, 초콜릿 등 고객과 밀접하게 만나는 친숙한 제품을 주로 판매하고 있는데 군수산업은 롯데의 이미지하고는 전혀 어울리지 않았다. 롯데의 이미지는 사람들에게 달콤함과 행복을 안겨주는 친근함이다. 군수산업과는 거리가 먼 이미지이다. 따라서 한국의 군수산업에 뛰어든다면 일본에서 평화 산업을 지향하는 롯데의 이미지에 타격을 줄 게 확실했다.

둘째, 군수사업으로는 큰 이익을 내기가 어렵다는 것도 신격호가 군수사업 제안을 거절했던 이유였다. 군수산업은 이익이 쉽게 나는 산업이 아니고 장기적으로 접근해야 하는 사업이다. 군수산업을 독점하면 이익이 날 가능성도 있다. 하지만 독점 여부도 명확하지 않았고 어떤 식으로 수익을 낼지에 대한 확신도 없었다. 신격호의 섬세한 성격도 군수산업과는 그다지 잘 맞지 않았다.

세 번째, 신격호는 실제로 전쟁을 경험한 세대이기에 전쟁에 대한 안 좋은 기억을 가지고 있었다. 게다가 전쟁 중 폭격으로 공장이 두 번 다 불타버려 망했다. 그런 기억으로 인해 군수산업을 좋아하기는 어려웠다. 군수업 자체에 대한 특별한 관심이나 애정도 거의 없었다.

신격호의 특징 중 하나가 자신이 좋아하지 않는 사업은 거의 하지 않는다는 것이다. 좋아하지 않는 사업을 억지로 해서 성공하기란 무척이나 어려운 일이다. 신격호도 자신이 좋아하지 않는 일에 대해서는 신경을 끄고 살았다. 평생을 그렇게 살았다.

여러 가지를 고려했지만 일단 신격호는 장기영 장관의 요청을 조심스레 거절할 수밖에 없었다. 사실 신격호는 한일국교정상화 시작부터 하고 싶었던 사업이 따로 있었다. 그는 사업에 뛰어들기 위해서 남몰래 꾸준히 준비를 하고 있었다. 신격호의 이야기를 들어보자.

"1965년 전후에 일본 롯데는 제과업으로 이미 소비자들로부터 상당한 호의를 받고 있었다. 다시 말하자면 이미지가 좋았다. 무역 부문과 부동산 투자도 소기의 목표를 달성한 상태였다. 자연스레 새로운 투자 종목을 찾고 있었고, 한국에 본격적으로 투자를 할 준비를 갖추고 있었다. 당시 그는 일본 롯데가 하지 않고 있는 분야, 즉 제철, 제강산업, 중화학공업 등의 사업을 한국에서 해보고 싶었다.

그러던 차에 일본 가와사키제철의 이사노 사장이 당시 나에게 조국에 투자하려면 제철업을 하라고 적극적인 권유를 했다. 이사노 사장은 나와 오랜 교분이 있던 사이여서 내가 모국에서 제철 공장을 짓겠다면 일체의 기술적인 협조를 아끼지 않겠다고 약속해주었다. 나는 제철 공장 플랜트를 가와사키제철에 용역을 주어 설계도면, 사업 목적과 내역, 자금 조달 방법, 운영

세부 계획 등을 상세하게 밝힌 '제철공장 건립안'을 정부에 제출했다. 그러나 우여곡절 끝에 나는 제철업을 포기하지 않을 수 없었다. 정부 쪽 입장은 제철업만은 국영으로 한다는 것이었고, 민간 기업은 곤란하다고 했다." 19)

제철업은 정부 쪽에서 먼저 제안한 사업이었다. 제철업을 자세히 알아보니 막대한 투자자금이 필요했지만, 당시 친분이 있던 가와사키제철의 이사노 사장이 적극적으로 제철업을 권유했다.

신격호도 제철업에 욕심이 났다. 1년 동안 일본의 제철공장을 전부보러 다니고 미국이나 유럽에도 갔다. 그 결과 연간 1백만 톤 정도의 규모를 갖춘 설비라면 충분히 경쟁력이 있고, 은행의 융자도 필요한 만큼은 받을 수 있을 거라는 결론이 나왔다. 그런데 신격호의 '제철공장 건립안'을 본 정부는 퇴짜를 놓았다.

롯데에게 제철업을 먼저 제안한 것은 정부였는데, 정부로부터 불가 판정을 받았으니 신격호로서는 당연히 억울했다. 많이 알려진 사실은 아니지만 당시 신격호가 정부에 제출한 '제철공장 건립안'이 대단히 치밀했다고 한다. 사업을 시작하면 반드시 이익을 낼 수밖에 없는 완벽한 기획안이어서 제철업을 일반 사기업에 넘겨주기보다는 정부가 직접 참여하기로 했다는 것이다. 결국 제철업은 포항제철(현 포스코)이 맡게 된다. 그나마 친분이 있던 박태준이 포항제철을 맡아서 이끌었다는 점이 신격호에게 작은 위안이 되었다.

잘할 수 있는 것부터 시작하라

신격호는 일단 일본에서 성공한 제과업을 먼저 시작하기로 했다. 1967년 4월 3일, 한국에 롯데제과주식회사를 설립한다. 이것이 한국 롯데그룹의 시작이다. 제과업 시작 후 2년간 설립한 공장은 두 개뿐이었지만, 롯데는 일본에서 익힌 노하우로 제과업계를 조금씩 평정해나가기 시작했다. 물론 롯데에 대응한 해태, 크라운, 동양의 반격도 대단했다. 그럼에도 결국 승자는 롯데가 되었다.

신격호는 제과업을 하면서 한국 롯데그룹의 토대를 쌓아가고 있었다. 그러던 어느 날, 신격호는 정부로부터 호텔사업을 제안 받았다. 당시 한국에는 변변한 호텔이 없었다. 관광공사가 '반도호텔'을 경영하고 있었지만 제대로 경영을 하지 못해서 적자를 면치 못하고 있는 실정이었다. 정부는 신격호에게 어떻게든 도와달라고 요청했다. 신격호의 말을 들어보자.

"대통령이 나를 청와대로 불러 관광공사가 운영하고 있는 반도호텔과 워커힐이 적자가 크다고 하였습니다. 그리고 그 운영을 민간이 하는 것이 바람직하다고 하시면서 인수할 것을 요청하셨습니다. 저는 호텔경영에 대해서는 경험도 없었고, 생각도 한 적이 없었기에 반도호텔만을 인수하기로 하였습니다. 그것을 계기로 새 호텔을 짓게 되었습니다." [20]

신격호는 그전까지 호텔업에 대해서는 전혀 생각해 본 적이 없어서 제철업에 대해 알아보던 때와 마찬가지로 처음부터 공부를 시작했다. 세계에 이름난 일류 호텔들을 골라 직접 방문하여 숙박도 해보았다. 호텔업을 한다는 건 쉬운 일이 아니었다. 당시에 일본을 포함해서 세계 여러 일류 호텔들의 경우에도 호텔업을 해서 크게 이익을 내고 있는 곳은 많지 않았다.

그러나 그는 충분히 승산이 있다고 생각했다. 당시 서울에는 호텔이 적은 편이었고 일류 호텔에 속하는 호텔은 하나도 없었다. 또 호텔 사업은 대통령이 직접 요청한 사업이었다. 면밀한 조사 끝에 승산이 있다고 결론을 내린 신격호는 바로 호텔 건축에 뛰어들었다. 그는 호텔의 외벽을 일본 제국帝国호텔 본관의 외벽과 같은 인도산 사암砂岩으로 꾸미기 위해 사원을 인도로 파견하여 구입하게 하였다. 호텔 건설에 들어가는 자재들도 최고급 제품을 쓰라고 지시하는 등 꼼꼼하게 챙겼다. 이렇게 하여 1979년 10월에 지상 38층, 지하 3층의 롯데호텔을 완성했다.

하늘아래 새로운 건 없다. 주변에 있는 걸 가지고 우리만의 독특한 것을 만들 줄 알아야 한다. 성공 전략은 생각보다 단순하다. 바로 적용해보라. 시중에 나와 있는 것에서 본인의 사업이나 계획에 이용할 만할 좋은 부분만을 찾아내라. 거기에 당신이 가지고 있는 색깔을 입혀서 독특하게 바꿔버려라.

나만의 스타일로 재창조하라.

승진과
교육제도

롯데는 2011년, 40년 가까이 유지해온 사원–대리–과장–(차장)–부장–이사(임원급)의 진급체계를 변경했다.

사원은 A(Assistant), 대리는 SA(Senior Assistant), 과·차장급은 책임 M (Manager 2,1), 부장급은 수석 S(Senior manager 2, 1)으로 변경했다. 조기발탁 승진제도 또한 탄력적으로 운영한다.

위 표를 보면 알 수 있듯이 대리 진급이 다른 기업에 비해서 상당히 빠른 편이다. 보통 대기업의 경우 대리 진급은 4년에서 5년 정도 걸린다. 과장 진급까지는 다시 최소 4년 이상 걸린다. 롯데그룹에서는 빠르면 입사 2년 후에 대리 진급이 가능하다. 입사 5년차에 과장 진급도 가능하다. 입사 후 6~7년이 지나면 보통 과장 직급을 달 수 있다.

롯데는 대리에서 과장으로 진급하려면 진급시험을 봐야 한다. 한국의 10대 그룹 중에서 유일하다. 전 계열사 공통으로 10월에서 11월 사이에 실시된다. 합격을 위해서는 토익 점수가 필요하며, 《전략경영》, 《조직행동론》, 《재무회계》, 《롯데 핵심가치》 등 총 4과목의 시험이 있다. 문제는 주관식 서술형으로 어렵다는 평이 많다. 한두 번 떨어지는 경우도 제법 많다. 계열사들끼리 대리 진급자 수를 따지는 등 신경을 쓴다.

　과장으로 진급하여 일정기간이 지나 팀장이 되면 팀장교육을 받아야 한다. 주제는 '팀장의 기본', '인재 육성', '네트워킹', '팀 성과관리' 등이다. 교육이 끝나면 서술형의 종합평가가 있다. 상대평가로 20%는 불합격 판정을 받는다. 떨어지면 재교육을 받을 수 있다. 재차 불합격하면 팀장 자격이 취소되거나 불이익이 있을 수 있다.

　롯데에는 직급 정년제가 있다. 승진을 4회 이상 누락한 직급 7년차 이상에 대해서는 승진을 통제하는 정책을 쓰고 있다. 그렇다고 다른 회사처럼 그만두라고 하지는 않는다. 그냥 현재 직급 그대로 조용히 회사를 다니면 된다.

⑤ EXPERIENCE

온 몸으로
경험하라!

    2014년 롯데그룹 신년사에서 신격호가 가장 중요하게 강조한 건 다름 아닌 '현장'이었다.

    "급변하는 환경 속에서 변화가 가장 빠르게 나타나는 곳은 현장입니다. 현장에서 시장의 흐름을 끊임없이 파악하고 신속하게 대응해 나갈 때 기업의 경쟁력은 더욱 공고해질 수 있습니다. 고객으로부터, 동료로부터, 협력회사로부터 직접 생생한 목소리를 듣고 적용할 수 있는 현장에서 해답을 찾아내시기를 당부합니다."

    한국에서 호텔업을 준비하면서 신격호는 세계 유명 호텔에 직접 방문해 최고의 호텔은 무엇이 다른지 온 몸으로 경험하고 이를 반영했다. 롯데월드를 지을 때도 캐나다와 미국, 일본의 다양한 놀이공원을 찾아다니며, 한국식 실내 놀이공원을 어떻게 만들지 구상했다. 신격호는 롯데리아 등 계열사에서 신제품이 나오면 본인이 가급적 직접 먹어본다.

    잠실에 짓고 있는 롯데타워 건축 현장에도 여러 번 방문했다. 공사 현장을 여기저기 둘러보고 진행 상황을 파악하며 직접 보고도 받았다. 이처럼 신격호는 온 몸으로 경험하고 실천하는 현장경영을 중시하였다.

신격호 어록

"큰일을 하려면 작은 일도 알아야 한다는 것이
나의 지론이다."

---

⑥ SNOWBALL

멈추지 않는
추진력으로 승부하라!

신격호는 멈추지 않고 도전한다. 실패하지 않기 위해서 계속 도전하는 것이다. 일본에서 껌 사업으로만 만족하지 않고 초콜릿, 과자, 아이스크림사업에도 뛰어들어 종합제과회사로 그룹을 키웠다. 한국에 돌아와 많은 시간과 공을 들여 준비한 사업을 할 수 없게 되었다. 그러나 그는 거기서 그냥 멈추지 않고 바로 제과업을 시작했다. 일본과 한국, 모두 시작은 껌이었던 셈이다. 제과업이 조금씩 자리를 잡아가자, 정부에서 제안한 호텔업에 도전했다. 그리고 계속해서 하나씩 관련 분야로 사업을 확장해나갔다.

황량한 벌판이었던 잠실에 백화점과 놀이공원을 시작하려고 했을 때, 주위에서는 실현 불가능한 계획이라며 반대가 심했다. 그러나 그는 철저하게 준비하고, 끝까지 밀어붙여 계획을 성공시켰다.

현재 짓고 있는 제2롯데월드와 롯데타워는 사업 허가를 받는 데만 20년이 넘는 시간을 투자했다. 신격호는 한번 시작한 일을 중간에 포기하지 않는다. 일을 시작하기 전에는 답답할 정도로 신중하지만 일단 하기로 결정하면 대단한 추진력으로 승부한다.

신격호 어록
"나는 '다소 위험이 있어도 할 것으로 결정하면 한다'라는 마음으로
일단 돌진해갑니다."

CHAPTER

04

신격호처럼
경영하라

무슨 소리냐. 우리의 전공분야를 가야지.
우리가 잘 하는 것에 집중해야지. 과자면 어떻고,
음료면 어때서 그런가. 가장 중요한 건 기업을 튼튼하게 꾸려서
회사에 이익을 남기고 더 많은 일자리를 만드는 일이야.
겉보기에 화려한 것만 쫓으면서 남들 따라가기보다는
지금 하는 일에서 성과를 내는 게 훨씬 중요한 일이지.

신격호 철학:
거화취실去華就實

█ 경영자는 실적이
█ 모든 것을 말해준다

　　　　　　　　　　세계적인 부자들은 돈을 물 쓰듯 펑
펑 쓸까? 그런 부자들도 있을 것이다. 매일 파티를 열고 호화로운 생활
을 즐기는 부자도 있을 것이다. 그러나 대부분의 부자들이 그렇게 살지
는 않는다.

　　중국 최대의 식음료 기업인 와하하娃哈哈그룹 창업자 쭝칭허우宗慶後
회장은 하루에 2만 원 정도만 쓸 뿐이라고 한다. 그는 이건희 회장보다

많은 16조 이상의 자산을 보유한 사람이다. 식사도 직원식당에서 직원들하고 같이 먹는다. 옷차림도 평범하게 동네 아저씨처럼 입고 다닌다. 그게 편하다고 한다.

페이스북의 마크 주커버그는 젊은 나이답게 격식을 차리지 않는 것으로 유명하다. 그는 아디다스 삼선 슬리퍼를 신고 평범한 티셔츠나 모자 달린 후드티를 입고 다니는 것을 즐긴다. 겉으로 보기에는 흔한 20대 청년이다. 이들은 외향을 꾸미기보다는 내실을 다지는 데 주력하는 경영인들이다. 신격호도 그렇다.

신격호가 사업 초기부터 내걸었던 창업정신은 바로 거화취실去華就實이다. '겉으로 드러나는 화려함을 배제하고 내실을 지향한다'는 의미이다. 이 말은 신격호가 만든 어구가 아니다. 그렇다고 중국 고전에 나오는 문장도 아니다. 이 말은 신격호가 다녔던 일본 와세다早稻田대학교의 교훈으로 젊은 시절 내내 신격호가 가슴 깊이 새겼던 문구였다.

사업을 시작하고 기업을 경영하면서도 신격호는 늘 '거화취실'의 정신을 새기며 경영현장을 지휘했다. 롯데호텔 34층에 위치한 그의 집무실엔 '거화취실'이라고 적힌 액자가 걸려 있다.

와세다대학교의 학풍은 일본 내에서도 자유롭고 다양성을 존중하는 것으로 유명하다. 삼성의 이병철 회장, 이건희 회장, 포항제철을 키워낸 한국의 철강왕 박태준 등이 한국의 대표적인 와세다대학교 출신이다. 우리나라에서도 인기가 많은 세계적인 작가 '무라카미 하루키'도 와세다대학교를 다녔다. 그 외에도 국내의 여러 경영자들이 와세다대학교에서 공부를 했다. 이 대학교의 학풍의 영향 때문인지 이들은 허세와는 별 관련이 없는 성향을 지닌 인사들이다.

신격호가 언론과의 인터뷰에 거의 응하지 않는 이유도 '거화취실'이라는 경영철학과 관련이 있다. 그는 굳이 언론에 여러 이야기를 늘어놓을 필요 없이 경영에만 집중해서, 열심히 잘하기만 하면 된다고 생각한다. 그래서 그는 인터뷰하기 어려운 사람으로 꼽힌다.

이런 이유에서인지 신격호의 개인사를 잘 아는 사람은 드물다. 인터뷰 자료도, 심층 분석 자료도 거의 없기 때문이다. 신격호는 평소 이렇게 말을 해왔다.

"기업 경영자는 기업을 통해서 이룬 실적이 모든 것을 말해준다. 경영자 스스로 자신의 사생활을 일부러 공개하는 것은 쓸데없는 일이다. 경영자는 경영에만 신경 써야 한다." [1]

▎내 일을 할 뿐입니다

이런 그의 말은 신격호가 원칙으로 삼고 있는 업적 제일주의, 실적 우선주의에 대한 강한 애정을 보여주는 것이다. 신격호는 인터뷰를 잘 하지 않고 사람 만나는 것에 까다롭다. 그래서 언론사와 인터뷰한 경우가 거의 없다. 그러나 회사나 제품의 광고에는 인색하지 않다. 어느 부분이라도 회사에 필요한 경우라면 아끼지 않고, 과감하게 투자하는 사람이 신격호이다. 그는 이런 자신의 소신을 이렇게 밝혔다.

"사실을 말하면 회사의 광고에는 돈을 아끼지 않지만, 경영자 자체를 홍보하는 것에는 의문을 가지고 있습니다. 업적이 척척 오르는 때라면 경영자에 대한 홍보도 관대하게 보아줄지도 모르겠습니다. 그러나 일단 실적이 떨어지기라도 하면 오히려 상품 이미지에 나쁜 영향을 줍니다. 역효과가 나는 겁니다."

실제로 신격호는 광고의 위력에 대해서 잘 알고 있는 사람이다. 제품 홍보에는 대단히 적극적이다. 다만 경영자를 드러내는 것에는 소극적인 면이 있다. 물론 신격호의 개인 성향 자체가 외향적이기 보다는 조용하고 내성적인 측면이 있다. 예전에 동생인 신준호辛俊浩 현 롯데햄우유 부회장이 이런 건의를 했다.

"회장님, 우리도 명실상부한 그룹이 되려면 중공업이나 자동차 같은 튼튼한 제조업체를 하나쯤 갖고 있어야 하지 않겠습니까? 미래의 성장 동력을 다른 업종에서 찾아봐야 하지 않겠습니까?"

신격호는 이렇게 대답했다.

"무슨 소리냐. 우리의 전공분야를 가야지. 우리가 잘 하는 것에 집중해야지. 과자면 어떻고, 음료면 어때서 그런가. 가장 중요한 건 기업을 튼튼하게 꾸려서 회사에 이익을 남기고 더 많은 일자리를 만드는 일이야. 겉보기에 화려한 것만 쫓으면서 남들 따라가기보다는 지금 하는 일에서 성과를 내는 게 훨씬 중요한 일이지." [2]

신격호는 거화취실이라는 철학을 가지고 남들을 의식하지 않고 자신이 잘 할 수 있는 사업을 위주로 실속 있는 경영을 해왔다. 그도 한국 진출 초기에는 철강이나 자동차, 가전사업과 같은 사업을 해서 사업을 확장하고자 했다. 또 그런 사업을 해보고 싶어 했지만, 여러 가지 상황 때문에 결국 새로운 사업에 진출하지 못했다. 그러나 그것에 연연해하지 않았다. 신격호는 이미 잘 하고 있는 일에 몰입해서 더 큰 성과를 내고 있다. 거화취실의 철학을 반영하듯 롯데 계열사의 본사는 그렇게 화려하지 않다.

롯데의 대표 계열사 중 하나인 롯데백화점은 별도의 사옥이 없다. 백화점 내의 직원 사무실도 화려하지 않고 작다. 롯데리아, 롯데시네마, 롯데마트 등의 본사도 규모에 비하여 건물이 작은 편이다. 선유도역 근처에 위치한 롯데 양평사옥은 새로 지은 건물로 외관이 깨끗하게 정리되어 있다. 롯데제과와 푸드, 홈쇼핑의 본사가 사용하고 있는 빌딩이다. 이처럼 자체 빌딩을 사용하는 경우도 있지만 계열사 대부분은 빌딩을 임대해서 사용한다.

신격호는 인터뷰에서 기자가 관광 분야의 금탑산업훈장을 받은 소감에 대해서 묻자, 별다른 말없이 간단히 말했다.

"고맙기는 하지만, 훈장 같은 것엔 관심 없습니다. 훈장 받는 것 좋아하지 않습니다. 내 일을 할 뿐입니다." [3]

세상에는 두 가지
부류의 사람이 있다

신격호는 언젠가 사원들에게 이런 말을 했다.

"세상에는 두 가지 부류, 말하자면 돈을 저축하는 사람과 다 써버리는 사람들로 나누어집니다. 즉 절약하는 사람과 과용하는 사람들로 나누어지는 것입니다. 가옥, 공장 등 인간을 문명화시키고 행복하게 해준 위대한 업적은 저축하고 절약하는 사람들이 이루어놓은 것입니다. 자기 재산과 재능을 낭비한 사람들은 항상 이들의 종(하인)노릇을 했습니다. 이는 자연의 섭리요, 하느님의 법칙입니다.

앞날에 대한 준비가 없고 게으른 사람들도 출세할 수 있다고 말한다면 그 사람은 사기꾼에 지나지 않을 것입니다. 현재 차지하고 있는 좋은 자리를 유지하고 그리고 현재의 자리보다 좋은 자리에 오를 수 있기 위해서는 단 하나의 방법이 있습니다.

그것은 바로 근면, 검소, 절제, 정직의 미덕을 실천하는 것입니다. 기분에 맞지 않고 만족을 느끼지 못하는 자리에서 높은 자리로 오를 수 있는 왕도王道는 없습니다. 그 길은 오로지 이러한 미덕의 실천뿐입니다. 여러분 주변에도 이런 미덕의 실천으로 나날이 향상되고 있는 분들이 많을 것입니다." 4)

신격호는 지금보다 앞으로의 성장을 위해서 사치를 경계하고, 시간이나 돈을 무의미하게 낭비하지 말아야 한다고 말했다. 항상 저축하는 마음으로 살아가야 성공할 수 있다고 신격호는 말한다. 그 역시 자신이 말한 그대로 경영을 하고 세상을 살아왔다.

신격호 스타일:
우보천리牛步千里

"현명하게, 천천히 가라. 빨리 달리는 사람은 넘어진다."
- 윌리엄 셰익스피어 -

소걸음으로
천 리를 간다

　　　　　　　신격호는 잘 모르는 사업에는 절대 손
대지 않는다. 만약 잘 모르는 사업을 시작한다면 철저히 조사하고 준비
한다. 또한 자금 차입을 최소로 한다. 일본에서 롯데를 만들 때 은행에
서 실패할 가능성이 많다고 돈을 대출해주지 않으려 해서 상당히 고생
했다. 그래서 그는 지금도 은행에서 돈을 빌리는 걸 꺼린다.

　좀 늦더라도 확실한 길을 선택한다. 신격호는 "비가 오고 바람이 부

는 온갖 역경 속에서도 천천히 걸어 천 리를 간다는 소의 걸음에서 배울 점이 많다"고 말했다.

이게 바로 우보천리牛步千里 정신이다. 우보천리는 '소걸음으로 천 리를 간다'는 뜻이다. 소처럼 느리게 가지만 결국에는 먼 길을 간다는 이야기다. 소걸음이니 빠르지는 않을 것이다. 그러나 조바심을 줄이고 한 발자국씩 천천히 걸어가 보라. 너무 조급해 할 필요가 없다. 가는 길이 올바른 길이라면 가고자 하는 곳에 반드시 도착한다. 어느새 천릿길을 간 당신을 보게 될 것이다.

신격호는 1946년에 롯데라는 이름으로 사업을 본격적으로 시작했다. 신격호가 일본에서 껌으로 업계 1위를 차지한 게 1960년대 초이다. 1961년 껌으로 일본 시장점유율 1위에 오르기까지 15년이란 세월이 걸렸다. 그냥 2, 3위 정도를 유지하면서 성공한 경영자로 적당하게 살 수도 있었을 것이다. 그러나 그는 그렇게 하지 않았다. 해오던 일을 멈추지 않았다.

그는 자신의 일을 꾸준하게 개선하면서 사업을 탄탄하게 만들어 갔다. 한국에 진출하여 기업을 세웠을 때 그 누구도 현재의 롯데처럼 크게 성장하리라고 예상하지 못했다. 과자를 팔고 껌을 팔던 작은 기업이라고 안중에도 없던 기업이다. 그 기업이 사람들이 모르는 사이에 무시무시한 성장세를 이루었다.

언론에서는 항상 위기라고 언급하던 기업이었다. 그러나 롯데는 우직하고 꾸준하게 소걸음으로 천 리를 가듯이 자신의 실력을 쌓았다. 그렇게 그룹을 키워나갔다.

신격호는 세상의 속도나 시대의 흐름에 자신을 무작정 맞추려 하지 않았다. 속도를 조절하며 시대와 호흡하되, 철저하게 자신의 중심은 지켜나갔다. 2014년 현재, 롯데그룹은 국내 재계순위 5위이다. 일본에서는 제1의 종합 제과업체이다. 어떤 경영인들은 이런 롯데의 성장에 대해 의아한 눈길을 보낸다고 한다. 크게 드러난 것도 없는 것 같은데 언제 이렇게 성장했냐는 것이다. 그들은 신격호가 소리는 크지 않지만 결코 멈추지 않는다는 걸 모르고 있다. 신격호와 임직원들은 누구의 시선도 의식하지 않았다. 자신들만의 특색으로 조용하게 성장해나갔다. 큰 목표를 세우고 그것을 향해 흔들리지 않고 나아갔다. 그렇게 계속하다 보니 경제가 어려운 상황에서도 재계 10위 순위 안에 들었다. 그러더니 결국 재계 5위까지 올라갔다. 꾸준히 멈추지 않는 성장을 이루어낸 것이다.

시간이 걸리더라도 완벽을 추구하는 것이 신격호의 스타일이다. 롯데라는 오케스트라의 지휘자는 신격호이다. 롯데는 분명 느리다. 밖에서 보면 답답해 보일지도 모른다. 그래도 그들은 상관하지 않는다.

느리지만 우직하게 목표를 향해 한걸음씩 계속 전진한다. 결국은 목표에 도달한다. 그 와중에 주변의 기업들은 셀 수 없이 쓰러지고 망했다. 역사에서 지워진 기업들이 수두룩하다. 롯데는 그런 흥망성쇠를 수도 없이 지켜보았다. 롯데를 느리게도 빠르게도 연주하는 신격호야말로 진정한 경영의 '마에스트로'다.

서두를 필요는 없다
곧 원하는 곳에 도달한다

일본의 작지만 강한 기업으로 유명한 이나식품공업이라는 회사가 있다. 이 회사는 48년간 우뭇가사리로 만드는 한천寒天이라는 평범한 식품 하나로 일본 시장점유율 80%, 세계 시장점유율 1위를 차지하고 있다. 이나식품공업의 CEO '츠카코시 히로시'는 서두르지 말고 천천히 오래가는 기업이 되어야 한다고 말한다.

"나는 서두르지 않고 천천히 오래 번성해가는 회사 경영을 팔자 경영이라고 부른다. 팔자걸음을 걷듯 초조해 하지 않고 느긋하게 회사를 운영하는 방식이다. 또한 눈앞의 이익을 쫓는 게 아니라 미래를 내다보며 미래에 대한 꿈과 희망을 현실화하는 경영 방식이기도 하다." 5)

츠카코시 히로시는 나무가 나이테를 하나씩 늘려가듯 자연스럽고 안정적인 성장을 추구하는 경영방식을 추구해왔다. 오히려 급성장을 경계해왔다.

"많은 경영자들이 자신의 영광과 욕망을 채우기 위해 회사를 빨리 성장시키려 하지만, 급성장은 반드시 급속한 몰락을 가져온다. 그런 예는 주변에서 쉽게 찾아볼 수 있다. 이런 교훈에도 불구하고 무리하게 급성장을 추구하다가 자신의 회사는 물론이고 거래처마저 어려운 상황에 빠뜨리는 경영자들이 있다. 꾸준한 성장을 통해 영원히 존속해야 하는 회사에 이런 급성장의 유혹은 치명적이다." 6)

성장을 포기하라는 말이 아니다. 회사를 빨리 성장시키기 위해서 급급해하지 말라는 말이다. 급성장보다 더 중요한 것은 개별 회사의 업종이나 규모, 역사, 시대 배경과 직원 등을 종합적으로 고려한 '적정성장률'을 찾아내는 일이라고 그는 강조한다. '적정성장률'이란 결국 조금은 느리다고 해도 안정적으로 성장을 지속할 수 있는 성장률을 의미한다. 이 '적정성장률'을 제대로 결정할 수 있는 힘이 바로 경영능력이라고 그는 말한다. [7]

이 시대는 빠른 것이 느린 것을 잡아먹는 스피드 전략이 대세라고 한다. IT 업계를 보면 그야말로 속도전이다. 불과 1년 전과 비교해 봐도 소비자도 따라잡기 어려운 정도의 변화가 보인다.

많은 사람들은 '이와 같은 시대에 왜 롯데는 여전히 느리고 보수적인가'라고 의아해 할지도 모른다. 바보 같다고 생각할 수도 있다. 남들이 모두 빠르게 가려고만 할 때 신격호는 우보천리의 경영방식을 지속했으니까.

하지만 닷컴버블의 붕괴를 생각해보라. 빠른 성장에 목매달았던 실리콘밸리의 수많은 벤처기업들이 사라졌다. 그들은 기본을 다지고 체력을 키워서 실력을 쌓겠다는 생각은 없었다. 오직 빠른 성장을 통해 돈을 버는 것이 목적이었다. 그러나 그렇게 잘 나가던 많은 기업들이 우리의 눈앞에서 몰락했다.

반면에 롯데는 1997년 IMF 같은 어려운 상황에서도 흔들림이 없었고 오히려 지속적으로 성장할 발판을 만들었다. 2007년 전 세계적인 금융 위기 때는 IMF시절보다 더욱 크게 도약했다. 이것이 롯데의 힘이다.

대한민국 최고의 이슬람 전문가 정수일 교수는 우보천리를 이렇게 설명한다.

"소걸음으로 천리를 가다. 우보천리, 즉, 꾸준한 노력으로 성과를 이룬다는 이 성어를 반추하고 음미하면서, 우리는 이제 충격과 비탄에서의 허둥거림을 그만두고 황소처럼 묵직하고 침착하게 앞만 내다보면서 걸어 나가야 할 것이오. 하나하나를 새로이 출발하고 새로이 쌓아간다는 심정과 자세로 과욕이나 성급함을 버리고 천릿길에 들어선 황소처럼 쉼 없이, 조금도 쉼 없이, 오로지 앞을 향해 한걸음, 한걸음 나아가야 할 것이오. 그럴 때 우리의 믿음, 우리의 의지, 우리의 희망, 우리의 모든 것이 참말로 '소가 밟아도 깨지지 않게' 굳건히 다져지고 꿋꿋해질 것이오." 8)

하루가 다르게 빠르게 변해가는 세상이라고 말한다. 누구나 빨리 성공하고 싶어 한다. 나이가 들어 아무것도 못하고 누워만 있는 부자보다는 지금 팔팔하게 활동하는 부자가 되고 싶어 한다. 지금 젊은 부자가 되어 인생을 마음껏 누리고 싶은 게 사람 심정이다. 그러나 인생은 속도가 아니라 방향이라고 하지 않는가? 정확한 방향을 정하고 적절한 속도를 낸다면 누구라도 원하는 곳으로 갈 수 있는 게 우리 인생이다. 너무 겁내지 않아도 된다. 신격호는 직원들에게 이런 말을 자주 해주곤 했다.

"금방 부를 이루어서 산을 만들면 무너지기 쉽다. 멀리 보고 원칙에 충실하면, 망하려고 해도 망할 수가 없다." 9)

아무리 꽃이 핀 모습이 아름답다 하더라도 굳이 꽃이 빨리 피길 바라지 말라. 빨리 핀 꽃은 당연히 빨리 떨어져 버린다. 물은 100도가 되어야 끓어오른다. 99도에서는 끓는 물이 아닌 그냥 뜨거운 물이다. 사상누각沙上樓閣이라는 말처럼 모래 위에 성을 지으면 금방 무너지고 만다. 기초를 다지며 실력을 쌓다보면 언젠가는 원하는 바를 이루게 된다.

신격호가 그동안 어떤 철학으로 기업을 경영해 왔는지 많은 사람들이 궁금해 한다. 그것을 정리하니 다음과 같은 키워드가 나왔다. 바로 성실, 완벽, 미래, 현장, 생각, 울타리, 코끼리다.

다음에서 그의 경영철학을 조금 더 자세히 알아보도록 하자.

인생을 좌우하는
성실경영

"근면함은 빚을 갚고, 자포자기는 빚을 늘린다."
- 벤자민 프랭클린 -

모든 성공은
성실함에서 시작된다

其次致曲 曲能有誠기차치곡 곡능유성 誠則形성즉형 形則著형즉저

著則明저즉명 明則動명즉동 動則變동즉변 變則化변즉화

唯天下至誠유천하지성 爲能化위능화

"다음으로 힘써야 할 것은 정성을 다하는 것이다. 그것은 작고 작은 사

물 구석구석에 이르기까지 모두 지극하게 정성을 다한다는 것이다. 그리하면 작고 작은 사물마다 정성이 있게 된다. 정성이 있게 되면 그 사물의 내면이 가진 바른 이치가 구체적으로 모양을 갖춘다. 그렇게 되면 외부로 모습이 드러난다. 드러나게 되면 밝아진다. 밝아지면 움직인다. 움직이면 변하고 변하면 되게 된다. 오직 천하의 지극히 성실한 사람만이 능히 변하게 할 수 있다."

중용 23장에 나오는 말이다. 작고 작은 사물 하나하나까지 정성을 다해야 세상이 변할 수 있다는 말이다. 그러기 위해서는 성실해야 한다. 성실하지 못하면 창조성도 발휘할 수 없다. 모차르트나 빈센트 반 고흐, 프로이트, 찰스 다윈 등을 보라. 모차르트는 평생 625곡의 작품을 작곡했다. 프로이트는 650편의 논문을 발표했다. 반 고흐는 2,000여 점에 가까운 그림을 그렸다. 다윈은 119편의 논문을 발표했다. 그러나 이들이 세상에 내놓은 작품 중 인정을 받은 것은 1%에서 2%에 속하는 작품들이다. 그들이 만들어낸 작품 대다수는 큰 이목을 끌지 못했다. 그들이 성실하게 작업하지 않았다면 이런 성과를 낼 수 없었을 것이다. 성실함이란 남들이 알아주지 않아도 멈추지 않고 지속할 수 있는 능력이다.

모든 일의 성패는 성실함에서 결정된다. 21세기는 창의성 시대인데 무슨 소리를 하는 거냐는 비난의 소리가 들리는 듯하다. 하지만 사실이다. 성실이야말로 성공을 이루는 핵심요소이다. 성실은 무엇을 말하는가? 신격호가 보여준 성실에서 성실의 모범답안을 찾아보자.

일본에서 생활하게 된 신격호는 먹고살기 위해서 또 공부하기 위해서 여러 가지 일을 했다. 그중 우유배달을 하면서 보여준 그의 성실함을 한번 들여다보자. 신격호는 매우 정확하게 시간을 맞춰 우유를 배달했다. 우유배달을 하면서 어떤 성실함을 보여줬다는 말인지 이해하기 어려울 수 있다.

신격호는 성실함의 정도가 남들과 전혀 달랐다. 새벽 4시에 우유를 배달하기로 했다면 보통 4시에서 4시 30분 사이에 배달하면 된다. 신격호는 그렇게 하지 않았다. 새벽 4시에 배달해달라고 하면 그냥 새벽 4시에 배달했다. 약속한 시간에 정확하게 배달했다. 비가 오나 눈이 오나 상관없었다. 그는 정해진 시간에 무조건 배달했다. 항상 오후 3시 30분에 동네 공원을 산책하던 독일 철학자 칸트를 보고 사람들이 시계를 맞췄다는 일화처럼 신격호도 철저히 시간을 지켰다.

"어, 우유가 벌써 왔어? 이렇게 일찍?"

"우리 우유배달부는 매일 같은 새벽시간에 우유를 넣어 주더라고. 아주 확실해. 시간을 아주 정확히 지키더라니까."

그걸 보고 많은 동네 사람들이 신격호에게 우유배달을 신청했다.

"그래, 그럼 우리도 자네와 같은 우유배달부에게 우유를 받아 봐야겠네. 나도 저 청년한테 시켜 먹어야겠어."

그렇게 사람들의 인정을 받게 되자 우유배달 주문이 폭주했다. 덩달아 신격호의 배달료도 올라갔다. 문제도 따라서 발생했다. 주문량이 기존보다 몇 배가 많아지니 우유배달 시간을 지킬 수 없게 된 것이다. 그렇게 되면 배달을 하면서 쌓아온 성실과 신뢰는 금방 사라지게 된다.

'어쩌지? 이렇게 같은 시간에 배달을 원하는 사람들이 많아지면 시간을 도저히 맞출 수가 없는데…. 주문이 넘치는 건 좋은데 시간을 어떻게 지킨다? 고민이네… 아! 그래 그렇게 하면 되겠다.'

이때 신격호는 기상천외한 방법을 쓴다. 바로 우유배달 아르바이트를 고용하는 것이다. 배달부가 배달시간을 맞추기 위해서 자기 밑에 아르바이트 배달부를 쓸 생각을 했다니 놀라운 일이다. 그는 아르바이트 비용을 본인이 충당해서라도 어렵게 얻은 '성실함'이란 명성을 지키고자 했다.

신격호는 43년 동안 한 해도 빠짐없이 자신의 고향인 경남 울산 둔기리에서 마을잔치를 열어왔다. 작은 행사지만 43년 동안 한 번도 취소한 적 없이 진행했다. 아무리 좋아하는 일이라도 한 가지 일을 몇 십 년 동안 하는 것은 쉽지 않다. 어떤 일을 수십 년 간 했다는 것은 그 일이 무슨 일이든 일단 그 사람의 성실성은 보장할 수 있다는 말이다. 40년이 넘게 마을행사를 열고 있다는 점으로도 그의 성실성이 어느 정도인지 알 수 있다.

무슨 일이라도 열심히 하라
그리고 더 잘할 수 있도록 하라

로또에 당첨되기 위해서는 일단 복권이라도 한 장 사야 된다. 복권은 사지도 않고 수십억의 당첨금을 꿈꾸는 일이야말로 웃기는 일이다. 예전에 로또 복권을 매주 10만 원씩 10년 넘게 구입해온 70대 노인의 이야기를 본 적이 있다. 금액으로 치면 한 달에 40만 원, 1년이면 480만 원이다. 10년이면 4,800만 원에 달하는 로또복권을 산 것이다. 물론 1등은 아직 한 번도 당첨된 적이 없다. 그래도 이 노인은 로또에 당첨되기 위해서 최소한의 노력을 했다. 성실하게 로

또라도 매주 샀다. 복권을 구매한 행동이 잘했다는 건 아니다. 나라면 이렇게 무리하게 복권을 구입하지 않겠다. 일주일에 2천 원 정도라면 혹시 모르지만.

당신은 무엇을 성실하게 했는지 스스로에게 질문해보라. 회사에 출근하는 일? 밥을 제 때 챙겨먹는 일? 당신에게 성실함이란 무엇인가? 신격호는 "자기 힘을 믿고 끊임없이 변화하고 혁신하는 자세만이 기업이 생존할 수 있는 길이다"라고 말했다. 어떤 일을 정해서 꾸준히 하는 것이 성실함의 기본자세이다. 모든 일의 기본은 성실함에서 나온다. 성실하지 않은 경영자는 오래 가지 못한다. 중용25장에는 다음과 같은 말이 나온다.

"성실함이란 스스로 이루어지는 것이요, 도리란 스스로 행하는 것이다. 성실함이란 만물의 시작과 끝이다. 성실하지 않으면 만물이 존재하지 않는다. 그러므로 군자는 성실하고자 하는 것을 귀중하게 여긴다." [10]

무슨 일을 하더라도 일단은 최선을 다해서 성실하게 하라. 적성을 따지기 전에 성실하게 임하는 것 하나만으로도 자신에게 큰 공부가 된다.

최고를 지향하는
완벽경영

"아무리 힘들어도 최선으로 여겨지는 길을 선택하라."
- 피타고라스 -

완벽이란 존재하지 않는다
그래서 더욱 시도할 수밖에 없다

　　　　　　　　　　일본의 유명한 국민 연예인이자 영화 감독, 그리고 배우인 기타노 타케시라는 사람이 있다. 그는 주로 야쿠자나 경찰을 주연으로 한 영화를 만들거나 그런 장르영화에 배우로 출연한다. 그는 특히 영화를 만들 때 보여주는 완벽주의 성향으로 매우 유명하다.

　예를 들어 그가 만든 영화에 사용되는 모든 총의 발사음은 진짜 총소리다. 실제 총에서 나오는 소리를 그대로 녹음해서 사용한다. 극중에서 어떤 총기가 쓰이면 영화 속 사운드 역시 실제 그 총기와 같은 모델의 발사음이다. 배우가 38구경을 쏘거나 45구경을 쏘고 있다면 그 총소리는 진짜 38구경, 45구경에서 나오는 소리이다. 심지어 바닥에 구르는 탄피소리마저 진짜다.

그가 그렇게 총소리를 녹음해서 사용하는 게 가능한 이유가 있다. 전 세계 각국에서 유통되고 있는 대부분의 총과 기관총 발사음을 따로 모아놓은 방대한 사운드 컬렉션을 보유하고 있기 때문이다.

기타노 다케시는 "말하지 않으면 아무도 모를 것이라고 생각하지만 이상하게도 관객은 무의식적으로 그 차이를 느끼고 있는 것 같다"고 말한다. 미리 말하지 않으면 미세한 차이조차 구분하기 어려운 걸 본인도 잘 알고 있다. 그럼에도 영화에 나오는 총소리마저 진짜를 쓰는 이 지독한 완벽주의자.

신격호도 이에 못지않은 완벽주의다. 신격호는 1983년 10월 월간지 《직장인》과 인터뷰를 하던 중 기자가 껌 한 통의 소비자 가격을 알고 있는 신격호에게 놀라자 이렇게 말했다.

"큰일을 하려면 작은 일도 알아야 한다는 것이 나의 지론이다. 껌은 23개 기업에서 생산되는 제품 1만 5,000종 중 하나일 뿐이다. 나는 그 1만 5,000가지 제품의 특성 및 생산가와 소비자 가격을 알고 있다."

진짜일까? 그게 가능할까? 신격호가 과장해서 말한 것인지 기자가 잘못 받아 적은 것인지 모르겠다. 1만 5,000종이라~~. 인터뷰 당시, 신격호의 나이는 이미 60세가 넘었다. 그럼에도 상품에 대해서 자신 있게 모든 걸 알고 있다고 자부하는 그의 모습이 놀랍다.

그의 일화 중에는 하루 매출을 거의 정확하게 예측한 일도 있었다. 1995년 12월 8일, 부산 롯데월드백화점의 개점식이 끝난 후에 신격호는 직접 부산에 있는 임직원에게 전화를 했다.

"어. 수고 많네. 난데, 잘 하고 있나? 매장에 고객들이 많은가?

"아주 많습니다."

모호한 걸 싫어하는 신격호에게 이런 대답은 성에 차지 않는다.

"아주 많다고? 그렇게 말하면 내가 정확히 알 수 있나? 아주 많다는 게 어느 정도로 많다는 말이지? 자세히 말해보게."

"네, 회장님. 고객들끼리 어깨가 서로 부딪칠 정도로 굉장히 많습니다."

"흠… 그래… 고객들끼리 어깨를 부딪칠 정도란 말이지…"

직원과 전화 통화를 끝낸 후, 신격호는 "첫 날 매출액은 30억 원 정도"될 거라고 예상했다. 결산해 보니 실제로 매출액은 31억 5천만 원이 조금 넘었다. 이 일화는 사내에서 전설처럼 떠도는 말이다. [11]

신격호가 백화점 일일 매출을 거의 정확하게 맞춘 걸 두고 경영의 신이라는 이야기를 하는 사람들도 있다. 사람들이 어깨를 부딪칠 정도로 많다는 소리만 듣고 예측하기 쉽지 않은 매출액을 거의 정확히 예상해서 경지에 올랐다고 소문이 났다.

신격호는 수치에 대단히 민감하고 잘못된 부분을 찾아내는 데 뛰어나다. 업무 보고 시에도 임원들이 가지고 온 숫자를 보고 감각적으로 잘못된 부분을 찾아낸다. 그런데 신격호만 이렇게 하는 게 아니다. 국내외 어지간한 기업의 총수들은 이정도 예측은 쉽게 하는 능력을 가진 사람들이다.

강한 습관이
운명을 바꾼다

신격호가 이렇게 할 수 있는 이유는 오래 전부터 수치를 가지고 단련해왔기 때문이다. 훈련을 반복하면 충분히 가능한 일이다. 그는 평소에 온갖 수치를 수없이 예상하고 정리하는 훈련을 해왔다. 이를 토대로 매출액을 예상하는 훈련을 반복했다. 셀 수 없이 많은 상품들의 가격을 알고 있을 정도이니 신격호에게는 불가능한 일도 아니다.

또한 신격호는 과거 실적과 예상수치를 마치 바둑을 두듯이 계속 복기한다. 이를 통해 얻은 정보를 머릿속에 자료화해서 저장하고 생각을 거듭한다. 그렇기에 부하직원이 보고하는 숫자 중 잘못된 부분을 훑어보고 정확하게 집어내는 게 가능한 것이다. 이는 논리 이전에 감각적으로 몸에 완전히 배인 습관이라고 말할 수 있다.

거기에 더해서 신격호는 항상 작은 수첩을 가지고 다니며 수시로 메모를 하는 메모광이다. 수첩 속에는 작은 글씨들과 수치가 빼곡하게 적혀 있다. 임원들이 보고를 할 때도 언제나 수첩을 먼저 챙긴다. 현장에 나가서 직원들의 보고를 들을 때도 그냥 귀로 흘려버리지 않고 수첩에 꼼꼼하게 적어둔다. 영국 버진Virgin 그룹의 창업주 리처드 브랜슨Richard Branson도 뒷주머니에 수첩을 가지고 다니면서 항상 메모를 했다고 한다.

그런 신격호가 절대로 빠트리지 않고 챙기는 게 브리핑 보고를 받는 일이다. 한국과 일본을 왕복하면서 계열사 임원들에게 브리핑 받는 것을 최우선으로 했다. 계열사별 매출액, 영업이익이 증가했다면 그 이유는 무엇인지, 감소했다면 원인이 어디에 있는가를 철저하게 분석하여 보고하게 하였고 임원들에게 날카로운 질문을 던진다. 임원들에게 브리핑 보고 자리는 진땀이 날 정도로 긴장하는 자리가 될 수밖에 없다. 고등학교를 졸업하고 입사해 롯데에서 40년을 근무하면서 CEO 자리에도 올랐던 이종규는 당시의 경험을 이렇게 이야기했다.

"2개월에 한 번씩 신격호 회장님께 경영 실적 사항을 보고하도록 되어 있습니다. 이때 회장님은 경영의 일반적인 상태뿐만 아니라 어떤 부분을 질문하실지 모를 정도로 아주 미세한 부분까지 질문을 하십니다. 그렇기 때문에 적당하게 흘러갈 수가 없는 사항이고, 또 적당하게 흘러간다면 개인의 역량이 체크당하는 상황이니까 완전한 자기 실력으로 만들지 않고서는 보고를 제대로 할 수 없거든요. 그래서 정 모를 때는 '모르겠습니다'라고 이야기하지만, 예를 들어 '어떤 햄이 많이 팔리느냐?, 하루에는 얼마, 한 달 매출은 어느 정도 되느냐?' 하는 식으로 아주 구체적인 질문을 하시기 때문에, 대충 해서는 용인이 되지 않죠. 그래서 숫자뿐만 아니라 모든 일을 그렇게 완벽하게 실상을 알아야만 이야기를 할 수 있는 것이 저희 롯데의 좀 독특한 문화랄까, 그래서 롯데에 있는 CEO는 자기가 담당하는 업무분야에 관한한 해박한 지식을 가지고 있습니다." [12]

신격호는 보고를 하는 임원들에게 꼼꼼하게 질문을 한다. 따라서 자신이 맡은 부분은 정말 완벽하게 알고 보고에 들어가야 한다. 구체적인 품목의 일일매출, 월매출, 분기별 매출, 연간매출 등을 꼼꼼하게 질문한다.

물론 담당 업무의 임원이라면 이에 대하여 세세하게 알고 있어야 한다. 이처럼 신격호는 자신의 업무에 대하여 완벽을 요구한다.

항상 최고를 만나고 최고를 기대하라

일본에서 롯데가 초콜릿 사업에 뛰어들 무렵의 일이다. 뛰어난 기술자가 필요했기에 수소문 끝에 당시 초콜릿 분야 세계 최고의 기술자였던 막스 브라크와 연락이 닿았다. 그를 삼고초려 끝에 스카우트하는 데 성공했다. 막스 브라크는 스위스에서 태어나 스위스 취리히대학교 기계학부를 졸업했다. 그는 유럽 여러 나라에서 초콜릿 공장의 기사와 공장장으로도 일했다. 스위스에서 일본으로 건너온 막스 브라크는 신격호를 처음 만난 자리에서 질문을 한 가지 했다.

"사장님께서는 어떤 초콜릿을 만들기 원하십니까?"

신격호는 막스 브라크는 바라보며 진지하게 말했다.

"새로 공장을 설계하는 것부터 원료를 선택하는 것까지 초콜릿 생산에 관한 모든 걸 막스 브라크, 당신에게 맡기려고 합니다. 생산원가 같은 건 높아도 전혀 상관없습니다. 얼마가 들더라도 괜찮습니다. 스위스에서 만든 것보다 더 맛있는 제품, 초콜릿 분야 최고의 제품을 만들어

주면 됩니다."

막스 브락크는 겉으로 내색은 안했지만 속으로 놀랐다. 원가를 신경 쓰지 말라는 경영자라니. 원가절감을 목표로 삼는 경영자가 대다수인 비즈니스 시장에서는 보기 드문 사람이라는 생각을 했다.

"알겠습니다. 사장님. 지금까지 제가 경험한 전부를 더하고 거기에 새롭게 배우겠습니다. 그렇게 해서 반드시 최고의 제품을 만들어 내도록 하겠습니다."

신격호의 아낌없는 지원에 막스 브락크도 최고의 공장을 만들어 최고의 제품을 생산하기 위한 준비에 들어갔다. 신격호는 공장에 최고의 설비를 들이고 최고의 제품을 만들 수 있도록 격려했다. 그렇게 만들어진 초콜릿이 '스위스의 맛'이라는 광고카피를 쓴 '가나밀크초콜릿'이다. '가나밀크초콜릿'은 발매 당시에도 그렇고 현재까지도 많은 사랑을 받는 롯데의 대표 초콜릿 제품이다.

신제품 발매 당시에 광고는 대단했다. 도쿄지역 3개의 TV 방송국에서 빈 시간대를 모조리 샀다. 그러고는 1주일 간격으로 5백번의 광고를 반복해서 내보냈다. 이뿐만 아니다. 여성 슈퍼 가방 부대를 동원했다. 아르바이트 여대생 50명에게 롯데 초콜릿이 디자인된 큰 가방을 손에 들고 거리를 활보하게 했다. 이를 통해 입소문이 나도록 한 것이다. 요즘으로 치면 '바이럴 마케팅'이자 '노이즈 마케팅'이다. 그는 직원들이 조금 더 현장에서 적극적인 영업활동을 해주길 원했다. 그래서 이렇게 주문했다.

"이제 롯데 가나밀크초콜릿이 어느 정도까지는 시장을 넓혔다고 생각하지만, 아직도 만족할 만한 상태는 아닙니다. 이런 사실을 나는 어제 아침 골프장에 나가서 확인했어요. 골프장 매점에 우리 초콜릿이 진열되어 있지 않았습니다. 영업 현장에서 무언가 허술한 구석이 있다는 증거지요. 롯데 사원이라면 누구든 골프장 회원이 되고, 골프를 치세요. 필요한 지원은 다 하겠습니다. 다만 골프장 매점이 롯데 팬이 되도록 확실하게 영업 활동을 해주셔야 합니다." [13]

필요하면 골프장 회원에 가입하고 골프도 치라는 신격호. 영업만 잘할 수 있다면 얼마든지 지원하겠다고 했다. 그렇게 공격적으로 영업을 하면서 롯데 초콜릿의 매출은 더욱 늘어갔다.

한국에서 처음 호텔업을 시작할 때도 최고를 지향하며 완벽을 추구했다. 호텔 사업에 대해서 하나도 몰랐지만 전 세계의 이름난 호텔이라면 거의 다 직접 가서 보고, 또 숙박을 하며 롯데호텔에 최고만을 반영하려고 했다.

호텔에 깔리는 카펫 색깔까지 신격호가 하나하나 신경 써서 선택했다. 호텔 앞에 있는 주목 한 그루도 그가 서울 교외 구석구석을 다니면서 고른 것이다. 그러고는 자기가 골라 놓은 주목을 직원들에게 시켜 조용히 사오도록 했다. 그가 나서면 정원수 업자가 그를 알아보고 나무 금액을 올릴지도 모른다는 생각 때문이었다. 사가지고 온 주목도 신격호가 직접 지정한 위치에 오차 없이 심었다.

호텔의 객실 벽지가 어울리지 않는다고 모두 떼어내고 다시 붙인 적도 있었다. 롯데호텔은 외국에 '로열티'를 지불하지 않는 세계 10대 호텔 중 하나이다. 일본과 중국 관광객들이 자주 묵는 숙소로도 정평이 나 있다. 그전에 이미 신라호텔을 설립했던 삼성의 이병철 회장이 롯데호텔을 보고 난 후에 신라호텔을 더욱 최고로 만들라고 지시한 것은 재계에 널리 알려진 사실이다. 신격호는 이병철을 뛰어난 경영인으로 인정하고 있었다. 이인원 롯데 정책본부 사장이 예전에 신격호에게 이렇게 물어보았다.

"회장님, 기업이 성공하려면 무엇이 가장 중요합니까?"

신격호는 잠시 생각한 뒤에 이렇게 대답했다.

"상품이다. 상품이 기업 이미지를 결정짓는다. 다른 것은 이야기할 필요가 없다. 껌, 초콜릿, 그 다음 백화점의 상품. 그게 바로 기업의 얼굴이라 그 이미지가 나쁘면 어떤 것도 소용이 없어. 내가, 내 가족이 맛이 없다고 하면 그건 팔아서는 안 되는 상품이야. 내가 봐서 감격해야 그 상품이 팔린다는 거야. 그냥 그렇구나 하면 그건 안 되는 거다." 14)

가장 먼저 자기 자신을 만족시키지 않고서는 제품을 완벽하게 만들었다고 할 수 없다는 말이다. 무엇을 하더라고 본인이 직접 전율을 느껴야 뛰어난 결과를 얻을 수 있다.

"모든 제품을 예술작품 만들 듯 최고로 만들어 시장을 압도해야 한다."

제품을 만드는 것은 예술과 같다는 것이 신격호의 평소 신념이다. 신격호는 무슨 일을 하더라도 최고를 지향하며 완벽을 추구했다.

시대를 앞서가는
미래경영

"인생은 과감함 모험이 아니라면 아무것도 아니다."
- 헬렌 켈러 -

미래는 아무에게나
보이지 않는다

어느 날 기업총수 회의가 있어서 현대 정주영 회장과 삼성 이병철 회장 그리고 롯데 신격호 회장이 모두 참석하기로 했다. 약속 장소로 가던 중 개울을 만났다. 개울에는 돌다리가 놓여 있었다. 정주영 회장은 다리가 튼튼해 보이지 않는다며 본인이 지나가면서 돌다리 옆에 다리를 새로 만들어 놓으라고 지시했다.

이병철 회장은 개울가에 가서 잠시 숨을 고른 후 돌다리 앞에 서서 주변을 조심스럽게 살펴보았다. 그러고는 돌다리를 골고루 두들겨 본 후에 다리를 건너갔다.

마지막으로 신격호 회장이 돌다리 앞에 도착했다. 신격호 회장은 돌다리를 찬찬히 살펴보며 여기저기 두들겨 보더니 조용히 집으로 돌아갔다. 얼마 후 돌다리에 균열이 생겨 다리가 무너졌다.

각 그룹별 창업주의 성격을 묘사한 우스갯소리다. 우스갯소리이긴 하지만 이 이야기는 돌다리도 두들겨 보고 미심쩍으면 안 건너간다는 신격호의 경영방식과 그의 뛰어난 미래 예측 능력을 보여주고 있다.

신격호 경영의 특징 중 하나가 장기투자이다. GE의 전 사장 잭 웰치 Jack Welch Jr는 1등, 2등을 할 수 없는 사업은 무조건 정리하는 방식을 썼다. 신격호는 다르다. 상황이 좀 어려워도 쉽게 사업을 접지 않는다. M&A로 인수한 회사가 적자가 나고 있어도 당장 처리하지 않는다. 지금까지 롯데가 손 덴 사업에서 철수한 경우는 손가락으로 꼽을 정도이다.

일본 롯데리아는 자주 적자를 보았고, 야구단인 롯데지바 마린스도 상당한 적자를 내고 있는 것으로 알려져 있다. 국내 야구단인 롯데자이언츠도 적자를 겨우 면하는 수준이다. 롯데자이언츠는 부산 시민의 엄청난 사랑을 받는 구단이지만 그것과는 별개로 구단 운영은 적자에 가깝다. 그래도 가지고 간다. 어느 정도 적자는 나지만 충분히 감당할 정도라면 일단 껴안고 가는 것이 롯데의 방식이다.

이런 경영 방식은 신격호가 장기 투자의 관점에서 사업을 하기 때문에 가능한 일이다. 인수한 회사가 수익을 내지 못해서 적자를 내더라도 버리지 않는다. 충분히 감안하고 인수를 한 것이다.

지금 적자를 보더라도 미래에는 흑자를 내도록 하면 된다고 생각한다. 이것이 신격호의 사고방식이다. 롯데 계열사 중에 사라진 계열사는 오직 하나, 오디오 기기를 만들었던 롯데전자뿐이다. 그것도 롯데정보통신과 합병해서 정리했다. 기존 인원들은 최대한 다른 계열사로 배치하고, 최소한의 인원으로 구조조정을 하려고 했다.

신격호는 계열사 한 군데가 적자를 내고 있다면 다른 계열사들이 더 잘해서 전체적으로 흑자를 내면 된다고 생각한다. 실제로 롯데 계열사 중에 적자를 지속적으로 내고 있는 계열사들도 있다. 이는 부끄러운 일이고 경영을 제대로 못하고 있는 것이다. 그렇다고 정리 대상으로 생각하지 않는다. 장기적인 관점에서 이익을 낼 방도를 고민한다.

이나모리 가즈오는 "이익을 내지 못하는 경영자는 경영자가 아니"라고 했다. 경영의 핵심은 무엇보다 이익을 내서 회사가 살아남는 것이다. 특히 대한민국 기업들에게는 혁신보다 중요한 게 생존이다. 기업이 계속 살아남느냐 마느냐의 문제는 무엇보다 중요하다. 먼저 생존해야 혁신할 수 있다. 혁신해야 살 수 있는 게 아니다.

기다리는 자에게
주어지는 건 없다

미래가 어떻게 될지는 아무도 정확히 알 수 없다. 수많은 미래학자들이 자신들이 연구한 결과를 가지고 이런저런 주장을 하지만 이 또한 여러 자료를 통한 예측일 뿐이지 맞는다는 보장은 없다.

이런 연구 작업들에 어느 정도는 참고할 만한 내용들이 많기는 하다. 그러나 그런 내용들을 안다고 해서 미래를 완벽히 대비할 수는 없다.

신격호는 가만히 앉아서 미래를 기다리지 않았다. 전국 곳곳에 롯데가 가진 부동산이 많다. 혹자는 신격호가 특정 세력이 가진 고급 정보를 얻어 미리 땅을 샀다고도 한다. 정보를 가지고 장난을 쳤다는 말이다. 그럴 수도 있다. 하지만 모든 땅을 다 그렇게 살 수는 없다. 신격호는 과거와 현재의 발전 상황을 보고 앞으로의 개발까지를 면밀히 따져본 후 땅을 샀다. 값이 오르면 팔아 차익을 얻기 위해서 땅을 사는 것이 아니다. 신격호는 땅을 사서 기반을 다진 후 사업을 하는 데 사용했다.

그는 놀랍게도 오래 전에 땅을 판매하여 얻은 차익을 100% 과세하자는 주장을 했다. 땅값 상승에 대한 대응 방법을 묻는 인터뷰에서 그는 이렇게 말했다.

– 부동산 매매의 차익에 대한 의견을 말씀해 주세요.

"내 주장은 한마디로 토지 매매 이익에 관해 99%나 100% 과세를 하자는 것입니다. 예를 들어, 어떤 사람이 10억 원을 주고 땅을 샀는데 그 땅값이 10년 후 1백억 원이 된 뒤에 다시 팔았다면 차액 90억 원 전부를 세금으로 흡수하자는 것입니다. 그렇게 해야만 한정된 토지를 집이나 공장, 사무실을 위해 필요한 사람만 사게 됩니다."

– 그럴 경우 현재 땅을 가진 사람은 어떻게 됩니까.

"법을 소급해서 적용시킬 수는 없는 것입니다. 그러기에 예를 들어 부동산 매매차익 환수법을 만들어 1995년 1월1일부터 시행한다고 가정하면 1월1일 이후 매매 분부터 적용하면 됩니다. 무기한 시행에 만약 문제가 있다고 생각한다면, 법 시행기한을 10년 정도 한시법으로 일단 정한 뒤 다시 부동산 가격 동향을 보고 판단할 수도 있을 것입니다."

— 일반시민들이 아파트를 산다거나 하는 것은 인플레에 대비한 재산 보호 측면도 있지 않습니까. 그보다 과거 재벌 등 대기업이 부동산 붐을 조장한 면이 있지 않습니까.

"부동산 매매차익 100% 환수법이 만들어지면 아파트든 땅이든 가격이 안정될 수 있어 일반시민들은 안심하고 저축할 수 있게 됩니다. 내가 알기로는 대기업이 땅을 산 뒤 되팔아서 이익을 보았다는 얘기를 듣지는 못했습니다.

내 경우만 하더라도 사업을 위해 구입했던 땅을 팔아 이득을 본 적은 한 번도 없습니다. 일부에서는 잠실 롯데월드 앞 부지가 업무용 판정을 받아 득을 보았다고 얘기들을 하는 모양인데, 업무용 판정은 6공 시절 1,2심 재판에서 승소해 이미 결정이 난 상태였습니다. 그 땅만 하더라도 서울시가 몇 차례의 공매에도 안 팔리니까 롯데에 거의 강제로 떠맡겼고, 가격도 당시 시가보다 50%나 더 주고 샀던 것입니다." [15]

땅을 사서 얻은 차액에 대해서 모두 과세해서 이익을 보지 못하게 하자는 것이다. 대기업 총수가 이런 말을 할 정도면 그만큼 자신 있다는 말이다. 그는 구입한 땅은 모두 가지고 있다가 사업개발에 이용했다. 매매 차익을 위해서 땅을 구입한 경우는 없다. 보유하고 있다가 사업에 투자하기 위한 용도로 사용했다.

일본도 그렇고 한국도 그렇고 신격호가 가진 땅들은 대개는 전철역이 있는 곳과 가깝다. 서울 소공동 롯데타운, 잠실 롯데 부지, 영등포 역사점驛舍店 등 모두 전철, 지하철, 철도역과 바로 이어진다. 롯데백화점은 거의 대부분의 경우 전철과 지하철을 통해 아주 편리하게 이용할 수 있다. 롯데마트도 마찬가지이고 롯데호텔들도 그렇다. 서울에서 쉽게 이용 가능한 롯데월드를 보라. 큰 맘 먹지 않아도 지하철로 가볍게 갔다 올수 있다. 롯데 계열사 본사들도 대부분 전철과 지하철역에서 가까운 곳에 위치해 있다. 국내 기업 중 이렇게 전철과 지하철의 힘을 예상하고 이용한 기업은 거의 없다.

그는 일본의 전철과 지하철이 일상생활에서 필수 교통수단으로 사용된다는 점을 이미 경험했다. 마찬가지로 경제가 상승할수록 한국도 서울을 중심으로 수도권까지 지하철이 연결되고 넓게 확장된다는 점을 예견한 것이다. 신격호가 하도 부동산과 관련해서 뛰어난 식견을 보여서 일부에서는 그가 풍수지리에 능통한 것이 아니냐는 예측을 하기도 했다.

익명의 그룹 관계자에 의하면 "신격호 회장은 중요한 매장을 열 때에는 직접 참석해 땅의 기운과 함께 사업의 성공 가능성을 판단하는 것으로도 유명했다"고 말한다. 땅에 대한 관심이 있고 많은 땅을 보러 다니게 되면 어느 정도 땅의 가치를 판단하는 감각이 길러지게 된다. 풍수지리까지는 아니어도 땅에 대한 지식이 풍부해지고 땅을 보는 식견이 발달하게 되는 건 당연한 일이다.

롯데백화점 잠실점이 문을 열기 전, 그곳은 황량한 모래밭이었다. 지금의 석촌호수는 그냥 물 웅덩이였고, 비가 오면 한강이 범람해서 물이 차는 유수지였다. 근처에는 봉은사밖에 없었고, 대부분은 참외밭이었다. 그런 곳에 대규모 백화점과 테마파크를 만든다고 하니 직원들의 걱정은 태산 같았다. 매장은 어떻게 채울 것이며 고객들은 어떻게 불러 모아야 하는 것도 골치였다. 롯데백화점 명동점은 주변 상권이 좋아서 장사가 잘 되었다. 하지만 잠실은 배후 상권이 전혀 없었다. 오픈을 앞두고 고민하는 직원들이 늘어만 갔다.

"회장님, 장사가 잘 될지 여부가 걱정됩니다"라고 경영진이 보고했다. 신격호는 이렇게 말했다.

"음, 그럴 수도 있겠지. 하지만 상권은 만들 수도 있는 거야!" [16]

신격호는 1980년대에 없던 상권을 만들어버리겠다는 경영학 교과서에도 안 나오는 개념을 직접 실현시켜버린다. 그는 마음속으로 혼자 생각했다.

'지금 이렇다고 앞으로도 텅텅 빈 장소가 아니다. 상인들과 함께 상권을 만들어버리고 사람들이 많이 찾아오게 하면 된다. 충분히 자신 있다.'

미래를 예측하는 것은 해운대 백사장에서 잃어버린 동전 500원을 찾는 것과 같다. 그래서 우리는 앨빈 토플러가 위대한 미래학자라고 말하는 것이다. 최고의 경영학자 피터 드러커는 "미래를 예측하는 가장 좋은 방법은 미래를 만드는 것이다" [17] 라고 이야기했다.

신격호 또한 미래를 내다보는 능력이 탁월했다. 그는 미래를 예견하는 동시에 아예 미래를 만들어버렸다. 미래가 어떻게 될지는 사실 아무도 정확히 알 수 없다. 다만 어떻게 변화해 갈 것인가에 대해서는 이야기할 수 있다. 그는 가만히 앉아서 미래를 기다리지 않았다.

미래는 알 수 없다. 그래서 불안하고 걱정도 된다. 불확실한 미래라고 앉아서 오기를 기다리기만 할 것인가. 차라리 당신이 미래에 꿈꾸는 걸 지금 하나씩 만들어가라. 훨씬 더 빠르고 안전한 길이다.

몸으로 경험하는
현장경영

"결단을 내리지 않는 것이야말로 최대의 해악이다."
- 데카르트 -

▎현장에 집중하라
▎현장에 답이 있다

　　　　　　　　　　신격호 회장은 현장에 강한 경영인이다. 그는 매장을 자주 방문하는 것으로 유명하다. 특이한 점이 있다면 티 내지 않고 조용히 다닌다는 점이다. 그는 간부를 대동하지 않고 혼자서 기업체 이곳저곳을 다니는 습관이 몸에 배어 있다. 매장을 둘러볼 때도 수행원을 한두 사람으로 제한한다. 아무 예고도 하지 않고 계열사를 찾아다니며 고쳐야 할 부분이 있으면 지적한다.

잠실 롯데월드를 건축할 때의 일화이다. 신격호는 당시에도 혼자서 작업 현장을 확인하러 나갔다가 한 인부를 마주쳤는데 그가 일하는 모습이 어쩐지 어설퍼 보였다. 그냥 지나치자니 꺼림칙했다.

"이보게, 자네. 그렇게 하지 말고 내가 시키는 대로 이렇게 한번 해보게."

그 인부는 낡은 점퍼를 입은 신 회장을 물끄러미 쳐다보며 퉁명스럽게 말했다.

"노인 양반. 댁이 누군데 나한테 이래라 저래라 합니까? 노인장은 누군데 그러는 겁니까?"

"내가 이 회사의 신격호 회장이네."

그 인부는 깜짝 놀라서 사과를 했다. 그러고는 신 회장이 시키는 대로 일을 마무리했다. 이 일화는 롯데그룹에 널리 알려진 이야기이다.

신격호가 잠실 롯데월드를 만들려고 할 때 반대가 많았다. 수익성을 기대하기 어려운 사업이라는 이유에서였다. 신격호는 성공할 수 있다고 생각했다. 호텔과 백화점, 쇼핑몰을 한 곳에 만들면 주부나 아이들이 오기에도 좋을 것이라고 생각했다. 그렇지만 임직원들의 반대가 심했다. 그런 곳에 성인남자는 가지 않을 것이고 이익도 나지 않을 것이라고 말이다.

신격호는 일단 의견을 말하면 경청한다. 생각해보니 그럴 수도 있겠다는 생각에 고심을 계속했다. 그러던 차에 캐나다 에드먼턴에 그가 생각하는 것과 같은 상업시설이 문을 열었다는 소식을 들었다. 직접 캐나다로 가서 살펴보기로 했다. 인구수 40만의 에드먼턴은 일요일에 호텔이나 쇼핑몰에 10만 명이 몰려들었다. 영화관과 유원지에도 많은 사람들이 몰렸다.

'이거다. 이정도면 내가 생각한 것과 같다. 한국에도 만들어보겠다. 성공할 수 있다.'

결국 우리나라 최초이자 아시아 최대의 실내 테마파크 롯데월드가 잠실에 문을 열었다. 롯데월드에는 매년 500만 명이 넘는 인원이 와서 즐거움을 누리고 있다. 국내뿐 아니라 중국과 일본을 비롯한 여러 나라의 관광객들이 롯데월드를 방문하고 있다.[18] 그는 롯데월드에 대한 자신의 의견을 이렇게 밝혔다.

"외국 관광객을 끌려면 실내시설이 제격입니다. 단체 관광객들이 어떻게 먼 곳의 야외로 가겠습니까? 더구나 한국은 사계절이 뚜렷해 야외 시설을 풀가동될 수 없습니다."

"어차피 관광 사업은 돈이 되지 않습니다. 특별한 애정이 없으면 안 됩니다." [19]

그만큼 신격호가 롯데월드에 대해서 많은 관심을 가지고 있다는 걸 증명하는 발언이다. 돈벌이도 중요하게 생각하지만, 고객에 대한 애정 또한 남다른 사람이 신격호이다.

오래 전에 신격호가 매장을 둘러보다가 우연히 고객용 정수기에 컵이 없는 걸 보았다.

"아니, 손님들 마시는 정수기에 컵이 없다니 말이 되나? 뭐 가지고 물을 마시라는 말인가? 어서 컵을 채워놓도록 하게."

"네. 회장님, 바로 컵을 가져다 채워놓겠습니다. 죄송합니다."

"나한테 죄송할 필요는 없고 고객 불만이 생기지 않게 빨리 컵을 채워놓게."

신격호는 그 다음날 매장을 시찰하면서 먼저 그곳으로 가 컵이 채워져 있는지를 다시 확인했다고 한다. 고객의 불편을 최소화하고 완벽한 모습만 보여주려는 그의 철저함이 느껴진다.

현장을 통제해야 모든 걸 조정한다

신격호는 항상 고객의 마음을 헤아려야 한다는 생각을 가지고 있다. 그는 자주 이렇게 말하곤 했다.

"롯데라는 브랜드가 고객에게 새로운 가치와 만족을 주기 위해서 고객이 진정 원하는 것이 무엇인지를 치밀하게 파악해야 한다."

현장경영에 전념하는 것도 이러한 성향 때문이다. 예전에 백화점 폐기물 적치장에서 화재가 발생한 적이 있었다. 각 층에 있는 폐기물 수거함에 폐기물을 버리면 적치장이 있는 지하 2층으로 떨어지는 구조였다. 그런데 폐기물 적치장에서 화재가 발생해 연기가 매장으로 들어온 사건이 일어났다.

신격호가 가장 싫어하는 불이 난 것이다. 사업 초기에 공장이 두 번이나 불타버린 기억 때문에 신격호는 언제나 "불내지 마라. 자나 깨나 불조심"을 강조하였다. 그런데 신격호가 각별히 아끼는 백화점에서 불이 났으니 임원들의 걱정이 이만저만이 아니었다. 당시 상무이사였던 이인원 사장이 보고를 받고 깜짝 놀랐다.

"뭐라고! 불이 났어? 이런. 회장님이 제일 싫어하시는 게 뭔지 몰라? 어떻게 불이 난 거야? 소방서에 신고하고 사람들 대피시켰다고 하니 다행이긴 한데. 일단 현장으로 갑시다."

그러고는 이인원 사장은 화재 발생 현장으로 급하게 달려갔다.

지하 폐기물 적치장은 화재가 발생하고 누전까지 일어나 전기가 모두 나간 상황이었다. 그런데 어둠 속에서 갑자기 이리저리 움직이는 랜턴 불빛이 보였다. 어떤 사람이 화재 현장을 조사하고 있는 듯했다. 혹시라도 위에서 모르고 쓰레기를 버리기라도 한다면 사람이 다칠 수도 있는 상황이었다.

이인원 사장은 화들짝 놀라서 직원들과 함께 달려 내려갔다. 내려가서 확인해보니 뜻밖에도 신격호 회장이 화재 현장을 조사하고 있었다. 폐기물 적치장 바닥은 불을 끄기 위해 뿌려진 물로 인해서 완전히 물바다였다. 신격호의 구두도 이미 다 젖어있었다. 바지밑단도 다 젖었다. 그러나 신격호는 아랑곳 하지 않았다. 신격호는 불이 발생한 위치가 어디인지를 확인하고 화재 주변을 꼼꼼히 살펴보고 있었다. 신격호는 직원들에게 이렇게 말했다.

"화재가 일어난 원인과 문제점에 대해서는 철저히 확인해서 문제가 없도록 하게. 직원들에게도 확실하게 주의시키고. 앞으로 이런 일이 발생하지 않게 개선하도록 해봐."

그러고 나서는 다시 덧붙여 이야기했다.

"우리가 불나는 것은 관계없다. 건물 피해, 제품 손상 같은 거는 상관없어. 그게 중요한 게 아니고, 불나면 사람이 다칠 수 있어. 심하면 생명까지 위험할 수 있는 것 아니냐. 불이란 게 잘못되면 얼마나 위험한가? 항상 조심해야지." [20]

이렇게 위험한 현장에까지 본인이 직접 가서 확인한다는 게 쉬운 일은 아니다. 굳이 갈 필요가 없다고 생각할 수도 있다. 정 확인하고 싶으면 직원들보고 현장사진 찍어오라고 지시하면 된다. 보고서를 받아봐도 그만이다. 바쁜 세상에 스마트하게 일해야 한다는 면에서 볼 때는 좀 답답해 보인다. 하지만 경영자가, 그룹의 총수가 직접 현장을 방문해서 일일이 확인하는 모습은 부하직원들에게 큰 자극이 된다. 직원들에게 무슨 일을 하더라도 대충해서는 안 된다는 마음을 가지게 한다.

신격호가 정기세일 기간에 롯데백화점 매장을 방문했을 때 일이다. 매장을 방문한 손님이 많아 혼잡스러웠는데 신 회장이 온다고 하자 점장이 나섰다. 점장은 회장을 따라 나섰고 안전요원을 대동했다. 그리고 안전을 생각해 신 회장이 지나갈 때 사람들을 비키게 해서 길을 터줬다. 신 회장은 그 자리에서 점장을 호되게 야단쳤다.

"내가 높은 사람인가? 고객이 높은 사람인가? 여기서 제일 높은 사람은 자네가 비키라고 한 고객이네. 나는 높은 사람이 아니야. 나는 고객이 불편함이 없는지 보러 온 것이니 나는 그것만 보면 되는데, 받들어 모셔야 할 고객을 비키라고 한 게 말이 되는가."

점장 입장에서는 억울할 수도 있다. 하지만 점장의 행동은 평소 신격호의 철학에 배치되는 것이었기에 주의를 준 것이다.

'고객이 주인'이라는 철학이 신격호의 평소 지론이다. 그러한 생각을 반영하듯 롯데백화점 사시社是는 '우리 회사의 주인은 고객입니다'이다. 그는 평소에도 고객을 등한시해서는 안 된다고 말하며 "너희 월급은 누가 주는가? 너희들 월급은 고객님이 주시는 거야"라고 강조한다. [21]

신격호의 현장경영은 여기서 멈추지 않는다. 과거 서울 소공동 롯데호텔이 준공되고 처음 둘러보는 자리에서 있었던 일이다. 신격호는 갑자기 담당 직원을 불러서 복도의 천장을 깨보라는 지시를 했다. '아닌 밤중에 홍두깨'라더니 황당한 주문이었다.

"어, 자네. 내가 불렀어. 저기 복도 천장 좀 깨봐."

"네? 회장님, 여기는 지은 지 얼마 안 된 신축 건물입니다."

"그러니까 깨보라는 거야. 어서 깨봐."

지은 지 얼마 안 된 신축 건물을 부수라고 하니 당황할 수밖에 없는 직원. 그래도 회장이 시키니 담당직원은 지시대로 천장을 깼다. 신격호는 직원이 뚫은 천장에 직접 랜턴을 여러 군데 비춰보았다. 그리고 이렇게 이야기했다.

"새로 지은 건물이 제대로 지어 진 건지, 복도와 객실은 완전히 잘 분리되어 있는지 확인해봤네. 혹시 모를 화재에 고객들에게 피해가 가지 않을까 걱정 돼서 말이지. 잘 만들었네. 수고했어."

신격호의 현장에 대한 정열은 시간에 구애받지 않는다. 늦은 밤에도 복도나 매장 등을 둘러보는데 복도에 약간의 물건이라도 쌓아져 있으면 바로 호되게 혼을 낸다.

"만일의 경우 사고가 났을 때 손님들이 대피하는 데 방해가 될 수 있다"는 이유 때문이다. 신격호는 화를 잘 내지 않지만 화재와 안전문제에 대해서는 대단히 민감하다. 끊임없는 현장 방문과 조사는 경영에 대한 자신감으로 이어진다.

상상을 현실로 만드는
생각경영

"생각하는 대로 살지 않으면 사는 대로 생각하게 된다."
- 폴 부르제 -

▎생각하는 사람만이
▎생각대로 산다

　　　　　　　신격호는 홀수 달은 한국, 짝수 달에
는 일본에 머문다. 언론에서는 '셔틀 경영' 혹은, '현해탄 경영'이라고도
부르는 그만의 독특한 경영 습관이다. 한국에서는 대부분의 시간을 서
울 소공동 롯데호텔 34층의 회장실에 머문다. 일본에서는 도쿄에 있는
롯데 본사 12층 집무실에서 머문다.

　한국에 진출한 후부터 시작된 방식으로 일본 원전사고가 나기 직전

까지 계속 이루어졌다. 90세가 넘은 나이에도 한국과 일본을 왔다 갔다 했다는 말이다. 그는 현장 순시를 제외하고는 대부분의 시간을 자신의 집무실 안에서 보낸다.

한국이나 일본이나 신격호의 사무실은 그의 성격만큼이나 화려하지 않고 소박하다. 대기업의 회장이 사용하는 집무실이라고 생각하기 어려울 정도로 규모가 작다. 일본 본사 그의 사무실 책상 맞은편에는 농부가 하얀 바지저고리를 입고 소를 몰며 쟁기질하는 모습을 담은 대형 유화가 걸려 있다.

신격호는 자신의 집무실에서 많은 시간을 보낸다. 사무실에서 그는 오랜 시간 집중하여 사업을 구상하거나 다양한 생각을 한다. 아주 오래 전부터 가지고 있는 습관이다. 때로는 수집한 각종 데이터를 책상 위를 다 덮은 만큼 가득 펼쳐놓고 몰두한다. 시간에 구애받지 않을 정도로 철저하게 자신만의 시간을 확보하여 현재와 미래에 대한 경영전략을 세운다.

신격호는 생각에 몰두하면 사흘이고 나흘이고 집무실에서 나오지 않는다. 이때는 좀처럼 직원들 앞에 모습을 보이지도 않는다. 이와 같은 깊은 사색을 통해 나온 사업 아이디어는 바로 각 계열사에 전달되어 사업으로 구체화되는 과정으로 이어진다.

신격호는 하루에 8시간 이상을 생각하는 데 보낸다고 한다. 그가 하루에 가장 많이 하는 것은 '생각'인 것이다. 그는 현재를 중심에 두고 과거를 돌이켜보면서 미래를 구상하는 것을 즐겨한다.

성공한 CEO들은 사색하는 시간을 중시한다. 오랜 사색 습관이 그들을 성공한 CEO로 이끈 것이다.

우리의 일상은 어떤가? 우리는 하루 중에 사색하는 시간을 얼마나 확보하고 있는가? 피곤한 몸을 어렵게 일으켜 대충 밥 먹고 출근했다가, 시간에 쫓겨 생각할 겨를 없이 업무에 매달리고, 늦은 시간에 귀가해서 바로 잠자리에 드는 생활을 반복하고 있지는 않은가? 생각 없이 지내는 한 당신의 미래는 어둡다.

하루에 생각하는 시간의 양이 당신의 성공을 좌우한다는 것을 알아야 한다. 생각하는 시간에 당신의 미래가 있다는 것을 알아야 한다. 평일이 어렵다면 주말에라도 자신에 대하여, 자신의 일에 대하여 혹은 자신의 주변에 대하여 성찰하는 시간을 가져야 한다.

신격호는 상상을 현실로 만들기 위해서 끊임없이 생각했다. 사색하지 않는 경영자는 자신이 상상하는 것을 결코 현실에서 재현할 수 없다. 생각이 곧 경쟁력이고 차별화의 시작이다.

《세계 최고의 인재들은 왜 기본에 집중할까?》의 저자 도쓰카 다카마사는 경영사상가 오마에 겐이치가 자신에게 "책 읽은 시간의 3배 이상을 생각하는 데 집중하라"고 조언했다고 밝히고 있다. 즉 책을 2시간 읽었다면 6시간은 그 책의 내용과 주장에 대해서 생각해야 한다는 것이다. 이래야 깊이 있는 사고력이 생기고, 다른 이들은 미처 생각하지 못한 새로운 아이디어를 창출 할 수 있게 된다는 말이다. 그러기 위해서는 먼저 집중하고 몰입해야 한다.

정확하게 선택하고 불필요한 것은 차단해야 한다. 이렇게 해야 제대로 된 생각을 할 수 있다. 생각을 올바로 하는 것이야말로 사람들에게 가장 필요한 덕목 중 하나이다.

우리는 바쁘다는 핑계로 생각 없이 사는 것을 당연하게 받아들이고 있다. 단지 생각하며 살고 있다고 착각하고 있을 뿐이다. 세상은 점차 복잡해지고 있고, 우리의 집중력을 빼앗아가는 것들이 이곳저곳에서 생겨나고 있다. TV를 넘어서 스마트폰은 우리의 생각하는 능력을 아애 없애버리고 있다.

온라인에 접속된 상태를 유지하고 있으면 생각 없이도 얼마든지 일상을 영위할 수 있게 되었다. 그러나 이렇게 해서는 결코 인생을 바꿀 수 없다. 변화가 없는 인생은 꺼져가는 촛불과 같은 것이다.

지금 즉시 TV를 끄고 인터넷 접속을 끊어보자. 바쁜 중에 잠깐만이라도 시간을 내어 생각에 잠겨보자. 때로는 신격호처럼 생각에만 몰입해보는 것도 필요하다. 하루 종일 생각만 해보는 경험을 하자. 사색을 즐길 수 있어야 인생을 즐길 수 있다. 사색을 해야만 통찰력이 깊어진다.

스탠퍼드대학교 경영대학원 교수 칩 히스는 책을 쓰기 위해 중고 노트북을 구매한 후 내장된 인터넷 접속 프로그램을 아예 삭제해버렸다. 인터넷 접속 자체를 막아버렸다. 인터넷이 전혀 안 되는 노트북을 들고는 커피숍에 가서 집필을 했다. 그렇게 아무런 방해를 받지 않고, 혼자만의 시간을 가지면서 사색을 하고 글을 썼다. 그렇게 해서 나온 결과물이 바로 세계적인 경영 베스트셀러가 된 《스틱》과 《스위치》이다.

┃사색을 위해
┃필요한 세 가지

생각하라. 더 깊이 생각하라. 생각의

양과 깊이가 당신의 성장과 정확히 비례한다. 여기에서 올바른 생각을 위해 필요한 세 가지를 제시해 보고자 한다.

첫째, 방해받지 않고 생각할 수 있는 장소가 필요하다. 인간은 환경의 영향을 크게 받는다. 일단은 방해받지 않고 혼자서 생각할 수 있는 장소가 있어야 한다. 빌 게이츠와 제프 베조스는 섬으로 들어가 생각에 몰입하는 것을 즐긴다. 미국 국무장관이었던 헨리 키신저는 자신의 집 창고를 개조해서 자신만의 공간을 만들었다. 피터 드러커는 집중해서 일을 할 때에는 아예 전화기를 꺼버렸다.

둘째, 모을 수 있는 자료를 모두 모아서 분석한다. 생각한다고 해서 그냥 눈감고 명상에 잠기는 것이 아니다. 회사 경영이나 미래 전략 등에 대해서 생각할 때에는 많은 자료를 모으고 분석하는 작업이 선행되어야 한다. 물론 자료가 무작정 많은 것이 좋은 건 아니지만, 적은 자료만으로는 한계가 있다.

셋째, 올바른 질문을 한다. 생각한다는 것은 스스로에게 질문을 한다는 말이다. 그것도 제대로 된 질문을 해야 답을 찾을 수 있다. 에디슨이 발명왕이 될 수 있었던 것도, 아인슈타인이 자신의 이론을 논증할 수 있었던 이유도 올바른 질문을 했기 때문이다.

장소와 자료, 질문. 이 세 가지를 염두에 두자. 그렇게 생각을 하기 시작하면 지금과는 다른 결과물을 얻을 수 있을 것이다.

물론 단순히 앉아서 생각만 한다고 일이 저절로 이루어지는 것은 아니다. 당신이 할 수 있는 최대한의 노력을 통해서 생각을 현실로 만들어야 한다. 그리스의 고전인 《이솝우화》에는 다음과 같은 이야기가 실려 있다.

"아테나이의 어떤 부자가 다른 승객들과 함께 항해를 하고 있었다. 세찬 폭풍이 일어 배가 뒤집히자 사람들은 살기 위해 헤엄쳤다. 그러나 아테나이의 부자는 계속해서 아테나 여신을 부르며 자기를 구해주면 자신의 재산을 모두 바치겠다고 서약했다. 난파당한 사람들 가운데 한 명이 그의 옆에서 헤엄치다가 그에게 말했다.'"아테나 여신에게 도움을 청하는 것도 좋지만 당신 손도 움직여야죠.' [22]

생각의 깊이가 성공의 차이를 가져온다. 그러나 그저 생각만 하라는 말이 아니다. 생각을 하고 그것을 현실로 이루어내라는 말이다. 신격호는 자신이 꿈꿔온 생각을 현실로 만들어왔다.

하나가 되는
울타리경영

"간절히 추구하면 얻게 될 것이다.
그러니 아무 것이나 하찮은 것을 원해서는 안 된다."
- 세네카 -

울타리에 들어온 사람은
모두 가족이다

내가 롯데인재개발원에서 신입사원 그
룹연수를 받을 당시에 그룹인사팀 임원이 특강을 했다. 그때 인상 깊게
들었던 단어가 '울타리'였다. 임원이 특강에서 밝힌 울타리의 의미는 다
음과 같다.

"신격호 회장님께서는 '롯데'라는 '울타리'에 들어온 사람은 절대 함부로

내치지 말라고 하셨습니다. 지금까지 계속 그렇게 해왔고 앞으로도 이 원칙은 계속 유지될 것입니다. 개인적인 사정에 의해 다른 길을 가시게 될지 모릅니다. 그렇더라도 그전까지는 롯데의 울타리에 들어오신 여러분을 먼저 보내는 일은 없을 것입니다."

물론 여기에는 '회사에 불을 내지 않을 것'과 '뇌물을 받지 말 것'이란 두 가지 단서가 붙어 있다. 이 두 가지를 어기는 것은 더 이상 롯데에서 근무할 수 없는 중대한 사유가 된다.

"회장님께서는 두 가지는 절대로 묵과하지 않으십니다. 가차 없이 바로 처벌됩니다. 바로 '불을 내는 것' 그리고 '뇌물을 받는 것' 두 가지입니다. 신격호 회장님이 가장 싫어하시는 게 바로 '회사에 불나는 것'과 '뇌물 비리'입니다."

당시는 IMF를 거치면서 기업 구조조정의 일상화가 본격적으로 일어나던 시기였다. 이런 시기에 이 같은 내용을 수백 명의 신입사원들에게 자신 있게 이야기했다. 롯데의 특징이자 자부심이기도 하다.
"롯데는 어지간하면 사람 자르지 않는다."
"롯데에 들어가면 공무원처럼 버티면서 오래 다닐 수 있다."
이는 취업준비생들 사이에서 오고가는 이야기들이라고 한다. 뜬소문이 아니라 어느 정도 사실이다. 물론 롯데도 구조조정을 한다. 그러나 구조조정을 최대한 하지 않으려고 한다. 만약 구조조정으로 인력축소를 하게 되어도 규모를 최소한으로 하려고 한다. 롯데만큼 구조조정을 하지 않는 그룹도 드물다. 구조조정을 한다고 해도 무차별적으로 사람을 자르지 않는다.

제너럴 일렉트릭GE의 잭 월치는 하도 인력 조정을 많이 해서 '중성자탄 잭'이라고까지 불렸다. 지속적인 평가를 통해서 하위 10%의 직원은 무조건 자르는 것으로 유명했다. 미국식 경영방식의 전형적인 단면이지만 당시 GE가 다른 기업들보다 구조조정의 강도를 높인 것은 사실이다. 중성자탄 잭 월치에게 '종신 고용'이란 단어는 사전에 없는 단어였다. 그는 직원들에게 안정적인 고용을 보장하지 않았다.

직원들의 행복을 책임지는 경영

그와는 달리 회사를 설립하고 단 한 번도 정리해고를 하지 않은 회사이자 펀Fun경영으로 유명한 미국의 사우스웨스트항공Southwest Airlines의 창업주인 허브 켈러허Herb Kellerher 는 이런 말을 우리에게 들려준다.

"사실 사우스웨스트에서도 대량해고 사태가 생겨나지 않을까 두려울 때가 종종 있었습니다. 해고만큼 기업문화를 단번에 말살하는 건 없으니까요. 이제껏 단 한 번도 강제 해고를 단행한 적이 없습니다. 항공업계에선 유례가 없는 일이지요. (중략) 해고하면 이익을 볼 수 있는 기회는 사실 여러 번 있었어요. 하지만 그건 어디까지나 근시안적인 해결책이죠. (중략) 직원들을 귀하게 여긴다는 걸, 약간의 단기 이익을 위해 직원에게 고통을 주는 일은 없을 거라는 걸 보여줘야 합니다. 사람들은 자신이 안전하다는 느낌을 가질 때 비로소 신뢰를 갖게 되고 애사심을 갖게 됩니다. 불경기에 그들을 지켜주면, 경기가 좋을 때 이렇게 생각하지 않겠습니까? —우린 여기서 쫓겨난 적이 없어. 그러니 다른 데로 가지 않고 계속 있을 이유가 충분해." [23]

실제로 이런 허브 캘러허 회장의 확고한 원칙 때문인지 사우스웨스트항공은 강력한 항공노조가 있음에도 단 한 번도 파업을 하지 않았다. 다만 사우스웨스트항공의 임금수준은 업계 평균보다 25% 정도 적은 편이다.

위기에 빠졌던 캐논Canon을 다시 살려낸 미타라이 후지오御手洗富士夫 캐논 회장도 언론 인터뷰에서 "종신고용이 잘못된 경영제도였다는 견해에 동의할 수 없다"면서 "종신고용이라는 안정적 환경이 있어야 기술자는 실패를 두려워하지 않고 어려운 과제에 도전할 수 있다"고 말했다. 그가 종신고용에 집착하는 것은 자신의 신념인 인간 중시 경영에서 비롯되었다.

미타라이 캐논 회장은 "직원들의 애사심이 높아야만 회사의 핵심 역량이 발휘된다"고 믿는다. 영업력이 떨어지고 개발력에서 뒤지는 사원이라도 최선을 다한다면 존경하고 대우해준다. 그는 다른 성공한 CEO들과 마찬가지로 부실사업 정리, 성과주의 도입, 조직체계 슬림화 등 미국식 개혁 모델을 따랐다. 그러나 이와 동시에 일본식 경영의 장점을 살렸다.

그중 하나는 종신고용제의 고수다. 캐논은 1937년부터 종신고용제를 채택해 온 기업으로 유명하다. 거품경제 시절 대다수 기업들은 종신고용제를 포기했으나 캐논은 달랐다.

현재 캐논은 성과주의에 따라 개인 간 임금격차가 다른 기업들보다 크지만 해고는 하지 않는다는 게 철칙이다. 미타라이 회장은 장기 고용이야말로 호흡이 긴 기술 개발 경쟁에 적합한 경영시스템이라고 설명한다. 그렇다고 1980년대 일본식 경영의 폐단으로 여겨졌던 '종신고용'과 '연공서열'을 무조건 답습하지는 않는다. 고용을 보장해줌으로써 근로자의 창의력을 극대화하는 시스템을 구축했다. 능력이 없다고 회사 밖으로 내보내진 않지만, 실적에 따른 보상은 확실히 해주는 방식으로 말이다.

일본의 다른 기업들은 구조조정과 성과급제 도입 등을 통해 수많은 직원을 해고했다. 캐논은 이러한 흐름에 역행이라도 하듯 단 한 명도 해고하지 않고 '종신고용 보장형 성과급제'를 완성하면서 초우량 기업으로 성장하는 발판을 마련했다. [24]

신격호는 일본에서 경영을 시작하고 배웠다. 철저하게 일본식 경영이 몸에 배인 사람이다. 한국에 롯데를 세우면서도 반드시 지키려고 했던 철칙 중 하나는 "사람 함부로 자르지 마라"였다. 롯데는 공무원처럼 다닐 수 있는 기업이라고 불리기도 한다. 어지간하면 구조조정을 잘 하지 않기 때문이다.

실제로 롯데계열사에서는 30년간 근무하고 퇴직한 사람이 드물지 않다. 롯데 부사장 이인원은 롯데에 입사해 근무한 지가 30년이 넘었다. 롯데전자가 구조조정에 들어갔던 때도 인원을 최소한으로 조정하고 다른 계열사에서 일할 수 있게 최대한 배려했다. 신격호는 사업을 시작하던 초창기부터 자신의 철학인 '울타리론'을 펼쳤다.

"팔리는 것은 제품이지만 제품을 만드는 것은 사람입니다. 제 인사관리는 간단해요. 일단 '롯데'에 들어온 사람이면 스스로 사표를 내고 나가기 전엔 절대로 해고하지 않는다는 것입니다. 잘못이 있으면 감봉 처분이 고작이죠. 직장을 믿고 일할 수 있을 때 일이 제대로 되는 것 아닙니까?" [25]

세계적인 기타 회사 '후지겐'을 맨손으로 창업한 '요코우치 유이치로'도 자신의 저서 《열정은 운명을 이긴다》에서 "자신을 믿고 회사에 입사한 직원들을 자르는 일은 하지 말라"고 조언했다. 저서에서 그는 "미국식 이익 중심의 경영이 꼭 최고는 아니며, 자신과 함께 가는 직원들이 행복할 수 있게 책임지는 경영이 진정으로 성공한 경영이고 회사"라고 강조했다. 직원이 일을 하며 행복을 느끼고 자신의 발전을 이룰 수 있게 만들어 주는 회사를 만들어가는 게 진정한 경영이라는 말이다.

▌회사는 나의 또 다른 ▌가족이며 친구다

회사의 목적은 이익 창출이다. 기업은 살아남아야 한다. 그러나 조직은 사람이 모여 만들었다는 사실을 잊어서는 안 된다. 회사를 의미하는 단어인 company는 원래 com(함께)+pane(빵)+ia(먹는 것)가 합쳐진 단어로, 우리말의 '한솥밥을 먹는다'와 비슷한 뜻이다. compania는 1150년경 라틴어에서 프랑스어(compagnie)로 넘어와 '군인 집단(body of soldiers)'을 의미했는데, 군인은 같이 행군하며 끼니를 나눠먹기 때문이다.

companion(친구, 동료)이라는 단어도 라틴어 com(together)과 panis (bread)가 합해져 만들어졌다. 즉, 빵을 같이 먹을 수 있는 사이가 companion이다. [26] 밥을 함께 나눠먹는 사람들이 모인 게 바로 회사이다. 따라서 회사의 직원은 '밥을 나눠 먹는 가족'이라고 말해도 틀린 말은 아니다.

베스트셀러 작가이자 TED 인기 강연자인 사이먼 사이넥Simon Sinek 은 《리더는 마지막에 먹는다(Leaders eat last)》에서 회사는 직원을 가족처럼 대해야 한다고 조언한다. 너무나 당연한 말인데 경영자들이 흔히 잊어버리는 게 있다. 바로 직원 개개인은 모두 어떤 이들에게는 누구보다 소중한 아버지와 어머니라는 사실이다. 어떤 이들에게는 가장 귀중한 아들과 딸이기도 하다.

회사에 입사한다는 건 그 회사의 가족이 되는 일이다. 가족이 된 직원을 회사는 부모가 되어 돌봐줄 수 있어야 한다. 회사의 경영자는 사람들을 이끌고 가는 리더이다. 리더의 역할을 하면서 동시에 부모처럼 직원의 삶을 끝까지 책임진다는 각오가 있어야 한다. 리더가 되었다면 직원을 아끼고 사랑해야 한다. 더 나아가 직원의 삶을 책임질 수 있는 책임경영을 해야 한다. [27]

회사는 직원을 관리의 대상이 아니라 공동운명체의 일원으로 봐야 한다. 단순히 계약에 의해 일을 하고 급여를 주는 관계로 생각하면 안 된다. 평생을 같이 가는 동반자 관계로 생각해야 한다. 그래서 회사는 직원을 자식처럼 돌봐야 한다. 직원들이 안심하고 더 신나고 능률적으로 일할 수 있게 말이다. 직원들은 겉으로 표현하지 않을 뿐 이미 다 알고 있다. 회사가 자신들을 어떤 마음으로 대하는지 말이다.

신격호는 회사를 시작할 때부터 '울타리론'을 실행해왔다. 그는 회사라는 조직이 직원을 안정적으로 책임질 때 능률이 오르고 사업이 번창한다는 사실을 일찍부터 깨달았다. 그는 과로로 사망한 사원의 가족에게 다세대 연립주택 한 동을 통째로 기증한 적도 있었다.

삼성 이건희 회장은 1명의 천재가 1만 명을 먹여 살린다고 했다. 업종의 특성에 따라 그럴 수도 있다. 최고의 인재 1명이 세상을 바꾸기도 하니까. 그러나 신격호는 달랐다. 그는 사람에게 가장 중요한 것은 능력보다는 정열이라고 판단했다. 일에 대한 정열만 있으면 능력이 좀 못 미쳐도 함께 먹고 같이 가는 관계로 인정했다.

성공으로 가는
코끼리경영

"돈이 있어도 꿈이 없는 사람은 몰락의 길을 걷는다."
- 도스토예프스키 -

과연 크기가 문제인가

　　The size does matter. '크기가 문제'라는 뜻이다. 1998년에 개봉한 헐리우드 영화 《고질라》의 광고문으로 쓰였던 문장이다. 그동안 회사의 크기를 키우는 데 대한민국 기업들이 쏟은 노력과 애정을 표현하는 말로 쓰여도 잘 어울릴 것 같은 문장이다. 오래 전부터 한국 재벌들은 문어발 경영을 한다는 비난을 받아왔다. 상관없는 분야까지 마구잡이로 뻗어 기업의 규모를 키워왔기 때문이다. 그게 과연 효과적인 경영방식인가? 여기에는 의문이 든다.

'큰 말은 죽지 않는다'라는 대마불사의 정신이 한국 경영계에는 여전히 존재한다. 그룹의 몸집을 키우고 사업 확장을 최우선 목표로 삼아 경영을 했다. 계속해서 계열사를 늘려 나가려 했다. 대다수의 기업들이 그렇게 했다. 그래야 살아남는다고 생각했다.

그러다 1997년 IMF사태를 맞으며 수많은 기업들이 쓰러졌다. 엄청난 구조조정이 진행되면서 대기업의 수많은 계열사들이 공중분해 되어 소리 없이 사라졌다. 대표적인 기업이 대우그룹이다. 당시 대우그룹은 대단했다. 김우중 회장은 최고의 경영인으로 인정받았다. 그러나 알고 보니 대우그룹은 부채비율 500%가 넘는 부실기업이었다. 물론 대우그룹의 해체에 대해서는 여러 가지 설이 나돌고 있다. 그러나 분명한 사실은 과도한 인수합병으로 몸집을 불려왔고, 분식회계 등으로 그룹이 어려움에 처했다는 것이다. 이를 극복하지 못했고 결국은 한국 경영의 역사에 이름을 남긴 채 조용히 사라졌다.

윤석금 회장의 웅진그룹. 윤석금 회장의 저서인 《긍정이 열정을 만든다》를 읽어보면 그가 대단한 노력과 열정을 가진 사람이라는 걸 알 수 있다. 백과사전을 팔던 세일즈맨이 맨주먹으로 30대 기업에 드는 회사를 만들고 크게 키워나가는 모습이 감동을 주었다. 그는 평범한 사람들의 '롤모델'이자 '멘토'로 삼아도 문제가 없다고 생각했다. 그만큼 성공을 거둔 인물이다. 그러나 무리한 투자와 웅진의 기존 영역과 그다지 연관이 없는 극동건설을 인수합병하고 새로운 사업으로 태양광산업에 몰두하다가 그룹 전체가 휘청거렸다. 결국은 법정관리와 워크아웃을 신청하게 되었다. 웅진그룹은 가지고 있던 알짜배기 사업들을 팔며 그룹 크기가 반 토막이 나버렸다.

평범한 사원으로 출발하여 한때는 재계 순위 13위까지 올라간 STX를 세워 샐러리맨의 신화가 된 강덕수 회장은 어떠한가? 그는 평사원에서 회사의 임원이 된 후 새로운 도전을 통해 STX를 창업했다. 그리고 뛰어난 추진력을 바탕으로 STX를 세계적인 그룹으로 키워나가며 최고의 전성기를 달렸다. 그러나 그도 결국 무리한 확장으로 그룹을 위기로 몰아넣고 수천억 원을 횡령한 혐의로 구속되었다. STX는 그룹의 주요 계열사를 팔아야 했고 규모는 작아졌다.

금호그룹 역시 10대 기업까지 올라갔던 저력 있는 그룹이다. 꾸준하게 성장하고 있던 금호였다. 그러나 무리한 인수합병과 형제간의 경영권 다툼으로 경영에 어려움을 겪었다. 결국 대우건설, 대한통운, 금호생명 등 수익을 내고 있던 사업체들을 줄줄이 시장에 내놓아야만 했다. 그룹의 위상도 예전보다 크게 줄어들었다.

삼성 역시 자신들과 그다지 큰 연관이 없는 자동차 사업에 진출해 큰 손해를 입었다. 이건희는 엄청난 자동차 마니아로서 차를 직접 분해할 정도의 전문지식이 있다. 그만큼 자동차 산업에 대한 애착이 많았지만 적자를 면치 못하고 결국 르노에게 매각하고 자동차 산업에서 완전히 손을 뗐다.

위의 사례들을 제외하고도, 기업의 규모를 단기간에 키우려는 건 결국 문제가 될 수 있다는 예는 무수히 많다.

롯데의
코끼리 경영전략

물론 사업을 확장하는 것은 필요하다. 기존과 다른 새로운 사업 영역으로 범위를 확장하는 것은 대단히 매력적인 일이다. 이미 가지고 있던 사업과도 연계해서 시너지효과를 창출한다는 명목상의 이점도 있다. 잘만 되면 기업에게 엄청난 이득을 안겨준다. 문제는 새로운 영역의 경영이 생각보다 쉽지 않다는 점이다. 잘못된 사업 확장과 인수합병으로 오히려 순식간에 손해를 보는 기업들도 많다.

사람들은 롯데 역시 문어발 경영을 하는 게 아니냐고 묻는다. 롯데는 코끼리 경영을 한다. 코끼리 경영을 설명하기에 앞서 독자들에게 세 가지 질문을 하겠다. 모두 롯데의 코끼리 경영과 관련이 있는 질문이다.

먼저 첫 번째 질문이다. 코끼리를 냉장고에 넣는 방법은 무엇인가?

1. 냉장고 문을 연다. 2. 코끼리를 접어서 집어넣는다. 3. 냉장고 문을 닫는다.

이 순서대로 코끼리를 냉장고에 넣는 방법밖에는 없다.

그러면 두 번째 질문을 하겠다. 코끼리를 냉장고에서 어떻게 꺼내야 하는가?

1. 냉장고 문을 연다. 2. 코끼리를 빼낸다. 3. 냉장고 문을 닫는다.

역시 이 방법 외에는 없다. 이 순서만이 코끼리를 냉장고에서 꺼낼 수 있다.

그럼 마지막 질문이다. 코끼리를 먹는 방법은 무엇인가?

정답은 한 번에 한 입씩 먹으면 된다. 코끼리를 먹는 방법은 오직 하나쁜이다. 한 번에 한 입씩 먹으면 코끼리를 전부 다 먹을 수 있다. 한 번에 한 입씩 먹는 방법 이외에 다른 방법은 없다. 탕으로 하든지, 수육으로 하든지, 튀기든지 간에 코끼리를 먹는 방법은 오직 단 한 가지, 한 번에 한 입씩 먹는 것뿐이다.

이것이 바로 신격호가 지금까지 롯데를 이끌어 온 코끼리 경영전략이다. 철저하게 하나하나 순서를 지키며 무리하지 않는다. 하고 있는 사업과 밀접한 관계가 있는 사업들 위주로 조금씩 확장해 나간다. 감당할 수 있는 부분만큼의 성공 가능한 일에만 집중한다. 아무리 커다란 코끼리도 한 번에 한 입씩 먹으면 언젠가는 다 먹을 수 있는 것처럼 말이다.

롯데는 껌을 만들면서 껌 포장지가 필요해서 롯데알미늄을 만들었다. 호텔을 짓고 나니 면세점을 만들었다. 사업을 확장하면서 건물을 지어야 해서 건설사를 설립했다. 롯데는 이렇게 필요에 의해서 하나씩 사업 범위를 넓혀왔다. 신동빈은 아버지인 신격호에게 20년이 넘는 오랜 기간 동안 경영수업을 받아왔다. 그래서인지 사업 확장에 대해서 이런 의견을 냈다.

"사업을 확대하게 될 때는 기본적으로 본업과 다른 것은 하지 않는다는 입장입니다. 현재 롯데가 하고 있고 연관이 있는 사업을 대상으로 보고 있습니다. 나는 지리적으로도, 업무 내용으로도 융단을 펼치는 방식으로 영토를 확장해 나가자고 생각하고 있습니다. 카펫을 바닥에 깔면 쫙 펼쳐지는 것처럼 말입니다. 무리하게 사업 확장을 하려고 하지 않습니다. 진출 지역은 지리적으로 말하면 아시아가 중심입니다. 그리고 롯데와 관계가 없는 전자기기나 자동차 그리고 유행을 타는 사업은 하지 않고 관심도 별로 없습니다. 롯데와 어느 정도 관련성이 있는 사업에 집중하고 있습니다."

한번 진출한 사업에서 손을 떼지 않는다

롯데는 '한번 진출한 사업에서 손을 떼지 않는다. 적자가 나더라도 같이 가지고 간다'는 마음이 없이는 절대로 사업에 투자하지 않는다. 어떤 경영자든 기업을 크게 확장하고 싶은 마음은 누구나 같다. 어느 정도 성공을 거두게 되면 여러 가지 사업에 손을 대고 싶고, 창업주 자신이 개인적으로 관심을 가지는 분야에 투자하고 싶은 생각도 들게 된다.

다양한 사업에 진출해 수익구조를 다각화한다면 경기변동에 따른 위험요소도 줄이고 매출을 늘리는 데 수월하다고 생각할 수도 있다. 그러나 절대로 잊지 말아야 하는 사실이 있다. 현재 자신이 가진 역량을 정확하게 알아야 한다는 점을 말이다. 사업을 다양하게 확장할 때 생기는 위험요소에 대해서도 분명하게 알아야 한다.

사업상 큰 연관이 없는 사업에 진출하려고 하거나 무리한 인수합병은 지양해야 한다. 신격호는 IMF 시절에《조선일보》와 가진 인터뷰에서 자신의 경영철학에 대해서 다음처럼 밝힌 바 있다.

– 한일 양국에서 기업 활동을 해온 입장에서 우리 경제와 기업의 문제점을 무엇이라 보십니까?

"세 가지를 꼽고 싶습니다. 과잉경쟁, 무리한 차입경영, 기술력 부재입니다. 한국경제 파탄 원인도 여기에 있습니다. 반도체, 자동차, 조선 할 것 없이 과잉경쟁과 중복투자가 문제가 됐습니다. 내가 하는 유통업만 해도 국제도시 동경에 백화점이 30개인데 서울에는 40개가 넘지요. 좀 돈이 벌린다 싶으면 너나없이 뛰어드는 풍토가 문제입니다. 일본은 그렇지 않습니다. 도요타는 자동차 하나로 승부했습니다. 이것저것 다 하다 보니 기술개발도, 합리화·효율화도 안 되는 거라고 봅니다. 물론 한국 기업들의 적극성과 추진력은 좋은 것입니다. 이를 정부가 좋은 방향으로 유도할 필요가 있습니다."

– 한국경제 회생의 처방은 무엇이라고 보십니까?

"잡다하게 벌여놓은 사업을 축소 정리하고, 차입금을 줄이고, 전문화를 통해 기술력과 경쟁력을 키우는 것입니다. 투자를 얼마 하느냐가 중요한 게 아니라, 투자를 얼마나 효율적으로 하느냐가 중요한 시대입니다. 그런 의미에서 현 정부의 '빅딜' 정책의 취지는 옳다고 봅니다. 정부가 세제 등을 통해 제도적으로 업종 전문화를 유도하는 방안도 생각해볼 수 있습니다. 문제는 이런 모든 것이 말처럼 쉽지 않다는 데 있지요." [28]

물론 신격호도 제과 사업을 성공으로 이끈 후에는 철강, 자동차, 가전사업과 같은 중공업 사업을 하고 싶어 했다. 여러 가지 조건과 상황이 맞아 떨어지지 않아서 뜻을 접었지만. 신격호는 하고자 하는 일은 가슴에 품고 절대로 포기하지 않는 인내심 강한 사람이지만, 하지 않기로 결정하면 두 번 다시 미련을 갖지 않는 단호한 스타일의 경영자이기도 하다.

롯데는 국내에서 백화점, 호텔, 면세점, 제과, 음료, 전자유통업(하이마트), SSM(롯데슈퍼), 패스트푸드업(롯데리아) 분야 등에서 압도적 1위이다. 그 외에도 롯데마트는 국내와 해외 점포를 합쳐서 가장 많은 매장을 가지고 있다. 롯데그룹의 다른 계열사들도 해당 업계에서 상위권을 차지하고 있다.

물론 해당 업계에서 상위권에 있지 못한 계열사들도 있다. 그러나 대부분의 롯데 계열사들은 상당히 건실한 재무구조를 보이고 있고 안정적인 수익을 꾸준히 창출하고 있다. 유통에서는 가히 공룡, 거인의 수준을 넘어선 절대강자로 불린다. 신격호는 자신들이 잘 하는 일, 하고 있는 업종과 관련이 있는 분야에 집중했다. 그러면서 한 번에 한 입씩 먹는 코끼리 경영방식으로 조심스레 하나씩 사업 분야를 확장해 왔다.

롯데인재개발원

롯데는 일 년에 두 번 대졸사원 그룹공채를 모집한다. 지원율은 계열사마다 차이는 있으나 평균적으로 80:1~100:1 사이이다. 100:1를 넘는 계열사도 있다. 지원자가 어려운 면접전형을 통과하고 롯데에 최종합격하면, 얼마 후 롯데인재개발원에서 실시하는 신입사원 그룹연수를 받게 된다.

그룹연수 교육은 합숙과정으로 이루어진다. 인재개발원은 롯데그룹 내의 거의 모든 교육을 주관하여 실시하는 교육의 요람이다. 이름 그대로 인재개발의 산실이다. 오산에 위치한 롯데인재개발원은 화려한 시설을 갖추지는 않았지만, '거화취실'이라는 신격호의 철학에 맞게 소박하고 실속 있는 편이다. 1993년에 개원했다. 인재개발원의 식당은 맛있기로 소문이 나 있다. 비싼 고급 음식은 아니지만 어머니의 손맛을 느끼게 하는 음식이라는 평이 많다.

그룹연수 교육에서 창업주인 신격호에 관한 교육은 그리 많지 않다. 창업주에 대한 시험까지 있는 기업에 비하여 창업주에 대한 교육은 적은 편이다. 최근에는 신격호 기념관도 만들고 신격호의 일대기를 요약한 만화도 제작해 배포하는 등 창업주에 대해 알리는 작업도 다각화하고 있다.

롯데가 현대정보기술을 인수하면서 용인현대인재개발원도 롯데가 소유하게 되었다. 따라서 현재 인재개발원은 서울 양평동에 위치한 롯데양평빌딩 1층의 서울 캠퍼스를 포함하여 세 군데의 캠퍼스를 운영하고 있다.

⑦ ACTION

대담한
실행을 하라!

신격호는 쉬지 않고 아이디어를 만들어내고, 그것을 현실에서 구체화시킨다. 이것이 신격호가 남들과 다른 점이다. 아무리 좋은 아이디어라도 그것만으로 세상을 바꿀 수 없다. 창조적인 생각을 하고 대담하게 실행할 수 있어야만 세상을 바꿀 수 있다.

신격호는 가능성이 있는 아이디어라고 판단되면 대담하게 실행했다. 아무리 생각해도 답이 안 나오는 현실을 바꾸기 위해서는 일본에 가는 방법밖에 없다고 생각했다. 그는 머뭇거리지 않고 83엔을 지닌 채 배에 몸을 실었다.

신중하게 고민한 끝에 결정을 내렸다면, 망설이지 말고 도전해야 한다. 그래야 성공도 따르고 돈도 벌 수 있다. 신격호는 일본에서 사업 기회가 왔을 때, 과감하게 그 기회를 붙잡았다. 과자회사가 미스롯데를 뽑아 대대적으로 홍보했다. 껌 행사의 경품으로 1,000만 엔을 걸어 세상을 놀라게 했다. 아이디어가 그저 책상 위에서만 그친다면 의미가 없다. 가진 것이 없고 평범한 사람들이 대담한 실행으로 잃을 것은 실행에 쏟은 시간뿐이고, 얻을 것은 성공뿐이다.

신격호 어록
"나는 극복할 일들이 있다는 것에
묘한 쾌감을 느낀다."

---

⑧ 3F- FUN, FLOW, FOCUS

즐기고 몰입하고
집중하라!

《논어》〈옹야편雍也篇〉에는 여러 사람이 자주 인용하는 유명한 구절이 실려 있다.

"知之者 不如好之者 好之者 不如樂之者 지지자 불여호지자 호지자 불여낙지자"

"무언가를 안다는 것은 그것을 좋아하는 것만 못하고, 좋아하는 것은 즐거워하는 것만 못하다"는 뜻이다. 즐기지 못하면 어떤 일도 오래 할 수 없고 잘할 수도 없다. 하고 있는 일을 즐기는 사람은 언젠가는 그 일을 통해서 커다란 성취를 이룰 것이다.

신격호는 그의 일을 즐겼다. 이것이 그가 지금까지도 경영 일선에 남아 있는 이유이다. 일을 즐기지 못했다면 그는 오래 전에 일을 그만두었을 것이다. 성공만이 목표였다면 지금까지 일을 하고 있을 이유가 없다. 이렇듯 경영을 즐기는 사업가는 반드시 성공을 하게 된다.

신격호는 일을 즐기는 동시에 자신이 하는 일에 몰입하고 집중했다. 여러 가지 업종에 관심을 분산시키기보다는 자신의 영역에 집중했다. 이미 잘하고 있는 사업에 관심을 쏟았다. 자신의 본업과 거리가 있는 일에는 관심을 갖지 않았다.

지금 당장은 내가 가장 잘 하는 일에 전심전력을 다해야 한다.

> **신격호 어록**
> "정열이 있으면 어떤 어려운 일도 즐겁게 이겨낼 수 있지만,
> 정열이 없으면 흥미도 일의 능률도 떨어진다."

CHAPTER

05

성공을 향해
자신 있게 날아가라

수많은 사람들이 나이가 많다고 그저 시간을 보낼 때
이들은 계속 새로운 일에 도전했다.
나이는 그저 나이일 뿐이다. 당신이 할 수 있는 일들이
세상에는 너무나 많다. 누구나 할 수 있는 일들이 넘쳐나고,
당신을 기다리는 일들도 부지기수다.
당신이 지금까지 이뤄놓은 것이 많든 적든 상관없다.
현재에 안주하지 말고 전진하라.

남의 밑에서
일한 경험은 소중하다

"경험을 현명하게 사용한다면, 어떤 일도 시간낭비가 아니다."
- 오귀스트 로댕 -

남에게 배운
만큼 성장한다

흔히들 '남의 돈 먹기가 쉬운 게 아니다'라고 말한다. 무슨 일을 하든 다른 사람 밑에서 일을 하면서 급여를 받는 생활은 어려운 일이다. 대한민국의 대기업 창업주 대부분은 남의 밑에서 일한 경험이 있다. 가진 게 없었던 그들은 남의 밑에서 급여를 받으며 꿈을 키워나갔다. 사회생활을 시작할 때부터 하나하나 몸으로 배운 사람들은 밑바닥이라는 게 뭔지 안다.

하지만 창업 1세대와 다르게 2세대, 3세대들은 더 이상 남의 밑에서 일하지 않아도 되었다. 삼성 이건희 회장, 이재용 부회장도 바로 삼성으로 들어갔고, 현대 정몽구 회장, 정의선 부회장도 다른 기업을 경험하지 않았다. SK그룹의 최태원 회장, LG그룹의 구본무 회장도 마찬가지이다.

다른 곳에서 일을 한 경험은 좋고, 남 밑에서 일을 해본 경험이 없으면 나쁘다는 말은 아니다. 남의 회사에서 시간을 보내는 게 아까울 수도 있다. 그러나 다른 곳에서 일한 경험이 있는 사람과 없는 사람은 분명히 차이가 있다. 시간이 지나면 경영 성과에서나 혹은 사소한 부분에서 조금씩 차이를 보이게 마련이다.

국내 10대 그룹의 2세대, 3세대 경영인들 대부분은 다른 사람 밑에서 일한 경험이 없다. 남이 주는 월급을 받아본 적이 없다는 말이다. 그런데 신격호의 롯데는 조금 다르다.

장남 신동주는 아오야마대학교青山学院에서 경영학을 전공하고 같은 대학원에서 경영공학으로 석사학위를 받았다. 그 후 일본 최고 기업 중 하나인 미쓰비시상사에 일반 사원으로 입사해서 10년간 근무했다. 그 기간 동안 아버지의 도움을 거의 받지 않고 혼자 힘으로 생활했다. 미쓰비시상사를 퇴사한 후에는 일본 롯데 미국지사장으로 입사했고, 현재는 일본 롯데를 책임지고 있다.

차남 신동빈은 아오야마대학교에서 경제학을 전공한 후 미국 컬럼비아대학교Columbia University에서 MBA를 취득했다. 정몽준 현대중공업 회장하고 같이 공부해서 친분이 있다. 대학원 졸업 후에는 일본 최고 증권사로 꼽히는 노무라증권에 1981년도에 입사하여 7년간 근무하며 런던 지점에 파견되기도 했다.

1988년, 노무라증권 퇴사 후에는 일본 롯데상사의 이사로 입사했다. 그 후 한국으로 건너와 롯데석유화학(호남석유화학)과 코리아세븐의 기획조정실을 거쳐 지금은 한국 롯데를 책임지고 있다.

신격호는 자식들에게 경영수업을 시키고자 했다. 그래서 남의 밑에서 일해 먹고사는 것부터 시켰다. 다른 사람 밑에서 일하면서 경영을 배우고 사회생활을 하게 했다. 이렇게 단련된 경영자는 여러 면에서 차이를 보일 수밖에 없다. 바닥을 경험한 사람과 그렇지 않은 사람이 같을 수는 없지 않겠는가.

신격호는 젊은 시절 우유배달, 식당에서 허드렛일 하기, 전당포 직원, 점원 등 몸으로 해야 하는 일을 닥치는 대로 했다. 가난 때문에 선택한 일이지만 절대로 대충하지 않았다. 신격호는 자식들에게 알려주고 싶었던 것이다. 그가 젊은 시절 했던 일을 통해서 배웠던 일의 소중함, 남의 밑에서 일해 받는 돈의 가치를 말이다.

아버지에게 교육을 철저히 받고 남의 밑에서 오래 일한 경험 때문인지 신동주와 신동빈 회장 모두 대단히 정중하고 예의바른 것으로 평가받고 있다. 신동빈은 수행 비서를 한 명만 대동하거나 아예 혼자서 나타나 조용히 현장을 살펴보고 간다. 짐도 간단히 가방 하나만 들고 다닌다. 남에게 보여 주기 위한 행동은 절대로 하지 않는다. 신격호는 장남과 차남을 왜 곧바로 자신의 기업으로 부르지 않았는지에 대해서 이렇게 말했다.

"사회 공부가 필요했던 거죠. 밖에서 고생을 시켜 줘야지요."

고생한 경험에서
확실하게 배워라

신동주는 10년, 신동빈은 7년을 평범한 직장인으로 근무했다. 아버지가 대기업 총수이니 대충 근무했을 거라고 생각할지도 모른다. 1, 2년이면 그렇게 말할 수도 있다. 하지만 신동주와 신동빈 회장이 근무한 기간을 보면 꽤 길다. 평범한 회사원으로 조직생활을 오래했다.

본격적으로 신동빈이 주도하는 경영체제를 구축한 것은 롯데에 들어가고 나서 20년이 지난 뒤였다. 롯데가 무서운 점이 바로 이것이다. 후계자가 충분히 경험하고 배울 때까지 오랜 시간을 기다렸다. 다른 회사에서 직장생활을 경험한 CEO와 경험하지 않는 CEO는 분명 다를 수밖에 없다. 그 경험이 주는 가치는 시간이 갈수록 드러나고 있다.

국내 10대 그룹의 2세, 3세 경영인 중에서 오랫동안 다른 회사에서 근무한 경력을 가지고 있는 사람이 거의 없다는 점은 아쉽다. 최고경영자라면 직원의 마음을 알아야만 한다. 남이 주는 월급이 얼마나 소중한 것인지를 느껴 봐야 목숨 걸고 회사를 운영할 수 있다. 리더가 월급쟁이의 기분을 잘 알고 있다면 월급쟁이들을 더 뛰어나게 운용할 수 있다. 직장인의 마음은 직장인이 아는 법이다. 신격호는 잘 알고 있었다. 그래서 그 귀중함을 신동주와 신동빈이 깨닫게 해주려고 했다. 강해지려면 고생을 겪어봐야 한다. 그래야 쉽게 좌절하거나 꺾이지 않는다. 부모의 울타리에서 벗어나 보지 못한 귀공자들은 위기가 닥치면 버티지 못한다.

미국의 컨설턴트인 제프리 폭스가 쓴《왜 부자들은 신문배달을 했을까》에는 재미있는 내용이 나온다. 제프리 폭스는 경제 전문지《포브스》

자료를 인용하면서 미국 억만장자 400명은 대부분 밑바닥부터 자수성가로 출발을 했고, 그들의 첫 직업은 신문배달부였다는 것이다. 신문배달을 한 억만장자 목록에는 워렌 버핏, 잭 웰치, 톰 크루즈, 드와이트 아이젠하워, 월트 디즈니, 샘 월튼, 에디슨 외에도 수백 명이 있다. 우연이겠지만 신격호 또한 신문배달부를 했었다.

혹시 지금 돈이 없거나 형편이 어려워서, 다른 사람 밑에서 아르바이트를 하고 있다면 대충 일하지 말라. 철저하게 일하면서 배워라. 미래에 반드시 도움이 될 것이다. 적은 급여를 받고 회사를 다니거나 아르바이트를 하는 일은 결코 부끄러운 일이 아니다. 그 경험 때문에 더 많은 것을 이뤄낼 수 있다.

남의 밑에서 일한 경험은 소중하다.

당신이 가진
가능성을 폭발시켜라

"남보다 잘하려고 고민하지 마라.
지금의 나 자신보다 잘하려고 애쓰는 게 훨씬 더 중요하다."
- 윌리엄 포크너 -

이제는 두려움 없이 날아오를 시간이다

　　　　　　　신격호는 자신에게 가능성이 있는지 없는지 몰랐다. 그저 일단 해봐야겠다고 생각하고 행동으로 옮겼을 뿐이다. 하지 않으면 내가 무엇을 잘 하고 못하는지 모른다. 우리 모두에게는 커다란 가능성이 숨겨져 있다. 어쩌면 당신은 어제까지 땅바닥을 기어다니던 개미 같은 존재였는지 모른다. 뜨거운 여름날, 달궈진 아스팔트 위를 기어가는 지렁이와 다를 바 없는 신세였을 수도 있다.

그러나 이 책을 여기까지 읽고 있는 당신은 더 이상 어제와 같지 않다. 당신은 이미 날아오를 준비를 마쳤다. 날갯짓을 시작했다. 날 수 있는 능력이 충분하다. 당신이 할 일은 당신이 날 수 있다는 걸 깨닫고 크게 나는 것이다. 성공을 향한 날갯짓을 더 이상 두려워 말라.

'낭중지추囊中之錐'라는 말이 있다. '주머니 속의 송곳'이란 뜻인데 재능이 있는 사람은 아무리 감추려 해도 반드시 드러나게 되어 있다는 말이다. 비록 현재 진흙땅에 처박혀 있는 신세인 것 같아도 포기하거나 희망을 버리는 일은 바보 같은 일이다. 당신은 흐르는 물에 씻어내기만 하면 반짝반짝 빛나는 보석일수도 있다. 당신과 주변 사람들만 모르고 있는지도 모른다.

무슨 일을 시작하기에 나이가 너무 어리다고 걱정인가? 신격호가 처음 '히카리특수화학연구소'를 설립했을 때 그의 나이는 24세였다.

'강훈'은 커피전문점 '할리스'를 성공적으로 창업한 후 다시 '카페베네'를 커피시장의 강자로 키운 사람이다. 그는 2011년 3월에 '망고식스'를 창업한 후, 새로운 성공모델을 만들기 위해 노력중이다. 그는 '할리스'를 30대 중반에 시작했고, 40대 초반에 '카페베네'를 성공적으로 키워냈다. 그전까지 그는 회사를 다니던 평범한 직장인이었다.

나이가 너무 많아서 안 된다고 걱정인가? 세계적 화장품 판매기업인 메리케이MARY KAY의 창업자 메리케이가 회사에서 퇴출당하고 자신의 화장품 회사를 세운 나이는 48세였다. 맥도널드 창업자 레이 크록은 오랫동안 세일즈맨 생활을 하다가 52세에 처음으로 자신의 프랜차이즈를 시작했다. KFC의 창립자 커넬 샌더스Harland David Sanders가 자신의 닭요리법을 팔기 위해 길을 나섰을 때 그의 나이는 65세였고, 1,000번이 넘는 거절 끝에 자신의 요리법을 겨우 팔 수 있었다.

미국 최고의 스타강사로 불리는 앤서니 라빈스Anthony Robbins는 "당신 안에 잠든 거인을 깨우라"고 이야기했다. 이제는 당신 안에 잠든 잠자는 거인을 깨울 시간이 왔다. 거인은 잠을 충분히 잤다. 이제 깨워서 거인이 마음껏 움직이게 하라. 당신은 당신 생각보다 훨씬 더 대단한 사람이다. 당신 안에 숨겨진 능력을 모두 꺼내 발휘하라. 그 가능성을 전부 폭발시키기 위해서는 뭐든지 가리지 말고 해봐야 한다. 앞으로 많은 것을 이루게 될 것이다. 당신은 원하는 것들을 모두 누릴 권리가 있다. 이 세상에 태어났다면 그렇게 살아야 한다.

더 많이 할수록
더 잘하게 된다

나는 양에서 질이 나온다고 생각한다. 한 번에 승부를 보려하지 말고 뭐든지 많이 해보려고 노력하라. 양은 질로 바뀌게 된다. 지금까지 600권이 넘는 책을 쓴 일본의 나카타니 아키히로는 실력이 부족하다면 일단 양으로 승부하라고 권하고 있다. 세계적인 경영 사상가 오마에 겐이치도 지금까지 100권의 책을 썼다. 양으로 승부한 것이다.

가능성을 폭발시키고 싶다면 처음에는 뭐든지 많이 하라. 양이 질로 바뀐다는 말을 믿어라. 양을 추구하면 최종적으로는 그 양이 질로 변한다. 먼저 양을 늘려서 질을 추구하는 전략을 사용하라.

소프트뱅크의 손정의는 일을 시작할 때 아예 양으로 승부한다. 사업을 시작할 때 그는 직원들에게 1,000개의 아이디어 기획안을 작성하라고 요구했다. 세스 고딘 또한 자신의 책들이 베스트셀러가 되기 전에 100권 이상의 실패한 책들을 기획하고 썼다.

일단 무슨 일이든 많이 해야 한다. 눈치보기식의 불필요한 야근을 하거나 주말에도 일을 하라는 말이 아니다. 지금 주어진 일부터 제대로 처리하고 끊임없이 하자는 말이다. 당신은 지금 스페인 산티아고에 있는 '순례자의 길'을 걸을 시간이 없다. 산티아고에는 나중에, 당신이 많이 이룬 후에 가도 된다. 그때도 산티아고 길은 그대로 있을 것이다.

지금 당신이 해야 할 일은 여행이 아니라 일이다. 여행은 여행으로 프로필을 쌓아가는 사람들에게 맡기자. 당신은 지금보다 더 치열하고 영리하게 일을 해야 한다. 일을 통해서 능력을 발휘해야 한다. 연습을 충분히 하고 세상에 보여줘야 한다. 당신이 가진 가능성을 폭발시켜라.

당신의 오늘과 내일은
반드시 당신 손으로 만들어라

"인간에게 있어서 가장 아름다운 진실은,
마음가짐을 바꾸면 현실을 바꿀 수 있다는 말이다."
- 플라톤 -

당신은 지금보다
내일 더 크게 될 수 있다

"그 사람의 과거를 보면 현재가 보이
고 현재를 보면 미래를 알 수 있다"는 말이 있다. 현재의 나는 과거의 내
가 했던 일들이 쌓인 결과물이고 미래의 나는 현재 내가 어떻게 하느냐
에 따라 달렸다. 나의 오늘은 내가 만들어 간다. 지금 나의 결정과 행동
으로 말이다. 지금 어떤 걸 선택하고 어떻게 행동하느냐에 따라 나의 오
늘은 만들어지고 나의 내일이 결정된다.

당신의 의지로 다른 삶을 살아 갈 수 있다. 과거에 나는 이런 사람이었으니까 앞으로도 별다른 인생이 펼쳐지지 않을 거라고 지레 짐작하여 자신의 가치를 낮추지 마라. 우리는 상대방의 과거와 오늘을 보면 대개 그 사람의 미래를 예측할 수 있다. 인간은 잘 안 바뀐다. 인간은 바뀌기 어렵다는 사실을 알아야 한다. 타고난 성향에다가 사회생활을 하면서 몸에 박혀버린 습관들로 인해 사람은 변하기 어려워진다. 하지만 변화가 불가능한 것은 아니다.

신격호를 보자. 어린 시절 학교성적은 아주 평범했다. 아니 평범 이하였다. 평범하고 또 많이 부족했던 과거를 생각하면 신격호는 성공할 수가 없는 사람이다. 그저 흔한 농사꾼 중 한 명으로 살아갔을 사람이었다. 자신에게 주어진 걸 그대로 받아들였다면 말이다. 그러나 신격호는 자신에게 주어진 것을 그대로 받아들이지 않았다. 일본에서 우유배달을 하며 간신히 먹고 살던 신격호가 롯데그룹을 세울 거라고는 아무도 생각하지 못했다.

가진 것이 많은 사람들은 다른 이보다 조금 더 편하고 수월하게 일을 할 것이다. 그렇다고 그들을 바라만 보는 것은 바보 같은 일이다. 그들을 욕하고 시기하는 것은 당신에게 아무런 도움도 되지 않는다. 자신의 미래 모습에 침을 뱉는 어리석은 행동이다. 그런 행동을 한다는 사실은 성공을 포기했다는 말이다. 나는 성공할 자신이 없다는 뜻을 공개하는 것이다.

과거는 이미 지나갔기에 되돌릴 수 없다. 미래는 글자 그대로 아직 오지 않았다. 과거에 매달리거나 미래를 걱정하기보다 눈앞에 있는 현재에 전심전력을 다하자. 당신의 현실은 얼마든지 달라질 수 있다. 지금 평범한 모습으로 살고 있다면 여태껏 평범한 생각과 평범한 행동만 해왔기 때문이다. 오늘부터 다른 생각과 다른 행동을 한다면 반드시 과거와는 다른 미래를 만들 수 있다.

오늘보다 조금 더 나아가라

세상은 말로만 떠들고 행동하지 않는 사람들로 가득 차 있다. 지금 이 순간에도 사람들은 입으로만 이야기하고 머릿속으로 생각만 한다. 성공하고 싶다면서 TV를 보고 인터넷으로 연예인이나 스포츠 기사를 본다. 스마트폰은 게임을 하는 데 주로 사용하고, SNS에 중독된 듯이 하루 종일 트위터나 페이스북에 의미 없는 문장들을 뿌리며 시간을 보내고 있다.

TV를 보고 인터넷 검색으로 시간을 보내는 게 나쁘다는 건 아니다. 스마트폰으로 게임도 할 수 있고 친구들과 SNS로 수다를 떨며 스트레스를 푸는 시간도 필요하다. 재미도 있고 즐거우면 그것도 의미가 있다. 문화생활의 일부이니 말이다.

하지만 성공을 원하고 부자가 되고 싶은 사람은 달리 생각해봐야 한다. 자신의 목표와는 별로 상관없는 일들을 주로 하면서 성공을 말하고 부자를 말하는 것은 안 된다. 그렇게 하면서 어떻게 목표를 달성하고 꿈을 이룰 수 있는지 모르겠다. 그런 방법이 있다면 나에게도 알려주면 좋겠다. 나는 정말로 그것이 궁금하다. 내 사전에는 그렇게 살고도 성공하는 방법은 없다.

책임질 수 없는 말과 행동을 하면서 인생이 바뀌길 기대하는 건 바보들이 하는 일이다. 신격호는 이런 말을 했다.

"기업인은 회사가 성공할 때나 실패할 때 모두 자신의 책임으로 돌려야 합니다. 자신의 책임이라고 생각하면 신중해지고 보수적이 되지요." [1]

신격호의 말처럼 회사의 경영은 경영자가 책임져야 한다. 마찬가지로 자신의 인생은 모두 자신이 책임져야 한다. 부모나, 환경, 사회의 영향도 있지만 모든 책임은 내가 지는 것이다. 그게 인생이다.

다른 사람이 책을 10권을 읽는다면, 당신은 50권, 100권을 읽어라. 다른 이들이 3시간 공부할 때 당신은 6시간, 10시간 공부하라. 효율성도 중요하지만 본인이 조금 부족하다면 그렇게 양적인 노력을 해야 한다. 100점을 목표로 한다면 100점을 맞기 위해 노력하라.

남들이 안 보는 책도 읽고 영화도 보라. 남과는 다른 경로로 정보를 받아들이고 경험해야 남과 다른 생각이 가능해진다. 그래야 남다른 행동을 하고 남다른 결과를 얻는다.

이런 사실을 잘 알면서도 실천하지 못하는 사람들이 많다. 아직도 우리 주변에는 말뿐인 사람들이 있다. 이른바 '해볼라고 족'들이다.

"이거 한번 해볼라고.", "저거 한번 해볼라고."

어디서 많이 듣던 소리다. 그들은 평생 "해볼라고"만 외치다가 끝낼 사람들이다. '무언가 하려고 하는 생각'이라도 했다는 건 그나마 가능성이 있다고 보아야 할까? '해보자'는 생각조차 안하는 사람들도 부지기수이니 말이다.

내 주위에도 이런 사람들이 있었다. '새로운 사업을 해보겠다고, 새로운 직장을 찾아 떠날 거라고.' 나는 그들에게 이렇게 말했다.

"그러면 어서 시작하세요. 망설이지 마시고 바로 하셔야죠."

그러자 그들은 이렇게 말하곤 했다.

"좀 생각해보고, 준비한 후에 해보려고. 하긴 할 거야. 해야지."

안타깝게도 그들 중 자신이 말한 걸 실천한 사람은 아무도 없었다.

어제와는 다른 생각을 하고 행동을 하면 나의 오늘은 달라진다. 지금 나의 생각과 행동을 다르게 하면 내일은 오늘과는 또 달라지는 걸 볼 수 있다. 생각을 바꾸고 행동하는 자에게만 미래가 있다. 남들보다 조금 더 다르게 생각하고 조금 먼저 행동하면 된다. 남들이 다른 데에 정신이 팔려있을 때 당신은 움직이면 된다.

당신의 오늘과 내일은 반드시 당신 손으로 만들어라.

철저하게 이상을 꿈꾸고
지독한 현실주의자로 살아라

"인생이 살만한 가치가 있다고 믿어라. 그러면 그 믿음이
가치 있는 인생을 만드는 데 도움을 준다."
- 윌리엄 제임스 -

이상을 꿈꾸고
현실주의자로 산다는 것

한국에서도 베스트셀러였던 《시크릿 The secret》 같은 신사상 운동New thought movement에 기반을 둔 오컬트 종교책 [2]들을 보면 아주 단순하다. 간절히 생각만 하면 뭐든지 이루어진다고 이야기한다. 그야말로 엄청나지 않은가? 생각만 하면 '끌어당김의 법칙'을 통해 뭐든지 이루어진다니. 단, 부정적인 생각은 하지 말아야 한다. 만약 생각을 하고도 이루지 못한 게 있다면 모두 본인 책임이다. 집

중하지 못했거나 부정적인 생각 때문에 방해를 받아서 원하는 것을 이루지 못한 것이다.

당신의 생각은 어떠한가? 물론 그렇게 믿어도 상관없다. 나 또한 생각의 힘이야말로 중요한 요소라고 생각한다. 하지만 생각만으로 이루어지는 건 없다. 생각을 하고 움직여야 한다. 내 앞의 현실도 정확히 볼수 있어야 한다. 우리는 철저한 이상을 꿈꾸고 지독한 현실주의자로 살아가야 한다.

신격호가 롯데월드를 개발한다고 했을 때 잠실에는 아무것도 없었다. 꿈을 꾸면 그것을 현실로 만들기 위한 일을 해야 한다. 그저 꿈만 꾸다가 인생을 마무리할 것이 아니라면 말이다. 신격호는 꿈을 꾸고 현실로 이루어냈다. 잠실 일대를 롯데타운으로 만들었다.

무슨 일을 하든지 시작하기로 했다면 반드시 성공할 것이라고 굳게 믿어라. 그렇게 믿어도 안 되는 경우가 90%가 넘을 것이다. 하지만 처음부터 안 된다고 생각한다면 성공 가능성은 0%이다. 사람은 곱하기를 할수가 있다. 가능성이 0.1, 0.01%라도 자신의 능력을 키워서 곱해버리면된다. 그럼 결과는 1이 될 수도 있고 10이나 100이 될 수도 있다. 얼마든지 기하급수적으로 변화 가능하다.

그리고 준비를 해놓으면 된다. 플랜 A, B, C를 만들어서 준비를 하면 위험에 대비할 수 있다. 그게 바로 시나리오 경영인 것이다. 신격호는 이렇게 말했다.

"망하더라도 가장 마지막에 망해야 한다."

그도 항상 성공을 목표로 하지만 망할 수도 있다는 걸 분명하게 인식하고 있었다. 그래서인지 그는 사업을 시작하면서 자금을 최소한으로 빌리거나 가급적 돈을 빌리지 않으려 한다. 사업을 하다 망하면 혼자 망하는 게 아니라 도움을 받은 여러 협력업체에 손실을 입히기 때문이다. 사업을 할 때 큰 손해를 보더라도 남에게 피해가 가지 않기 위해서 신격호가 세운 원칙이다.

신격호는 평소 임원들에게도 사업을 할 때는 차입금을 주의해야 한다고 자주 강조했다. 그는 차입금을 사람 몸에 열이 난 상태로 보고 차입금을 가급적 줄여나가야 한다는 생각을 가지고 있다. 남의 돈 빌려서 사업할 때는 조심하라는 말이다.

"한국 기업인은 일본 기업인에 비해 과감하지만 무모하게 보일 때가 있다. 몸에서 열이 나면 병이 나고, 심하면 목숨이 위태로워진다. 기업에 있어서 차입금은 우리 몸의 열과 같다. 과다한 차입금은 만병의 근원이다. 잘 모르는 사업을 확장 위주로 경영하면 결국 국민이 피해를 보게 된다. 고객이든 협력업체든, 적어도 롯데와 거래하면 손해를 보지 않아야 한다." [3]

그런 이유 때문인지 롯데는 남에게 돈 빌려서 사업하지 않으려고 한다. 어떻게든 차입금을 최소로 하기 위해서 수단과 방법을 가리지 않고 노력한다. 차남 신동빈도 이런 이야기를 한 적이 있다.

"총괄 회장님도 예전에 은행 때문에 매우 고생하신 적이 있습니다. 그래서 저도 그다지 차입에 의존하지 않는 것입니다. 그룹에는 아직 비상장 기업도 여러 개가 있으므로 지금은 기업 상장 등을 포함하여 다각도로 사업을 검토하고 있습니다."

롯데의 현금 사내 보유율은 대기업 중 국내 최고 수준이다. 또한 부채비율은 60% 수준을 계속 유지해왔다. 2010년에서 2012년 사이에는 대형 M&A 때문에 부채비율이 85%까지 올라갔으나 현재는 60%대를 유지하고 있다. 대기업이 이렇게 적은 부채비율을 계속 유지하고 있는 건 대단한 일이다.

준비를 멈추지 마라

원하는 꿈을 이루기 위해서는 반드시 고개를 들어 하늘을 봐야한다. 하늘을 바라보면서 땅에 발을 딛고 서 있어야 한다. 안 그러면 넘어지고 다친다. 꿈은 꾸되 현실은 정확히 바라봐야 한다. 신격호는 회사임원들에게 이런 말을 자주 하곤 했다.

"경영은 안 될 때가 있다. 그럴 때 일수록 반드시 잘 될 때가 있다는 것을 생각하고 대비해야 한다. 또 기업이 잘 될 때는 반드시 슬럼프가 올 수 있다는 것을 생각하고 안 될 때를 대비해야 한다." 4)

믿기 어렵겠지만, 세계 최고의 기업 중 하나인 마이크로소프트(MS) 창업자인 빌 게이츠도 회사가 망할지도 모른다는 두려움에 대한 걱정을 했다.

"내가 오늘 잘못 판단하면 내일이라도 당장 회사는 망할 수 있습니다. 그런 꿈을 자주 꿉니다." 5)

세계 최고 기업 중 하나로 꼽히는 마이크로소프트의 천재 경영자 빌 게이츠도 회사가 망할까 두렵다고 토로했다. 물론 엄살일 수도 있다. 그렇더라도 사장들이 느끼는 위기감은 언제나 클 수밖에 없다. 1960년에 신격호는 위험을 분산하자는 의미에서 계열사를 만들려고 노력했다. 그는 계열사 준비를 하면서 직원들에게 이렇게 말했다.

"메이지제과明治製菓나 모리나가제과森永製菓는 역사가 오래된 전통 있는 기업이고 뛰어난 인재도 풍부하다. 이런 기업들과 정면으로 승부하는 일은 쉬운 일이 아니다. 따라서 많은 노력을 해야 한다. 우리 롯데는 빠른 성장을 해왔기에 여러 방면에서 비난과 공세를 받고 있다. 때문에 우리는 변신할 필요가 있다.

제과 산업이 앞으로 급격하게 성장할 것으로는 생각하지 않는다. 그렇기에 다각화 노선을 취할 필요도 분명히 있다. 나는 내가 가진 능력 범위 안에서 안전한 길을 선택하고 사업을 이어나갈 것이다.

일단, 부동산 사업이라 할 수 있는 호텔업 진출 같은 것도 하나의 방법으로 생각하고 있다. 부동산이 있으면 만약이라도 사업이 잘 되지 않는다 해도, 완전히 망해서 제로가 되진 않는다." 6)

경영자는 언제나 '망할 수도 있다'는 것을 항상 염두하고 경영에 임해야 한다. 나는 망하지 않는다고 자만하면 일을 망치게 된다. 철저하게 이상을 꿈꾸고 지독한 현실주의자로 살아라.

사랑하라, 자유롭고
풍요로운 삶을 누려라

"인생을 살아가는 방법에는 오직 두 가지가 뿐이다.
어떤 일도 기적이 아닌 것처럼 살거나,
모든 것을 기적으로 여기고 살아가는 것이다."
- 아인슈타인 -

후회 없는
삶을 살아라

"나는 인생을 잘못 살았다."

어느 유명한 경영자가 죽기 전에 마지막으로 한 말이다. 그 경영자는 바로 세계 최고의 유통업 황제로 불리는 월마트 창업자 샘 월튼Sam Walton이다. 샘 월튼은 부자 중의 부자였다. 그러나 그는 자식들에 대해서 아는 게 거의 없었다. 손자들의 이름도 알지 못했다. 친구도 없었다. 아내마저 사랑보다는 그저 의무감으로 그의 곁에 있었다는 사실을 알

게 되었다. [7]

수십 년 동안 일에 미쳐서 산 샘 월튼은 세계적인 기업을 만들고 부를 이뤘다. 그러나 그가 남긴 마지막 말에는 깊은 후회가 담겨 있다. 샘월튼은 엄청난 돈을 벌었지만 검소하게 살았다. 그는 흥청망청 돈을 쓰는 걸 경멸했다. 낡은 소형 트럭을 직접 몰고 다녔다.

하지만 그의 마지막은 그리 행복하지 못했다. 그는 사랑하지도 사랑받지도 못했다. 자유롭게 살지도 못했고 풍요로움을 즐기지도 못했다. 남들이 보기에는 부러움의 대상이었지만 정작 자신은 행복한 부자가 아니었다는 걸 너무나 뒤늦게 깨달았다.

신격호가 내세운 롯데의 기업정신은 3L이다. 3L은 롯데그룹 예전 배지에도 표현되어 있었다. 3L은 LOVE(사랑), LIFE(삶), LIBERTY(자유)를 말한다. 하나씩 살펴보면, LOVE는 '누구나 롯데를 통해 사랑과 행복을 느낄 수 있어야 한다는 뜻'이다. 거기에 더해서 사람들에게 사랑받는 기업이 되고자 하는 신격호의 마음이 담겨 있다. LIFE는 '보다 윤택하고 풍요로운 삶을 제시해 행복이 넘치게 하자는 의미'이다. LIBERTY는 '보다 앞선 문화를 알고 삶의 진정한 자유로움을 찾게 하겠다는 뜻'이다.

신격호가 주식 상장을 하지 않은 것에 대해서 세금을 내기 싫어서라고 말하는 사람도 있었다. 그러나 그가 주식 상장을 하지 않은 것은 다른 뜻이 있었다. 신격호는 주식 상장을 하면 자유롭게 기업을 경영하는데 걸림돌이 될 수 있다고 판단했다.

주식 상장이 되면 주주의 이익극대화를 경영의 목표로 해야 하기 때문이다. 그렇게 되면 자신의 의지대로 기업을 운영하는 데 방해가 된다.

그는 주식을 공개하지 않은 까닭에 대해 "조금만 모험해 실패하면 주주들에게 이런저런 소리를 듣게 될 것이 싫었기 때문"이라고 직접 밝히기도 했다. [8]

작은 행복과 큰 행복을 동시에 누려라

우리는 인생을 풍요롭게 즐겨야 한다. 자신이 이룬 부를 마음껏 누리면서 생활해야 한다. 하고 싶은 게 있으면 하고, 먹고 싶은 게 있으면 먹고, 가지고 싶은 게 있으면 가질 수 있어야 한다. 돈은 순환되지 않고 가만히 있으면 굳어버린다. 들어오고 나가는 것이 있어야 부가 늘어난다. 무절제한 삶을 살라고 말하는 것이 아니다. 되는대로 살아보자는 이야기도 아니다.

아무리 부자라도 하루에 네 끼, 다섯 끼를 먹을 수는 없다. 비싼 고급 식당에서 음식을 먹는 것도 하루 이틀이지 매일 그렇게 먹을 수도 없다. 큰 돈 들이지 않아도 약간의 변화를 주면 얼마든지 즐겁게 생활할 수 있다. 우리나라 사람들은 그동안 자기 삶을 즐기는 데 인색했다. 열심히 살면 뭐든지 될 줄 알았다.

그런데 그게 아니었다. 열심히 한다고 무조건 성공을 거두는 것도 아니었다. 생각해보라. 경제는 항상 어려웠다. 예전에도 어려웠고 지금도 어렵다. 한 번이라도 경제 상황이 좋다는 말을 들어본 적이 있는가? 좋지 않다는 말을 더 많이 들었을 것이다. 그래도 우리는 이만큼 발전하고 세계와 경쟁해왔다. 열심히 살면서 자유롭게 즐길 수 있어야 한다.

신격호는 즐길 줄 아는 사람이었다. 롯데를 세우고 껌 사업으로 일본 1위를 했던 젊은 시절에 그는 자동차 마니아였다. 당시 유행하던 롤스로이스, 링컨컨티넨탈, 캐딜락 같은 외제차를 여러 대 사서 직접 타고 다녔다. 도쿄에 주택을 크고 화려하게 지어서 살기도 했다. 즐길 때는 즐길 줄 아는 경영자였다.

'불황, 불황' 하면서 무조건 아끼고 줄이는 게 능사가 아니다. 요즘 경제가 불황인 것은 사실이지만, 꼭 돈을 많이 써야지 행복을 느낄 수 있는 것도 아니다. 소소하게 자신만의 행복을 느끼면 된다.

나는 수첩을 하나씩 모은다. 물론 사용할 목적으로 구매한다. 하나에 2~3만원 하는 고급 메모장은 아니다. 2~3천원이면 살 수 있는 수첩을 여러 개 사면서 즐거움을 느낀다. 볼펜이나 만년필도 수집중이다. 물론 필기구도 몇 십만 원에서 몇 백만 원까지 비싼 것들도 있다. 그런 걸 모으는 것도 재미있을 것이다.

저렴한 제품들 위주로 여러 개 사서 돌려가면서 쓰는 즐거움도 좋다. 돈 많이 안 든다. 300원짜리 볼펜을 사서 쓰는 것도 재미난 일이다. 나는 여러 권의 책을 한 번에 충동구매할 때 짜릿하다. 이렇듯이 작은 것에 재미를 붙여서 행복을 누리면 어떤가. 삶이 조금은 풍요로워지지 않겠는가?

일본의 소설가 무라카미 류는 "자신을 괴롭히고, 너는 안 된다고 했던 사람들에게 복수하는 최고의 길은 그들보다 더욱 즐겁고 재미있게 인생을 살아가는 것"이라고 말했다. 현명한 방법이다. 남보다 행복하게 사는 게 최고의 복수인 것이다. 세상을 놀이터로 여기고 노는 것처럼 일을 하고 재미있게 생활해야 한다.

삶이 우리에게 준 숙제를 인생의 축제로 바꾸기 위해서는 더 많이 잘 놀아야 한다. 삶을 즐겨야 한다. 남을 의식하지 말고 진정으로 즐기면서 신나게 살자.

우스갯소리로 한국 사람들이 인생의 마지막에 하는 세 가지가 있다고 한다. 바로 "좀 더 베풀면서 살 걸, 조금 더 용서하면서 살 걸, 조금 더 재미있게 살 걸"이다. 우리는 이런 걸 하지 말자.

마지막에 후회하는 삶보다, 아쉬움 없이 떠날 수 있는 삶을 살아야 하지 않겠나. 사랑하라, 자유롭고 풍요로운 삶을 누려라.

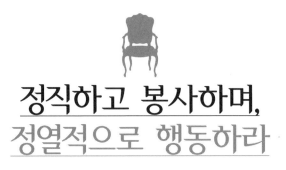

정직하고 봉사하며,
정열적으로 행동하라

"행복한 사람은
스스로 행복을 창조하고 느끼는 사람이다."
- 마르쿠스 아우렐리우스 -

정직과 봉사, 정열적인 행동으로
남들과는 다르게 가라

　　　　　　　정직, 봉사, 정열은 롯데그룹의 사훈이
었다. 사훈이 어째 조선시대 선비정신을 이어받은 것 같다. 중·고등학교
급훈 같기도 하고. 여기에 대해서 신격호는 인터뷰에서 이런 대답을 한
다.

　－ 회장께서 직접 만들었다는 롯데 훈訓이 아주 인상적이더군요. 정직, 봉사,

정열인데 회장께서 붙였다는 해설이 좋았습니다. 즉 정직은 바르게 살자는 것으로 이성理性의 명령이며, 봉사는 의롭게 살자는 것으로 의지意志의 표현이고, 정열은 즐겁게 살자는 것으로 감정의 실천이라고 말씀하셨더군요.

"뭐, 그 말은 좋은 제품을 열심히 만들자는 뜻에서 발전시킨 거지요. 그 말 가운데서 가장 중요한 것은 정직이지요." 9)

롯데그룹의 정신이자 상징이었던 3L(Love, Life, Liberty)과 사훈은 현재는 다음과 같이 두 가지로 변경되었다. '핵심역량 강화, 현장경영, 인재양성, 브랜드경영'의 경영방침과 '고객중심, 창의성, 협력, 책임감, 열정'의 핵심가치로 2009년에 바뀌었다.

신격호가 정직과 봉사, 정열에 관해서 예전에 언론에 직접 공개한 글이 있다. 1983년 1월 26일자 〈한국경제신문〉에 '정열·정직·봉사'라는 제목의 칼럼이다. 그가 쓴 유일한 기고문이다. 신격호가 인생과 경영에 대해 어떤 생각을 가지고 있는지 알 수 있는 글이다. 지금 읽어봐도 전혀 낡아 보이지 않고 현재 경영자들에게 주는 울림이 크다고 생각되어 내용 전부를 수록한다.

정열·정직·봉사

'어렵다, 어렵다' 하면 더 어렵다

오늘의 세태를 일컬어 사람들은 난국이라고 부른다. 난국의 의미는 사람에 따라 다소의 차이는 있겠지만, 종전과 같은 안이한 생활태도를 가지고서는 살아가기가 어렵다는 뜻이 함축되어 있다고도 볼 수 있다. 기업을 하는 나로서는 이중에서도 경제적 난국을 가장 심각한 것으로 여기고 있다. 보호무역주의, 인플레 등 아직도 세계 경제의 상황은 많은 난제들로 점철되어 있다. 그러나 보기에 따라서 난국이란 더 주관적 문제가 아닌가 하는 생각도 든다.

'어렵다, 어렵다' 생각하면 더욱 어렵게 느껴지고, '하면 된다'는 식으로 결의를 굳히면 사람들이 '난국, 난국' 하고 떠드는 어려움도 거뜬히 극복해낼 수가 있다. 어려움을 당할 때 우리에게 제일 먼저 필요한 것은 그것을 극복해 나가겠다는 굳은 의지일 것이다.

그러나 이 마음가짐은 누구나 가지고자 한다고 해서 쉽사리 가져지지 않는다. 어려움을 당하게 되면 대부분의 사람들은 실의에 빠지고 당황하거나 자신을 잃고, 허둥대게 마련이지만, 어떤 사람은 소리 없이 어려움과 대결해 마침내 그것을 딛고 일어서기도 한다.

우리는 이와 같은 본보기가 될 만한 사람들을 이따금 만나게 된다. 그런 사람들 중에도 나는 굽힐 줄 모르는 투지로 기계棋界의 왕좌에 오른 조치훈씨를 그 대표적인 예로 꼽고 있다.

그가 처음 일본 기단에 입문한 이래 지금까지의 발자국은 이미 세인들에게 많이 알려져 있지만, 그의 일거일동을 가까이서 지켜본 나로서는 그가 정상의 큰 고비가 되었던 '명인' 타이틀을 따내었던 그 날의 감격을 결코 있을 수가 없다.

내가 처음 그를 만났을 때부터 나는 그로부터 우리 한국인 특유의 강인한 의지를 엿볼 수 있었다. 그의 작은 눈동자는 예지叡智로 가득했다. 그런데 몇 차례 그와의 만남이 거듭되는 동안 그의 또 다른 면모를 발견했던 것이다.

그는 말수가 극히 적은 사람이지만, 안으로는 정열이 활활 타고 있음을 알게 되었다. 그의 잠재된 정열은 긴 침묵의 한판 승부에서 필승의 투혼으로 승화된다. 대역전극을 연출한 명승부의 한판일수록 그의 정열은 더욱 돋보인다. 괴테의 불후의 명작으로 일컫는 《젊은 베르테르의 슬픔》의 주인공인 베르테르는 그의 연인 샤롯데에 대한 사랑에 있어 정열덩어리였다.

그 정열 때문에 그는 즐거웠고 때로는 슬퍼하였으며, 그 정열 속에서 자신의 생명을 불사를 수 있었던 것이다. 일을 할 때 정열이 솟는 사람은 그 일속에서 행복을 느낀다. 정열은 상대에 대한 무한한 사랑이다. 사랑을 가지고 있으면 어떠한 어려운 일이라도 즐겁게 이겨낼 수 있지만, 정열이 없으면 어떠한 좋은 조건이라도 결코 즐거움을 맛볼 수 없다.

천하의 가장 행복한 사람은 자기의 일에 정열이 솟는 사람이요, 가장 불행한 사람은 자기 일에 정열이 솟지 않는 사람일 것이다.

융성의 조건은 정직·봉사·정열의 조화

"나는 우리 사원들에게 정직, 봉사, 그리고 정열을 가진 사람이 되자고 함께 다짐하고 있다. 정직은 바르게 살자는 것이요, 봉사는 의롭게 살자는 뜻에서이며, 정열은 힘차게 살려는 생각에서였다. 정직은 이성의 작용이요, 봉사는 의지의 표현이며, 정열은 감정의 실현이다. 사람은 이 세 가지가 잘 조화되어 있어야만 비로소 사람답게 행동할 수 있는 것이다.

사람은 정직한 것으로 참된 것을 행하고 또 봉사하는 것으로 착한 것을 나타내며 또한 정열로 아름다운 것을 보여준다. 우리는 좀 더 인간답게 정열을 가지고 감격을 느끼면서 밝게 살아가야만 하고 그 정열과 감격 속에서 사는 보람을 느끼는 것인데, 현대인의 정열 결핍은 인간 생활을 매우 삭막하고 불행하게 만들고 있다.

정열은 일에 대한 사랑이요, 일을 이끄는 원동력이지만, 이 정열을 잘 조화하지 않으면 탈선할 가능성도 있다. 정열은 때로는 맹목적일 수도 있어 물불을 가리지 않아 극단의 경우에는 파괴까지 저지를 위험성도 있다.

정열은 이성과 의지가 잘 조화될 때 창조성을 발휘할 수 있겠지만, 그 정열이 지나쳐서 이성과 의지를 무시하면 큰 불행을 가져온다. 이와 마찬가지로 경영에 있어서도 경영자의 정열과 종업원 모두의 정열이 하나의 총체로서 발현될 때 그 회사는 보다 큰 발전이 기약될 것이다.

정열이 쇠퇴한 기업은 오늘의 난국에서 살아남기 어렵다. 경영도 바둑의 세계처럼 조화와 질서 속에서 절제된 정열이 샘솟아 나올 때 필승이 보장될 수 있겠기에 말이다. 기업이나 국가, 그리고 가정에 있어서도 질서는 그것을 이루는 바탕이 된다.

질서가 설 때 그 국가와 가정과 기업은 원만하게 영위될 수 있다. 질서는 밖으로 향한 것과 안으로 향한 것이 있다. 기업이 건전하면 밖으로는 사회 질서가 바로 잡히고, 기업의 내부가 평온하면 기업 내의 질서가 바로잡혀 좋은 성과를 이룰 수 있다. 오늘날 기업은 단순히 이익을 추구하기 위해 존재할 수는 없다.

고객인 국민에게 조금이라도 편리를 주고자 하는 마음에서 기업이 이뤄지고, 그 봉사의 대가로 이익이 생기는 것으로 보아야 할 것이다. 봉사하는 마음에서 정열을 가지고 일을 하면 불량품이 나올 수 없고 불친절이 있을 수 없다.

나는 나와 한 배를 타고 있는 모든 사람들이 정직하고 봉사하며 그리고 정열을 가져주기를 늘 염원하고 있다. 10)

신격호는 자신의 글을 통해 철학을 밝혔다. 이 글을 읽으면 신격호라는 사람이 보인다. 그가 밝힌 정직이라는 신념과 남을 위한 봉사, 그리고 일을 완성하고자 하는 정열, 이 세 가지의 원칙이 오늘의 신격호를 가능하게 했을 것이다. 짧은 기간이라도, 딱 3개월만이라도 신격호처럼 생각하고 행동해 보면 어떨까.

정직하고 봉사하며, 정열적으로 행동하라.

건강은
당신의 방패이다

"Anima sana in corpore sano."
건강한 신체에 건강한 정신이 깃들지어다.
- 로마 속담 -

신격호의
건강 비결

　　　　　　　　건강이야말로 당신을 지켜주는 방패라고 할 수 있다. CJ그룹의 이재현 회장은 지병으로 건강이 안 좋다. 풍채 좋고 당당했던 사람이 몰라볼 정도로 야위었다. 삼성 이건희 회장은 암수술을 받은 바 있고, 지금도 병이 중한 상태이다.

　신격호도 오래 전부터 건강악화설이 있었다. 매년 건강 악화설이 이어졌다. 워낙 고령이다 보니 그런 오해를 받았다. 신격호 롯데그룹 총괄 회장은 창업 1세대 중 여전히 정열적으로 활동하는 거의 유일한 경영인이다.

1922년생으로 현재 지팡이를 짚고 다니지만, 아직도 부축 없이 다니며 지속적으로 업무보고를 받는다. 그는 무엇을 즐겨먹고 체력관리는 어떻게 할까? 뭔가 좋은 걸 혼자만 챙겨먹는 건 아닐까? 운동을 매일 하는 건가? 그의 특별한 건강비결은 무엇인지 알아보자.

신격호가 가장 좋아하는 음식 중 하나는 돌솥비빔밥이다. 대기업 총수치고는 의외로 소박한 입맛이라 할 수 있다. 그는 여름에 더 자주 찾는 별미로 돌솥비빔밥을 꼽기도 한다. 별다른 양념 없이 다양한 채소와 갈비를 곁들인 돌솥비빔밥은 여름철에 잃어버린 입맛을 돌아주는 건강식으로 여겨 자주 즐긴다. 그는 "무더운 여름철에는 위에 부담을 주지 않는 담백한 음식이 최고"라며 돌솥비빔밥 예찬론을 펼친다. [11]

아버지의 식성을 보고 배웠는지 출장이 잦고 바삐 움직이는 차남 신동빈도 비빔밥을 자주 즐겨 먹는다. 건강에도 좋고 언제 어디서나 부담 없이 먹을 수 있어 비빔밥을 선호한다. [12]

신격호는 평소 '밥이 보약'이라는 생각으로 하루 세끼를 제 시간에 규칙적으로 챙겨 먹는 것으로 잘 알려져 있다. 최근에 유행했던 '1일 1식'하고는 거리가 멀다.

아침식사는 대부분의 경우 위에 부담이 없고 소화가 잘되는 죽으로 해결한다. 그중에서도 영양이 풍부하고 맛도 좋은 전복죽을 자주 찾는다. 점심과 저녁은 한식과 일식을 번갈아가며 먹는다. 한식과 일식을 좋아하는 것은 한국과 일본을 오가는 '셔틀경영'에서 비롯됐다. 일식은 우동과 생선구이를 기본으로 하여 정갈한 음식을 위주로 먹는다. 양식은 주로 손님을 초대할 때 내어놓으며, 역시 꺼리지 않고 즐긴다. 그는 특별하게 가리는 음식이 없고 다 잘 먹는 편이다.

과식이나 폭식은 하지 않고 적당량을 먹는다. 이처럼 신격호는 보양식보다 규칙적인 생활습관이 건강관리에 더욱 중요하다고 말한다. 아무리 급한 일이 있어도 식사는 가급적 정해진 시간에 먹어야 한다는 지론을 갖고 있다. 식사는 자신이 집무실로 사용 중인 롯데호텔 34층 스위트룸에서 주로 한다.

술은 젊은 시절에 많이 마셨는데, 인삼주를 특히 좋아했다. 요즘은 술을 마시지 않는다. 담배도 현재 피우지 않는다. 젊은 시절에는 하루에 시가를 10개 이상 필 정도로 좋아했다. 술과 담배를 무척이나 즐겼지만 60세가 넘어가면서 아예 다 끊었다. 금주와 금연을 실천한 지 오래되었다.

골프를 좋아해서 자주 골프를 쳤다. 일본에 소유하고 있는 골프장은 18홀, 52만평 규모이다. 한때는 일본 골프장 회원권을 200장이나 가지고 있었을 정도로 골프를 즐겨 쳤다. 현대의 정주영 회장, 포스코의 박태준 회장과 골프모임을 자주 갖기도 했다. 정주영과 박태준은 신격호와 친분이 깊은 사이였다.

신격호는 운동을 체계적으로 하지는 않는다. 시간이 날 때마다 집에서 정원을 가꾸거나 현장을 순시하는 걸로 대신하고 있다. 주로 현장 방문이나 점검을 통해 꾸준히 걷기를 생활화하고 있다. 자주는 아니지만 가끔은 집무실 근처인 청계천에 가서 산책을 할 때도 있다. 한 때는 정원 가꾸기에 빠져서 정원 가꾸는 재미로 산다는 말도 할 정도였다. 어린 시절부터 시작한 취미로 바둑이 있다.

건강을 지키면
모든 걸 지킬 수 있다

신격호는 잠을 잘 자는 편이다. 사업 초창기에는 3~4시간만 자거나 밤을 지새우면서 일에 미친 듯이 몰두하기도 했다. 80세가 넘어서도 야간에 백화점이나 마트를 순방하며 다니고 본인이 차를 직접 운전하기도 했다. 혼자서 운전하다가 큰 사고를 당한 경험도 있다.

최근에는 절대로 무리하게 일을 하지 않는다. 조금 피로하면 가급적 바로 휴식을 취한다. 말을 아끼고 큰소리를 내지 않는 것도 몸을 보호하는 습관이다. 기력을 낭비하지 않는다.

신격호는 새벽 4시나 5시에 일어나는 새벽형 인간은 아니다. 보통 아침 7시~8시 정도에 일어난다. 가벼운 맨손체조를 한 뒤, 샤워를 한다. 식사는 아침 9시 정도에 한다. 일의 시작도 대개의 경우 아침 9시에서 10시 사이에 시작해서 오후 5~6시까지 집중해서 일한다. 오후 6시가 지나면 따로 업무를 보진 않고, 오후 7시 정도에 특별한 일이 없으면 퇴근하는 규칙적인 생활을 해왔다.

충분한 잠은 건강에 필수이다. 잠을 제대로 못 잔 피곤한 상태에서는 똑바로 일할 수 없다. 아무리 바빠도 충분한 수면 시간을 확보해야 한다. 세계 최고의 인터넷 신문 〈허핑턴 포스트The Huffington Post〉의 창업자 아리아나 허핑턴Arianna Huffington은 수면 시간이야말로 성공에서 매우 중요한 요소라고 이야기한다.

마이크로소프트의 빌 게이츠와 아마존의 제프 베조스도 하루에 7시간 수면시간을 지키고 있고, 자신들의 성공 비결 중 하나로 충분한 수면시간을 꼽기도 했다. 잠을 제대로 자지 못하면 판단력이 흐려진다. 그럴 경우 사람은 실수를 하게 된다. 아무리 의지가 넘쳐도 잠을 못 자면 졸리게 마련이다. 잠을 푹 자야 건강을 유지하고 맑은 정신으로 일을 할 수 있다.

미국의 43대 대통령 조지 부시 전 대통령의 아버지이자 41대 대통령을 역임했던 조지 부시는 고령에도 불구하고 예전부터 하고 싶었던 스카이다이빙에 도전하기로 마음먹었다. 2004년에 자신의 80세 생일을 축하하며 육군 낙하팀인 '골든 나이트'와 함께 스카이다이빙, 즉 공중낙하를 했다.

스카이다이빙은 하늘에 떠 있는 비행기에서 밑으로 뛰어내리는 걸 말한다. 높은 곳에서 떨어지는 번지점프와는 비교할 수 없을 정도로 난이도가 높은 게 스카이다이빙이다. 체력이 뒷받침되어야 한다. 그걸 80세 노인이 해냈다. 83세이던 2007년에는 대통령 기념관 개관을 축하하기 위해 스카이다이빙에 다시 도전해 멋지게 성공했다. 그는 "내가 스카이다이빙을 함으로써 세상에 나이가 들어도 자신의 특기를 발휘할 수 있음을 알리고 싶었다"고 자신의 소감을 밝혔다. [13]

그는 올해 2014년, 90세의 나이에도 스카이다이빙에 도전해 멋지게 성공했다. 조지 부시 또한 6~7시간의 수면을 꾸준히 취해왔고 적당한 운동을 하며 건강관리를 해온 것으로 알려졌다.

신격호는 백화점과 호텔을 걸어 다니면서 건강을 챙겼다. 적당량의 식사를 하고 가급적 충분한 수면을 취했다. 피트니스센터에 가서 규칙적으로 운동하는 것도 좋지만, 신격호처럼 생활 속에서 활발히 움직이는 것으로도 충분하다.

건강만 유지할 수 있다면 우리는 참 많은 일을 할 수 있다. 지금부터라도 체력을 키워라. 적당한 양의 식사를 하고, 가벼운 운동을 하고 충분히 잠을 자라. 활력이 부족하다면 비타민을 챙겨먹어라. 건강은 당신의 방패이다.

현재에 안주하지 말고
전진하라

"산다는 것은 숨 쉬는 것이 아니라
행동하는 것이다."
- 루소 -

인생에 한번은
최고를 남겨라

　　　　　　　　신격호는 지금도 여러 가지 구상을 하
며 시간을 보낸다. 워낙 고령인지라 현장 순시를 예전만큼은 하지 않고
있다. 신격호는 좀 쉬라는 주위의 만류에 이렇게 답한다.

　"사업 구상을 하면 행복해. 뭔가 목표를 정해놓고 그 목표를 향해 한 걸
음 한 걸음 다가갈 때마다 얼마나 행복한지 몰라. 다 이루었다 하면 무슨 재

미냐? 나는 24시간 생각해. 이거 다음에는 뭘 어떻게 해야 저 이상을 향해 달려갈 수 있을까 하는 꿈을 꾸고 설계를 하는 거야. 내가 돈 벌라고 하는 것인가? 내가 이 나이에 돈 벌어서 무엇을 하겠다고. 제2롯데월드가 세워지기만 하면 국가에도 좋고, 지역사회에도 좋고, 많은 사람들이 직장도 가지게 되고. 그걸 다른 외국 업체가 맡아서 하면 문제가 있을 거 아니야. 외국기업이 여기 30~40년 뿌리 내리나? 결코 아니야. 돈 되는 곳이 있으면 언제든지 다른 데로 가버려. 그걸 알고 있는데 가만히 있을 수 있나. 뭐든지 하고 싶어서 못 견디겠는 거야." [14]

외국 자본이 들어와서 주식을 많이 가지고 있는 것과 한국 자본이 많이 가지고 있는 것에는 그리 큰 차이는 없다. 한국 자본이든 외국 자본이든 법을 위반하는 일이 없도록 하는 게 중요하다. 외국 자본에 대해서 걱정해야 할 일은 경제상황이 갑자기 나빠졌을 때 한꺼번에 한국에서 빠져나가버리는 일이다. [15]

외국기업이야 한국에서 이익을 못 내면 다른 곳으로 가버리면 그만이다. 제2롯데월드 사업에 대해서 이렇게 말하는 사람들도 있다. "신격호가 나이가 들어서 욕심을 부린다"고 말이다. 그런데 과연 이것이 노욕인가? 제2롯데월드는 신격호의 마지막 소망이고 국내에서 롯데그룹이 진행하고 있는 최대의 프로젝트이다.

신격호는 이미 많은 걸 이루어냈다. 그러나 아직도 신격호는 꿈을 꾼다. 신격호는 1922년생이다. 한국 나이로 올해 아흔셋이다. 돈은 이미 벌만큼 벌었다.

신격호의 바람대로 제2롯데월드 부지에는 롯데타워가 건설되고 있다.

2016년 개장 목표다. 123층에 높이가 555m에 이르는 국내 최고 건물이다. 대단히 상징적인 숫자로 이루어져 있다. 완공을 마치면 세계 초고층 빌딩 순위 6위에 오르게 된다. 국내에서는 63빌딩을 제치고 가장 높은 빌딩이 된다. 현재 부분 개장이 이루어진 상태이다.

공사를 위해서 여러 가지 구설수에 오를 만한 일을 했다. 마지막 문제였던 성남 공군비행장의 활주로는 3도 가량 트는 조건으로 결국 최종 승인을 받았다. 승인에 대하여 여러 말이 많지만 이미 승인이 나서 건설 중이다. 어려운 상황을 지나서 건설 중이니만큼 사고 없이 정말 멋진 건물을 만들어 주길 바란다. 제대로만 짓는다면 아주 멋진 빌딩이 대한민국 수도 서울에 생기는 것이니 좋은 일이다.

경제적 효과를 생각하면 그 비싼 부지에 다른 프로젝트를 하는 게 낫다. 그러면 왜 제2롯데월드를 조성하고 국내 최고, 최대의 롯데타워에 투자하고 있는가? 이는 신격호가 30년 동안 꿈꿔온 일이기 때문이다.

신격호가 대한민국이 자랑할 수 있고 롯데라는 기업의 명예를 남길 수 있다고 생각한 게, 바로 잠실에 짓고 있는 제2롯데월드와 롯데타워이다. 예전에 롯데는 도쿄에 '도쿄 디즈니랜드'를 능가하는 테마파크 '롯데월드 도쿄'를 만들 구상을 하고 준비에 들어갔다. 하지만 일본 대지진과 원전 사태로 프로젝트는 미뤄졌다.

멈추기 전까지는 끝나지 않는다

신격호는 마지막으로 자신의 명예를

남기려고 한다. 아버지와 어머니의 나라, 자신이 태어난 대한민국에 말이다. 일부 계열사 직원들은 롯데타워의 수익성을 따지면 거의 제로(0)에 가깝다는 말을 한다. 하지만 대기업의 창업자로서 자신이 만든 기업이 국내에서 가장 높은 빌딩을 서울의 중심에 세운다는 건 대단히 매력적인 일이다. 단순히 이익을 떠나서 말이다.

롯데 내에서도 제2롯데월드와 관련해서 잡음이 많았다. 신동빈은 언론과의 인터뷰에서 이렇게 밝혔다.

– 123층으로 건설될 제2롯데월드는 경제성이 없다고 보는 사람들이 많다. 심지어 신격호 회장을 빼놓고는 롯데그룹 내에도 건립에 흔쾌히 동의하는 사람이 없다는 얘기도 나돌았다.

"내가 회장님께 한 번 다른 안을 올렸다가 혼난 적이 있다. 고층 빌딩의 수익률이 안 좋고 123층으로 지으면 채산성이 낮다고 말씀 드리고 다른 방안을 올렸는데 화를 많이 내셨다. '대한민국 수도에 그런 것이 있어야 위상이 높아지고 관광수입도 늘어난다는 것'이다. 특히 '롯데의 브랜드 가치도 크게 올라간다'고 말씀하셨다."

– 건의를 했던 다른 방안은 어떤 것이었나.

"123층보다 수익성이 더 좋은 쪽 아니었겠나(웃음). 60층짜리 호텔, 오피스빌딩 등으로 줄여서 짓는 게 채산성은 더 낮다는 얘기였다. 회장님은 초고층빌딩 건립을 20년 넘게 일관되게 주장해 오셨고, 그때 그런 건의를 드렸다가 혼이 난 후 깨달은 건, '기업경영에는 숫자 말고 숫자 외적인 요인이 훨씬 큰 게 있다'는 것이었다. 즉, 숫자로는 손해를 보더라도 브랜드 가치 같은 숫자 외적인 이익이 클 수 있다는 것이다."[16]

잠실에 짓고 있는 롯데타워를 신격호가 조국인 한국에 주는 마지막 선물로 생각하라고 이야기하는 사람들도 있다. 선물인지는 잘 모르겠다. 분명한 건 건물 자체만으로 이익을 보려는 건 아닐 것이다. 하지만 이익을 내기 어려워도 이익을 내는 게 신격호의 철학이다.

제2롯데월드 건물에는 백화점 명품관과 대형 쇼핑몰, 공연장 등도 대거 입점할 예정이다. 잠실 롯데타워는 완공 후 중국과 일본 관광객들의 필수 관광코스가 되리라는 예상을 많이 한다. 롯데타워가 개장하게 되면 큰 관심을 받게 될 것이고, 따라서 수익도 클 것이라고 부동산 전문가들은 예상한다.

당연한 일이다. 기업을 운영하는 회사는 이익을 내야 하니까 말이다. 롯데는 이렇듯 계속 달리고 있다. 현재에 안주하는 것은 달리는 러닝머신 위에서 서 있는 것과 같다. 러닝머신 위에 서 있으면 어떻게 되겠는가? 뒤로 자빠진다. 안주는 곧 퇴보를 말한다.

휴대폰 시장의 최강자였던 노키아와 모토로라를 보자. 이들은 한때 세계 최고의 휴대폰 제조 기업들이었다. 그러나 노키아와 모토로라가 휴대폰 시장에서 사라지는 데 많은 시간이 필요하지 않았다. 그들은 아주 조용히 시장에서 사라졌다. 지금 누가 노키아와 모토로라를 기억하는가?

최고의 카메라 제조업체였던 코닥은 시장의 흐름에 대처하지 못하고 사라졌다. 세계 최대의 자동차 업체였던 GM과 포드는 일본 도요타에게 1위 자리를 내준 지 오래다. 최고라고 자만하고 안주하면 성취한 모든 영광을 금새 다 잃어버리고 만다.

신격호는 1995년, 언론과의 인터뷰에서 "왜 굳이 제2롯데월드를 건설하느냐"는 질문에 이렇게 답했다.

"내가 살면 얼마나 더 살겠습니까? 21세기 첨단 산업 중의 하나가 관광입니다. 그러나 한국에는 구경거리가 별로 없어요. 세계에 자랑할 만한 시설을 조국에 남기려는 뜻밖에 없습니다. 놀이시설도 호텔도 제대로 한번 세울 겁니다." [17]

한다면 정말 제대로 하는 사람이 신격호이다. 지금까지 살아온 인생이 그랬다. 안할 거면 아예 눈길도 주지 않는다.

코끼리 등에 올라타
점·선·면을 질주하라

롯데의 진격은 잠실에서 끝나는 게 아니다. 2014년 1월에 인천 구월동 농수산물도매시장 부지를 매입했다. 롯데는 이곳에 2013년에 이미 매입한 인천터미널 부지와 연계해 초대형 '롯데타운'을 지을 예정이다. 도매시장 부지와 터미널 부지는 길 하나를 사이에 두고 있을 정도로 가깝다. 롯데는 이 두 곳을 연결하여 인천 한복판에 13만 6000㎡ 규모에 달하는 롯데타운을 짓는다.

부지 면적기준으로 보면 서울 잠실에서 개발 중인 제2롯데월드의 1.5배이다. 이곳에는 백화점, 마트, 영화관 등이 들어설 예정이고 단계적으로 2017년까지 증축할 계획이다. 인천 롯데타운과 수원 롯데타운이 조성되면 서울 소공동 롯데타운, 잠실 롯데타운, 김포 롯데몰로 이어지는 거대한 롯데타운을 이루게 된다.

이 같은 사례는 신격호의 경영전략인 코끼리경영을 정확하게 보여주는 예이다. 한 번에 한 입씩 먹으면 결국 다 먹어치울 수 있다. 롯데가 들어서는 상권은 그야말로 '롯데타운'이 되는 것이다. 롯데의 이런 전략은 최근 한 경영인이 적용해 큰 효과를 보고 있는 '점선면의 법칙'과 정확하게 같다.

'점선면의 법칙'은 커피전문점인 '할리스'와 '카페베네', 프리미엄 주스 전문점 '망고식스'가 철저하게 구사하는 전략이기도 하다. 이는 '강훈'이라는 뛰어난 경영자가 구사한 전략이다. '점선면의 법칙'은 다음과 같이 이루어진다.

매장 수가 적을 때는 먼저 점에서 선으로 가야 한다. 그런 후에 면을 만들어야 한다. 매장을 개발할 때 점을 만들고 또 점을 만드는 방식으로 매장을 배치하면 안 된다는 말이다.

예를 들면, 한 지역 안에 매장이 세 개 있는 것과 한 지역에 한 개씩 해서 여러 지역에 세 개 있는 것과는 효율성 면에서 차이가 난다. 한 지역에 세 개 있을 때 집중도가 높아져 사람들 눈에 더 잘 띄게 되고 브랜드를 알리기가 더욱 쉽다. 운영 면에서도 매장이 모여 있으면 재료 공급이나 관리 측면에서 비용을 절감할 수 있는 장점이 있다. [18]

이처럼 점에서 선, 선에서 면을 만드는 방식으로 점포를 확장해 가는 것이 효과적이다. 점선면의 법칙은 커피숍 같은 작은 점포에만 적용할 수 있는 게 아니다. 백화점이나 마트 같은 대형 점포에도 얼마든지 적용이 가능한 이론이다.

롯데는 새로운 지역에 백화점이 들어갈 때 백화점만 단독으로 개발하지 않는다. 백화점과 함께 마트, 슈퍼, 편의점, 시네마 등 다양한 계열사와 관계사들이 함께 참여한다. 계열사들이 협력하여 롯데라는 브랜드의 시너지를 극대화시키는 전략을 구사한다.

독립적인 개별방식이 아니라 롯데 계열사들의 공동개발을 통해 체계적으로 해당 지역에 출점한 후, 주변상권을 빠르게 활성화시킨다. 이런 전략으로 이루어진 대표적인 곳이 위에서 말한 을지로 소공동의 롯데백화점 본점, 잠실 롯데, 롯데 김포몰이다. 그 외에도 다양한 부지가 롯데타운으로 개발되고 있다.

이 모든 일은 아직도 신격호에게 보고가 이루어지고 있고 그의 지시를 참고한다. 90세가 넘어서 현역에 있는 경영인은 거의 없다. 굳이 찾아보면 1917년에 태어나 올해 97세인 정재원 정식품 명예회장 정도뿐이다.

신격호가 대단한 이유 중 하나는, 나이가 들어 시력이 많이 안 좋아졌는데도 불구하고 여전히 보고를 직접 받는다는 점이다. 글씨크기를 최대한 키워서라도 어떻게든 보고 들으려고 한다. 보고에 들어갔던 사람들의 말로는 심지어 1, 2억 원 정도의 오차가 난 부분을 지금도 정확하게 짚어낸다고 한다. 그가 얼마나 철두철미한 경영자인지 알 수 있다.

지금 이 순간,
가슴 설레는 삶에 도전하라

　　　　　　　　　　나이 때문에 안 된다는 것은 핑계이다. 이탈리아 작곡가 베르디는 80세에도 오페라를 작곡했다. 그리스 철학자 소크라테스는 80세가 되어서 악기연주를 배웠다. 괴테가 불멸의 고전《파우스트》를 완성한 나이는 80세였다. 독일의 역사가인 레오폴드 폰 랑케는 80세에《세계사》를 저술하기 시작해서 92세에 완성했다.

　일본의 산악인 미우라 유이치로는 2013년 5월, 세계에서 가장 높다는 에베레스트 정상 8848m에 올랐다. 그의 나이 80세에 이룬 성과다. 그는 두 차례나 심장수술을 받았지만 이를 극복하고 에베레스트에 오른 최고령 산악인이다.

　프랑스 소설가 빅토르 위고는 16년의 세월에 걸쳐서 대작《레미제라블》을 썼다. 《레미제라블》을 완성했을 때 그의 나이는 60세였다. 영국의 조지 버나드 쇼가《피그말리온》을 썼을 때 나이는 62세였고, 《성녀 조안》을 발표한 나이는 70세였다. 그는 94세에 세상을 떠나는 날까지 멈추지 않고 글을 썼다. 경영학의 대가 피터 드러커는 90세가 넘은 나이에도 글을 쓰고 강의를 계속했다.

　일본에 시바타 도요라는 할머니가 있다. 초등학교만 졸업하고 여관 보조, 재봉일 등을 하며 가난한 삶을 살았다. 첫 결혼은 실패했다. 두 번째 남편과 사별 후, 혼자 살던 그녀는 삶을 비관하며 세상을 떠나려고 한 적도 여러 번 있었다.

　그런 중에 아마추어 시인이던 아들이 어머니에게 시를 써보라고 권했다. 태어나서 단 한 번도 시를 써본 적이 없었던 시바타 도요는 92세가 되던 해에 처음 시를 썼다. 시를 쓰기 시작한 지 2년이 지나서 그녀는 시집을 내고 싶었다. 아들이 반대했지만 그동안 모은 자신의 장례비용 100만 엔을 주며 시집을 내주길 부탁했다.

아들은 어머니의 뜻을 거절할 수 없어 시집을 제작했다. 편지봉투 크기에 표지랄 것도 없는 시집이었다. 서점에는 배포하지도 않았고 주문이 오면 한 권에 500엔을 받고 우편으로 보내주었다. 그러나 입소문이 나서 초판 3,000부가 일주일 만에 다 팔렸다.

1만 부를 팔던 무렵, 한 출판사가 관심을 갖고 출간제의를 해왔다. 그녀 나이 99세가 되던 해인 2010년, 정식으로 생애 첫 시집을 출간했다. 시집은 6개월 만에 70만부가 팔리는 베스트셀러가 되었고 그녀의 이야기는 많은 사람들에게 감동을 주었다.

그녀는 지금 두 번째 시집을 준비하고 있다. 그녀는 멈출 수도 있었지만 멈추지 않았다. 남은 인생은 진정으로 자신이 원하는 삶을 살기로 결정한 것이다.

수많은 사람들이 나이가 많다고 그저 시간을 보낼 때 이들은 계속 새로운 일에 도전했다. 나이는 그저 나이일 뿐이다. 당신이 할 수 있는 일들이 세상에는 너무나 많다. 누구나 할 수 있는 일들이 넘쳐나고, 당신을 기다리는 일들도 부지기수다. 당신이 지금까지 이뤄놓은 것이 많든 적든 상관없다. 현재에 안주하지 말고 전진하라.

롯데의 미래

　과연 롯데는 어디로 갈 것인가? 롯데는《2018 비전》에서 2018년까지 매출 200조 원, 아시아 10위 그룹 달성을 천명했다. 매출 200조 목표는 쉽지 않겠지만 불가능한 목표도 아닐 것이다.

　롯데는 2014년 현재 매출 90조 원에 재계순위 5위다. 롯데에는 위험요소가 별로 없다. 기업부채비율도 그룹 전체에서 70% 아래를 유지하고 있고, 매출도 성장하고 있다.

　2014년에는 매출 100조 원 돌파가 예상된다. 그룹의 핵심인 유통을 중심으로 꾸준히 성장하고 있고, 여기에 식품과 화학 분야가 받쳐주고 있다. 베트남, 중국 등 아시아권 진출도 계획대로 진행되고 있다.

　롯데는 다소 복잡한 지배구조를 가지고 있다. 롯데그룹의 지분구조는 아래 표와 같다.

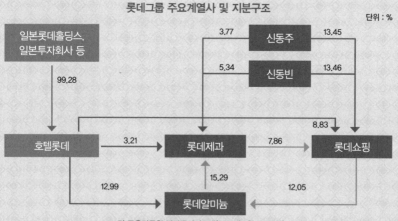

롯데그룹 주요계열사 및 지분구조

그림 금융감독원 전자공시시스템(2014년 4월 1일 기준)

롯데그룹 지배구조의 핵심은 호텔롯데를 정점으로 한 순환출자구조이다. 롯데그룹 대부분의 계열사를 지배하는 핵심계열사인 롯데제과, 롯데쇼핑, 롯데알미늄 등은 순환출자형식이다. 이들 계열사는 모두 호텔롯데가 지배하고 있다.

롯데그룹 지배구조의 꼭대기에 위치한 계열사들을 간략히 살펴보면 '롯데제과 → 롯데쇼핑 → 롯데알미늄 → 롯데제과'의 형태이다. 호텔롯데는 롯데제과 3.21%, 롯데알미늄 12.99%, 롯데쇼핑 8.83% 등의 지분을 가지고 있다. 계열사들의 대주주에 올라 있는 호텔롯데가 지주회사나 다름없다고 볼 수 있다.

롯데는 한국롯데와 일본롯데가 있고 각각 차남 신동빈과 장남 신동주가 경영을 책임지고 있다. 신격호 은퇴 이후의 롯데 승계구조에 대해 여러 분석이 있지만 지금과 같은 구도로 갈 것으로 예측하는 사람들이 많다. 즉, 한국 롯데는 신동빈이 계속 경영하고, 일본 롯데는 신동주가 경영한다는 것이다. 큰 변화는 없다는 의견이 대다수이다.

⑨ DREAM

오늘도, 내일도
계속 꿈꾸라!

　신격호는 꿈꾸는 것을 멈추지 않았다. 어려운 상황에서도 그는 꿈을 꾸었고 그 꿈을 이룰 수 있다고 믿었다. 꿈이 있었기에 그는 일본에 갈 수 있었다. 꿈이 있었기에 낮에는 일하고 밤에는 공부하는 강행군을 견뎌낼 수 있었다. 그는 어려운 형편 때문에 작가의 꿈을 포기해야 했지만, 대신 돈을 버는 것에 집중하기로 마음먹고 경영자로 성공을 거두었다. 사업을 시작해서도 신격호는 큰 꿈을 꾸었다. 일을 시작할 때에 그는 항상 최고가 되는 것에 목표를 맞추었다.

　신격호는 맨주먹으로 믿기 어려울 정도의 성공을 거두었다. 이런 성공은 그가 꿈을 꾸었기 때문이다. 전쟁 통에 그의 공장이 두 번씩이나 폭격에 맞아 잿더미가 되었지만 그는 이때도 포기하지 않았다. 그는 항상 꿈꿨다. 꿈꾸는 것을 포기한 적이 없다. 어제보다는 나은 오늘을 꿈꾸고 내일은 오늘보다는 더 좋아진다고 믿었다. 실제로 믿는 대로 이루어졌다.

　내가 가진 꿈의 크기가 내 성공의 크기를 결정한다.

신격호 어록

"'어렵다, 어렵다' 생각하면 더욱 어렵게 느껴지고,
'하면 된다'는 식으로 결의를 굳히면 사람들이 '난국, 난국' 하고
떠드는 어려움도 거뜬히 극복해낼 수가 있다.."

생각하고, 생각하고
또 생각하라!

우리가 쉽게 결정을 못 내릴 때 "일단 생각 좀 해보자"는 말을 많이 한다. 그런데 이렇게 말하는 사람도 있다. "오래 생각한다고 달라질 게 뭐 있어." 영국 철학자 버트런드 러셀Bertrand Russell은 이런 사람들에게 어울리는 이야기를 했다.

"사람들은 생각을 하느니 차라리 세상을 떠나는 길을 선택하곤 했다. 지금도 여전히 그렇게들 하고 있다."

생각하지 않으면 성공과는 멀어진다. 모든 일의 시작은 생각에서 이루어진다. 생각을 해야 세상이 내게 준 문제를 이해할 수 있고 그 해답을 찾아낼 수 있다. 신격호는 지금도 깨어있는 시간 중 3분의 1은 생각하는 데 열중한다. 바쁜 기업 총수가 그럴 시간이 어디 있겠냐고 말하는 사람도 있겠지만, 신격호는 한번 집무실에 들어가서 생각에 잠기면 아무도 만나지 않고 사색에 잠긴다. 그 시간이야말로 신격호에게 가장 중요한 골든타임이다.

이처럼 문제에 대한 최적의 해법을 찾아내는 힘겨운 시간이 있었기에, 신격호는 위대한 성취를 이룰 수 있었던 것이다. 언제까지 "눈앞에 밀려오는 일거리를 처리하는 것만으로도 시간이 모자란다"고 투덜거리고 있을 텐가?

생각하고, 생각하고 생각하라.

신격호 어록
"사업 구상을 하면 행복합니다. 뭔가 목표를 정해놓고 그 목표를 향해
한 걸음 한 걸음 다가갈 때마다 얼마나 행복한지 모릅니다."

누구나 거인이 될 수 있다
그러나 아무나 거인이 되는 것은 아니다

"한번 해보겠다는 생각은 안 된다. 하거나 안하거나 둘 중 하나다.
그냥 한번 해보는 건 없다."
- 마스터 요다-

2014년 7월에 개봉되어 480만 명의 관객을 모은 《군도》라는 영화가 있다. 기생 출신의 어머니를 둔 '조윤(강동원분)'은 집안에서 서자로 큰 설움을 받았다. 그는 모진 운명을 바꾸기 위해 사람들을 무수히 죽였다. 극 후반부에 조윤에게 앙심을 품은 사람들이 그에게 복수하기 위해서 그를 둘러쌌다. 이때 그는 자신을 둘러싼 사람들을 향해 이렇게 외친다.

"너희들 중, 타고난 운명을 바꾸기 위해 생(生)을 걸어본 자가 있거든 나서 거라. 내 그자의 칼이라면 받겠다!"

그의 울분 섞인 말을 듣고 소름이 돋았다. 정신이 번쩍 들 정도로 깜짝 놀랐다. 내가 어렴풋이 생각하고 있던 말이 영화대사로 흘러나왔으니 말이다. 타고난 운명을 바꾸고 싶다면 인생을 걸어야 한다. 삶을 모두 바칠 정도가 되어야 운명을 바꿀 수 있다. 신격호는 인생을 걸고 기업을 운영하여 자신의 운명을 바꾸고 성공한 경영자가 되었다.

내가 책을 쓰고 있다니까 친한 후배가 이런 말을 했다.

"선배님, 신격호 회장 때는 다 어려웠잖아요. 지금 신격호처럼 해서 성공할 수 있겠어요? 아마 성공하긴 어려울 것 같아요. 선배는 진짜 믿어요?"

나는 "충분히 성공할 수 있다고 믿는다"라고 대답했다. 시대는 변했지만 성공의 기본 원칙은 그때나 지금이나 다르지 않다. 문제는 실행이다. 정주영 회장의 "해보기나 했어?"라는 말처럼 해봐야 아는 일이다. 아무것도 안 하면서 변화를 원하고 인생이 바뀌길 바라는 건 가짜들이나 하는 생각이다. 시도해서 실패한다면 다시 하면 되는 일이다. 실패에서 뭔가를 배운다면 그 실패는 또 다른 성공이다.

신격호는 '기업 경영은 예술'이라고 말했다. 멋진 말이다. 그는 경영이 예술이라는 걸 몸소 증명한 사람이다. 줄리안 카메론은 자신의 저서 《아티스트 웨이》에서 스스로를 창의적인 아티스트로 생각하라고 이야기했다. 세스 고딘도 《이카루스 이야기》에서 현재 평범한 사람이라는 상태에서 진정한 아티스트의 삶으로 도약하라고 이야기했다. 신격호는 본인을 예술가, 아티스트로 스스로 규정했다. 신격호가 보여줬던 것처럼 지금 롯데에게서 멋진 예술 경영을 보고 싶다.

1세대 창업주가 혼자서 이렇게 기업을 운영한 경우는 없다고 봐도 무방하다. 롯데가 신격호 정신을 바탕에 두고 경영에 임한다면 지금보다 훨씬 더 성장할 가능성이 있는 그룹이 롯데이다. 신격호의 경영정신이 롯데그룹 전체에 다시 한 번 퍼져나가야 한다. 신격호 정신을 바탕으로 한다면 롯데는 자신들이 정해놓은 목표를 반드시 달성하게 될 것이다. 신격호 정신을 배워서 활용하라. 그의 신중한 경영, 과감한 실행력, 안정적인 기업 운영 등 모든 부분에 배울 점이 있다. 배우고 또 배워라.

신격호가 손대서 실패한 사업은 거의 없다. 돈이 되는 사업만 한다는 소리도 듣지만 정확히 말하면 사업에서 돈이 나오게 만드는 능력이 있어야 탁월한 경영자이다. 경영자는 이익을 내야 한다.

롯데뿐 아니라 다른 기업에서도 이런 점들을 배울 수 있다면 분명히 회사경영에 도움이 될 것이다. 배워야 산다.

신격호 회장이 더 오랫동안 경영 현장에 남아 있길 진심으로 바란다. 자신의 경영 비결을 후배 경영인들에게 나누어줄 시간이 더 있었으면 좋겠다. 이제는 자신의 경영 원칙을 아낌없이 나눠주어도 괜찮지 않을까 싶다. 일본의 '마쓰시다 고노스케'나 '손정의'가 하고 있는 일처럼 말이다.

마쓰시다 고노스케는 '마쓰시다 정경숙松下 政経塾'을 설립하여 일본을 이끌어 갈 미래의 정치인과 경영인들을 교육하여 배출하고 있다. 손정의는 '손정의 아카데미아'를 만들어서 자신이 직접 미래의 경영자들을 교육하고 있다. 이러한 교육기관은 신격호뿐 아니라 뜻이 있는 국내의 경영인들이라면 충분히 할 수 있는 일이다.

신격호에 대해서 이런저런 말들이 있다. 무분별하게 퍼진 잘못된 정보로 인해 경영자의 진짜 모습을 제대로 보지 못하는 아쉬움은 없어야 한다. 누가 뭐라 해도 신격호의 경영 능력은 경지를 넘어섰다. 그가 경영의 거인이라는 건 부정하기 어려운 사실이다. 신격호는 한국과 일본에서 경영의 정상에 올랐던 진정한 거인이다.

그는 자신이 세운 원칙으로 독자적인 경영 신화를 이루었다. 맨주먹으로 세상을 움켜잡았다. 자신의 길을 스스로 만들면서 걸어 나갔다. 수많은 시련을 겪었지만 결코 뿌리가 뽑힌 적은 없다. 후회 없는 인생을 살았다고 해도 과언이 아니다. 아마 신격호는 '씨익~' 하고 특유의 미소를 지으며 멋진 인생을 살았다고 자부하고 있을 것이다.

1년 후, 3년 후에 당신은 얼마나 성장하고 싶은가? 지금 바로, 5년 뒤, 10년 뒤에는 어떤 삶을 살고 싶은지 진지하게 고민할 시간이다. 당신은 무엇으로 이 세상에 흔적을 남기고 싶은지 스스로에게 물어보길 바란다.

내 삶의 거인이 되어 주인공으로 살아갈지 그냥 평범한 사람으로 살아갈지는 모두 당신에게 달려있다. 자신의 의지를 믿어보길 바란다. 단 한 번이라도 말이다. 평범하게 살아도 나름의 의미도 있고 행복할 수 있을 것이다. 나는 그렇게 살기보다는 성공을 이뤄 즐거운 인생을 살고 싶다. '인생은 신나는 소풍'이라는 말처럼 재미있게 말이다.

당신은 어떤가? 나는 당신 또한 최고의 인생을 살았으면 좋겠다. 아직 늦지 않았다. 지금부터 하나씩 시작하면 된다. 그리고 천천히 서둘러라.

가진 게 없다고 결코 포기하지 마라.
가진 게 없어도 성공한 인생을 살 수 있다.
성공한 인생의 주인공은 당신도 가능하다.
당신을 믿는다.

롯데그룹 총괄 회장 신격호가 걸어온 길을 살펴보았습니다. 이를 통해서 무엇이 그를 성공으로 이끌었는지 찾아보았습니다. 독자 여러분과 그의 성공 비결을 함께 나누고자 했습니다. 그에 관한 자료를 최대한 모으고 분석하면서 성공 요인들을 정리해 나갔습니다. 작업한 내용을 바탕으로 가능한 사실적으로 그리려고 했고, 욕심을 내지 않고 평이하게 쓰려고 노력했습니다.

　　신격호에 대해 공부하고 글을 쓰면서 통쾌함을 느꼈습니다. 신격호처럼 가진 것이라고는 아무것도 없던 사람이 온갖 역경을 딛고 하나씩 하나씩 성취해가는 모습이 참으로 통쾌했습니다. 아무것도 가진 게 없는 사람이 성공하는 일이야말로 세상에서 가장 신나고 재미있는 일이라 생각합니다. 그래서 저는 이 책을 쓰면서 내내 즐거웠습니다.

　　이 책을 쓰기 전의 저와 집필을 마치고 난 후의 저는 조금은 달라진 것 같습니다. 독자 분들도 이 책을 읽고 나서 작은 변화를 경험한다면 저자 입장에게 그 이상의 행복은 없을 것입니다. 책은 독자를 위해서 써야 한다는 게 평소 저의 마음입니다. 독자 여러분에게 조금이라도 도움이 되는 책이 되었기를 바랍니다.

책을 쓰면서 하지 못했던 말들을 하겠습니다. 사랑하는 할머니, 더 오래 사시면 좋겠습니다. 사랑하는 가족, 부모님과 동생 태은에게 고맙고 감사하다는 말을 전합니다. 항상 멋진 태경에게도 감사한 마음과 행복을 전합니다. 신인 작가를 믿어준 성안당 이종춘 회장님과 최옥현 국장님, 함께 고생해주신 이병일 부장님, 그리고 모든 관계자 분께도 감사드립니다.

마지막으로, 이 책을 끝까지 읽어주신 독자 여러분께 감사드립니다. 독자 여러분의 앞날에 좋은 일이 가득 생기길 진심으로 바랍니다.

고맙습니다. 감사합니다.

■ 주석

● 1장

1) 《월간조선》, 2001년 1월호

2) 정순태, 《신격호의 비밀》, 지구촌, 1998, 56쪽

3) 〈매일경제〉, 1992.4.6. 《월간조선》 2001년 1월호에는 170cm, 62kg이라고 밝힘.

4) 정순태, 《신격호의 비밀》지구촌, 1998, 44쪽

5) 《월간조선》, 2001년 1월호.

6) 〈조선일보〉, 1993.5.16

7) 〈서울신문〉, 2012.1.12

8) 진 랜드럼, 《기업의 천재들》, 말글빛냄, 2006, 59~60쪽

9) 〈매일경제〉, 2012.3.9

10) 《월간조선》, 2001년 1월호

11)정순태, 《신격호의 비밀》, 지구촌, 1998,175쪽

12) 오마에 겐이치, 《난문쾌답》, 흐름출판, 2012, 47~48쪽

13) 정순태, 《신격호의 비밀》,지구촌, 1998, 47쪽

14) 기타노 다케시, 《기타노 다케시의 생각노트》, 북스코프, 2009, 79쪽

● 2장

1) 〈조선일보〉, 1993.5.16.

2) 강유원, 2014년 숭실대 강연.

3) 《월간조선》, 2001년 1월호

4) 오마에 겐이치, 《난문쾌답》, 흐름출판, 2012, 196쪽.

5) 《조선일보》, 2010.3.27

6) 세스 고딘, 《린치핀(Linchpin)》, 21세기북스, 2010, 171~172쪽.

7) 서진모, 《청년 신격호》, 이지출판, 2010, 63쪽.

8) 정순태, 《신격호의 비밀》, 지구촌, 1998, 73쪽.

9) 임종원, 《롯데와 신격호》, 청림출판, 2010, 62쪽.

10) 《이코노믹리뷰 732호》, 2014.10.

11) 물론 이안 로버트슨이 가장 강조하고 하고 싶었던 말은 승자의 뇌를 경험한 후 자신이 하는 일은 모두 성공할 것이라고 착각하는 권력가들(이른바 정치가나 경영자들)에게 정신 똑바로 차리고 주의하라는 것이다.

12) 의사들의 연구에 따르면 기존 통념과는 다르게 가급적 살은 단기간에 빼는 게 오히려 요요현상을 예방하고 건강에 해를 끼치는 않는다고 한다. 이때 단기간은 1개월에서 3개월 사이, 몸무게는 5kg~10kg 사이이다.

13) 이지성, 꿈꾸는 다락방, 국일미디어, 2007, 22~23쪽

14) 자일스 루리, 《폭스바겐은 왜 고장 난 자동차를 광고했을까》, 중앙북스, 2014, 90~92쪽.

15) 정순태, 《신격호의 비밀》, 지구촌, 1998, 45쪽.

16) 정순태, 《신격호의 비밀》, 지구촌, 1998, 146~147쪽.

17) 〈중앙일보〉, 2009.5.9.

18) 정순태, 《신격호의 비밀》, 지구촌, 1998, 173쪽.

19) 임종원, 《롯데와 신격호》, 청림출판, 2010, 63쪽.

20) 〈서울신문〉, 2011.1.12.

21) 정순태, 《신격호의 비밀》, 지구촌, 1998, 103~104쪽.

22) 장문정, 《팔지마라 사게하라》, 쌤앤파커스, 2013.

● 3장

1) 정순태, 《신격호의 비밀》, 지구촌, 1998, 45쪽.

2) 〈한국일보〉, 2008.11.12

3) 톰 피터스, 《리틀 빅 씽》, 더난출판, 2010, 248쪽.

4) 피터 드러커, 《미래경영》, 청림출판, 2002, 329쪽.

5) 로저 로웬스타인, 《버핏》, 리더스북, 2009, 48쪽.

6) 진 램드럼, 《기업의 천재들》, 말글빛냄, 2009, 258쪽.

7) 임종원, 《롯데와 신격호》, 청림출판, 2010, 47~48쪽.

8) 요코야마 타로, 《위대한 리더의 위대한 질문》, 예인, 2011, 75쪽.

9) 미키 다케노부, 《손정의 성공법》, 넥서스BIZ, 2008, 19~20쪽.

10) 미키 다케노부, 《손정의 성공법》, 넥서스BIZ, 2008, 117~118쪽.

11) 레이 크록, 《성공은 쓰레기통에 있다》, 황소북스, 2011, 93쪽.

12) 〈중앙일보〉, 2009.5.9.

13) 〈중앙일보〉, 2009.5.9.

14) 《인터뷰365》, 2007.12.17.

15) 정순태, 《신격호의 비밀》, 지구촌, 1998, 93~94쪽.

16) 〈매일경제〉, 2014.8.29.

17) 자일스 루리, 《폭스바겐은 왜 고장 난 자동차를 광고했을까?》, 중앙북스, 2014, 34~38쪽.

18) 《뉴데일리경제》, 2013.10.31.

19) 정순태, 《신격호의 비밀》, 지구촌, 1998, 188~189쪽.

20) 《월간조선》, 2001년 1월호.

● 4장

1) 정순태, 롯데와 신격호, 지구촌, 1998, 171쪽

2) 〈서울신문〉, 2012.1.12.

3) 〈경향신문〉, 1995.10.1.

4) 서진모, 《청년 신격호》, 지구촌, 1998, 128쪽.

5) 츠카코시 히로시, 《나이테 경영 오래가려면 천천히 가라》, 서돌, 2010, 57쪽.

6) 츠카코시 히로시, 《나이테 경영 오래가려면 천천히 가라》, 서돌, 2010, 61쪽.

7) 츠카코시 히로시, 《나이테 경영 오래가려면 천천히 가라》, 서돌, 2010, 63~64쪽.

8) 정수일, 《소걸음으로 천리를 가다》, 창비, 2004, 70쪽.

9) 임종원, 《롯데와 신격호》, 청림출판, 2010, 62쪽.

10) 금장태, 《우리말사서》, 지식과교양, 2013, 147쪽.

11) 정순태, 《신격호의 비밀》, 지구촌, 1998, 217~218쪽.

12) CBS 배한성의 아주 특별한 인터뷰, 2008.3.6.

13) 정순태, 《신격호의 비밀》, 지구촌, 1998, 164쪽.

14) 임종원, 《롯데와 신격호》, 청림출판, 2010, 62쪽.

15) 〈조선일보〉, 1994.8.9.

16) 임종원, 《롯데와 신격호》, 청림출판, 2010, 42쪽

17) 피터 드러커가 한 말이라고도 하고 미국의 전산개발자 앨런 케이가 가장 먼저 언급했다는 의견도 있다.

18) 임종원, 《롯데와 신격호》, 청림출판, 2010, 16쪽.

19) 《경향신문》, 1995.10.1.

20) 임종원, 《롯데와 신격호》, 청림출판, 2010, 51~52쪽.

21) 임종원, 《롯데와 신격호》, 청림출판, 2010, 41쪽.

22) 이솝, 《이솝우화》, 숲, 2013, 74쪽.

23) 존 번, 《거장들과의 저녁만찬》, 타임비즈, 2012, 146쪽.

24) 〈세계일보〉 2008.7.19.

25) 〈서울신문〉 2012.1.12

26) 강준만, 《교양영어사전2》, 인물과사상사, 2013, 151쪽.

27) 사이먼 사이넥, 《리더는 마지막에 먹는다》, 36.5, 2014, 37~39쪽.

28) 〈조선일보〉, 1998. 8. 30.

● 5장

1) 《월간조선》, 2001년 1월호.

2) 《시크릿》은 자기 계발서라기보다 오컬트 사상을 다룬 종교서적에 가깝다. 실제로 아마존에서는 이 책을 종교서적으로 분류해놓았다.

3) 《포브스 코리아》, 2009년 5월호.

4) 임종원, 《롯데와 신격호》, 청림출판, 2010, 42쪽.

5) 오마에 겐이치, 《난문쾌답》, 흐름출판, 2012, 162쪽.

6) 정순태, 《신격호의 비밀》, 지구촌, 1998, 170쪽.

7) 마틴 베레가드, 조던 밀른, 《스마트한 성공들》, 걷는나무, 2014. 12쪽.

8) 〈조선일보〉, 2004.9.7.

9) 《월간조선》, 2001년 1월호.

10) 서진모, 《청년 신격호》, 이지출판, 2010.

11) 〈서울경제〉, 2012.7.12.

12) 〈파이낸셜뉴스〉, 2009.11.5.

13) 〈중앙일보〉, 2009.1.13

14) 임종원, 《롯데와 신격호》, 청림출판, 2010, 62~63쪽.

15) 김수행, 《자본론으로 한국경제를 말하다》, 시대의창, 2009, 52~53쪽

16) 〈조선일보〉, 2010.6.21

17) 〈아시아경제〉, 2010.7.14

18) 강훈, 《카페베네 이야기》, 다산북스, 2011, 63쪽

■ 참고 도서 & 더 읽어볼 책

이 책을 쓰는데 영감을 주었던 책이며 경영에 관심이 있다면 읽어볼 만한 책이다.

에이드리언 슬라이워츠키, 《수익지대》, 세종연구원, 2005
에이드리언 슬라이워츠키, 《성장 엔진을 달아라》, 세종연구원, 2004
에이드리언 슬라이워츠키, 《가치이동》, 세종서적, 2005
에이드리언 슬라이워츠키·칼 웨버, 《업사이드》, 랜덤하우스코리아, 2009
에이드리언 슬라이워츠키, 《프로핏레슨》, 다산북스, 2011
에이드리언 슬라이워츠키·칼 웨버, 《디맨드》, 다산북스, 2012
비제이 고빈다라잔·크리스 트림블, 《늙은 코끼리를 구하는 10가지 방법》, 21세기북스, 2008
비제이 고빈다라잔·크리스 트림블, 《퍼펙트 이노베이션》, 케이디북스, 2011
비제이 고빈다라잔·크리스 트림블, 《리버스 이노베이션》, 정혜, 2013
비제이 고빈다라잔·크리스 트림블, 《스텔라는 어떻게 농장을 구했을까》, 글로세움, 2013
비제이 고빈다라잔·크리스 트림블, 《혁신하려면 실행하라》, 글로세움, 2013
제프리 페퍼, 《권력의 기술》, 청림출판, 2011
제프리 페퍼·로버트 I. 서튼, 《생각의 속도로 실행하라》, 지식노마드, 2010
제프리 페퍼, 《사람이 경쟁력이다》, 21세기북스, 2009
제프리 페퍼·로버트 I. 서튼, 《증거경영》, 국일증권경제연구소, 2009
제프리 페퍼, 《제프리 페퍼 교수의 지혜경영》, 국일증권경제연구소, 2008
제프리 페퍼, 《권력의 경영》, 지식노마드, 2008
게리 하멜, 《지금 중요한 것은 무엇인가》, 알키, 2012
게리 하멜·C. K. 프라할라드, 《시대를 앞서는 미래 경쟁 전략》, 21세기북스, 2011
게리 하멜·빌 브린, 《경영의 미래》, 세종서적, 2009
톰 피터스, 《리틀 빅 씽》, 더난출판사, 2010
톰 피터스, 《초우량 기업의 조건》, 더난출판, 2005
찰스 핸디, 《최고의 조직은 어떻게 만들어지는가》, 위즈덤하우스, 2011
제이 엘리엇, 《왜 따르는가》, 흐름출판, 2013
조지프 A. 마시아리엘로·카렌 E. 링크레터, 《CEO가 잃어버린 단어》, 비즈니스맵, 2013
노나카 이쿠지로, 《전략의 본질》, 라이프맵, 2011
짐 콜린스·모튼 한센, 《위대한 기업의 선택》, 김영사, 2012.10.05
짐 콜린스, 《좋은 기업을 넘어 위대한 기업으로》, 김영사, 2011
짐 콜린스, 《위대한 기업은 다 어디로 갔을까》, 김영사, 2010
짐 콜린스·제리 포라스, 《성공하는 기업들의 8가지 습관》, 김영사, 2002
조셉 머피, 《잠재의식의 힘》, 미래지식, 2011
나가이 다카히사, 《작은 조직이 어떻게 큰 조직을 이기는가》, 성안북스, 2013
모리타 켄타로, 《작은 회사가 돈 버는 4가지 비결》, 성안북스, 2014
나가이 다카히사, 《시장의 강자가 되는법》, 성안북스, 2014
이채윤, 《삼성가 사람들 이야기》, 성안북스, 2014
피터 드러커, 《피터 드러커 매니지먼트》, 청림출판, 2007
피터 드러커, 《피터 드러커의 매니지먼트》, 21세기북스, 2008
피터 드러커, 《경영의 실제》, 한국경제신문사, 2006
피터 드러커, 《위대한 혁신》, 한국경제신문, 2006
피터 드러커, 《피터 드러커 경영 바이블》, 청림출판, 2006
C. OTTO SCHARMER, 《Theory U》, Berrett-Koehler, 2009
오토 샤머·카트린 카우퍼, 《본질에서 답을 찾아라》, 티핑포인트, 2014
엘리 골드렛·제프 콕스, 《THE GOAL》, 동양북스, 2013
이나모리 가즈오, 《불타는 투혼》, 한국경제신문사, 2014
이나모리 가즈오, 《일심일언》, 한국경제신문사, 2013
이나모리 가즈오, 《이나모리 가즈오의 아메바 경영》, 예문, 2007
이나모리 가즈오, 《경영의 원점 이익이 없으면 회사가 아니다》, 서돌, 2009
이나모리 가즈오, 《이나모리 가즈오에게 경영을 묻다》, 비즈니스북스, 2009
이나모리 가즈오, 《카르마 경영》, 서돌, 2005

유필화, 《역사에서 리더를 만나다》, 흐름출판, 2010
헤르만 지몬, 《히든 챔피언》, 흐름출판, 2008
램 차란, 《성장기업의 조건》, 더난출판사, 2012
램 차란, 《램 차란의 위기경영》, 살림Biz, 2009
빌 비숍, 《관계우선의 법칙》, 경영정신, 2001
다무라 겐지, 《일본전산의 이기는 경영》, 책있는풍경, 2014
해럴드 제닌, 앨빈 모스코우, 《당신은 뼛속까지 경영자인가》, 지식공간, 2013
요한 볼프강 폰 괴테, 《젊은 베르테르의 슬픔》, 민음사, 1999
요한 볼프강 폰 괴테, 《젊은 베르테르의 슬픔》, 문학동네, 2010
마쓰시타 고노스케, 《경영에 불가능은 없다》, 청림출판, 2013
마쓰시타 고노스케, 《사업에 불가능은 없다》, 청림출판, 2013
마쓰시타 고노스케, 《마쓰시타 고노스케 길을 열다》, 청림출판, 2009
고야마 노보루, 《강한 회사의 교과서》, 중앙북스, 2013
고야마 노보루, 《경영은 전쟁이다》, 흐름출판, 2013
장영재, 《경영학 콘서트》, 비즈니스북스, 2010
앤드류 킬패트릭, 《워렌 버핏 평전》, 월북, 2008
필 로젠츠바이크, 《헤일로 이펙트》, 스마트비즈니스, 2007
필 로젠츠바이크, 《올바른 결정은 어떻게 하는가》, 엘도라도, 2014
대니얼 골먼, 《포커스》, 리더스북, 2014
마이클 포터, 《마이클 포터의 경쟁우위》, 21세기북스, 2008
마이클 포터, 《마이클 포터의 경쟁전략》, 21세기북스, 2008
존 코터, 《존 코터의 위기감을 높여라》, 김영사, 2009
스튜어트 크레이너, 《경영의 진화》, 더난출판사, 2011
마이클 트레이시·프레드 위어사마, 《레드오션을 지배하는 1등기업의 전략》, 김앤김북스, 2007
마이클 트레이시, 《고성장 엔진을 가동하라》, 한스미디어, 2005
윤석철, 《경영학의 진리체계》, 경문사, 2001
윤석철, 《삶의 정도》, 위즈덤하우스, 2011
나가오 가즈히로, 《경영의 가시화》, 다산북스, 2014
나다니엘 브랜든, 《나를 믿는다는 것》, 스마트비즈니스, 2009
나다니엘 브랜든, 《자존감》, 비전과리더십, 2009
신시아 A. 몽고메리, 《당신은 전략가입니까》, 리더스북, 2013
이홍, 《비즈니스의 맥》, 삼성경제연구소, 2013
이명우, 《적의 칼로 싸워라》, 문학동네, 2013
오가타 도모유키, 《1만번의 도전》, 지식공간, 2010
클레이튼 크리스텐슨, 《혁신기업의 딜레마》, 세종서적, 2009
클레이튼 크리스텐슨·스콧 앤서니, 《미래 기업의 조건》, 비즈니스북스, 2005
톰 켈리·데이비드 켈리, 《유쾌한 크리에이티브》, 청림출판, 2014
톰 켈리·조너선 리트먼, 《유쾌한 이노베이션》, 세종서적, 2012
요코우치 유이치로, 《열정은 운명을 이긴다》, 서돌, 2010
하워드 슐츠·조앤 고든, 《온워드》, 8.0(에이트포인트), 2011
월터 키켈 3세, 《전략의 제왕》, 21세기북스, 2011
톰 모리스, 《아리스토텔레스가 제너럴 모터스를 경영한다면》, 예문, 2001
M&C 사치, 《사치는 어떻게 생각할까》, 책읽는수요일, 2013
조안 마그레타, 《경영이란 무엇인가》, 김영사, 2004
미타니 고지, 《경영전략 논쟁사》, 엔트리, 2013
애비너시 딕시트·배리 네일버프, 《전략의 탄생》, 쌤앤파커스, 2009
리처드 루멜트, 《전략의 적은 전략이다》, 생각연구소, 2011
데이비드 왓슨, 《비즈니스 모델》, 부크온, 2011
알렉산더 오스터왈더·예스 피그누어, 《비즈니스 모델의 탄생》, 타임비즈, 2011
《손자병법》, 손자, 글항아리, 2011